# L'AMÉRICANITÉ ET LES AMÉRIQUES

Sous la direction de
Donald Cuccioletta

# L'AMÉRICANITÉ ET LES AMÉRIQUES

Éditions de l'IQRC

b 24430183

Les Presses de l'Université Laval reçoivent chaque année du Conseil des Arts du Canada et de la Société de développement des entreprises culturelles du Québec une aide financière pour l'ensemble de leur programme de publication.

Nous reconnaissons l'aide financière du gouvernement du Canada par l'entremise de son Programme d'aide au développement de l'industrie de l'édition (PADIÉ) pour nos activités d'édition.

Nous tenons à remercier Nicolas van Schendel (membre du GIRA) pour l'aide apportée à la préparation de cet ouvrage.

**Mise en pages** : Francine Brisson
**Maquette de couverture** : Chantal Santerre

Dépôt légal 2ᵉ trimestre 2001
ISBN 2-89224-319-X

Distribution de livres Univers
845, rue Marie-Victorin
Saint-Nicolas (Québec)
Canada G7A 3S8
Tél. (418) 831-7474 ou 1 800 859-7474
Téléc. (418) 831-4021
http://www.ulaval.ca/pul

*À Jeanne Kissner*

# TABLE DES MATIÈRES

## DEUXIÈME PARTIE
### Intégration continentale, libéralisme et américanité

# TROISIÈME PARTIE
## Identités culturelles américaines

# INTRODUCTION

Depuis quelques années le concept d'américanité est l'objet d'un intérêt croissant. Terrain de recherche d'abord exploré par les géographes et les littéraires, l'appartenance américaine est vite devenue un champ d'investigation pour l'ensemble des sciences sociales. Nourrie par la quête du « Qui sommes nous et où sommes-nous ? », l'américanité s'est imposée comme pôle de référence majeur des études entourant les questions d'identité plus particulièrement en ce qui touche les rapports avec la culture hégémonique des États-Unis.

Évoquer le discours sur l'américanité soulève évidemment le spectre de l'américanisation. Pour certains cela évoque la similitude, une volonté de s'assimiler et pour d'autres une sorte d'autodéfense politique dans la querelle Ottawa/Québec. Il est tout à fait normal dans un contexte de plus en plus favorable à une intégration continentale des Amériques que la notion d'américanité donne lieu à diverses interprétations.

Le concept de l'américanité renvoie, de fait, à une dimension à la fois distinctive et commune de l'ensemble des peuples, des groupes culturels et même des individus qui habitent le continent des Amériques. Ce n'est pas une identité exclusive, comme certains l'entendent, d'un peuple ou d'un groupe culturel en particulier. Il revient à chacun de découvrir les éléments de son appartenance américaine. Si nous, dans l'hémisphère nord, parlons d'américanité (des Québécois, des Canadiens et des Étatsuniens), dans le sud, plus particulièrement en Amérique latine, on invoque le concept de l'*Americanidad*. Ainsi, la source commune à tous de l'américanité c'est le continent (hémisphères nord et sud) et le rapport culturel et identitaire avec ce continent.

L'ouvrage adopte une approche multidisciplinaire et aborde la discussion sur l'américanité au-delà du seul cas québécois. Il réunit autour du GIRA (Groupe interdisciplinaire de recherche sur les Amériques) des auteurs désireux d'appliquer l'idée de l'américanité comme cadre d'analyse pour l'ensemble des Amériques. Partant des recherches et expériences de chacun, l'objectif était de développer et d'articuler autour de la question de l'américanité une démarche comparative et continentale.

Prétendre que la tendance vers une intégration économique des Amériques n'a pas eu d'influence sur la préparation de cet ouvrage, serait nier l'évidence. Que l'on soit pour ou contre cette intégration, ou qu'on rejette le fait qu'elle soit uniquement motivée par des considérations économiques, il reste que la question soulève de nombreuses interrogations aux plans culturel et identitaire. Sans s'inscrire en opposition au courant économique, l'ouvrage entend apporter un éclairage sur d'autres aspects de l'intégration continentale en prise sur la reconnaissance et l'expérience des différents groupes ou peuples. L'américanité acquiert ainsi une dimension plus large de partage identitaire qui ouvre sur d'autres lectures possibles de la question de l'intégration continentale.

À l'évidence, nous n'en sommes qu'au début de ce voyage identitaire au sein des Amériques. Cet ouvrage divisé en trois parties, tout en affirmant certains résultats empiriques, se permet aussi d'explorer et d'avancer certaines hypothèses. Ainsi, dans la première partie, conçue comme théorique, on tente d'expliquer et de poursuivre le questionnement de cette réalité hétéroclite quand nous abordons l'américanité et son contexte, les Amériques. La deuxième partie se veut une approche pratique, basée sur des analyses et des données empiriques sur l'intégration depuis l'ALENA en rapport avec les questions identitaires. La troisième partie nous projette vers l'avenir et nous propose de regarder l'américanité sous l'aspect du métissage, au-delà des frontières du Québec avec une première incursion sur l'identité américaine telle qu'elle se pose pour les Étatsuniens.

Jean-François Côté, dans le premier texte, nous propose de s'attaquer au questionnement général sur « l'identité » dans la société contemporaine. Il situe aussi ce débat idéologique sur l'identité américaine (l'américanité) dans un processus et une réflexion jumelée avec la place des Québécois en Amérique du Nord et dans les Amériques en général. Donald Cuccioletta suit avec la problématique : « y a-t-il une histoire pour les Amériques ? » Devons-nous nous cantonner uniquement à une histoire nationale, ou plutôt chercher l'américanité que nous partageons dans des conjonctures historiques croisées ? Louis Dupont revient sur l'américanité comme instrument politique dans le contexte du Québec. Sa réflexion nous interroge sur la validité de cette position sans oublier la pertinence culturelle et géographique. Patrick Imbert conclut la partie théorique en nous entretenant sur la question des hybridités et du partage américain, tels qu'ils sont interprétés dans certain corpus littéraire.

Pour ne pas oublier cette intégration économique, avec un retour sur les effets suscités par l'ALENA, Isidro Morales nous explique les nouveaux rapports d'échanges (industriels et commerciaux) et les retombées pour l'Amérique du Nord. James Csipak et Lise Héroux enchaînent sur les résultats empiriques d'un sondage du GRAM (l'américanité des Québécois) mettant en relation certains indicateurs de l'américanité des Québécois et l'ouverture sur l'ALENA. Ces auteurs posent comme hypothèse que l'acceptation, sans restriction, de l'ALENA, démontre une solidité identitaire basée sur l'américanité. L'analyse d'autres résultats du même sondage amène par ailleurs Frédéric Lesemann à la conclusion que l'attachement à l'État-providence constitue une dimension maîtresse de la définition que se donnent les Québécois de leur américanité ainsi que de leur relative assurance face à l'ALENA.

Les trois derniers textes nous propulsent vers l'avenir. Léon Bernier et Nicolas van Schendel, dans leurs textes respectifs, ouvrent la voie sur la question de la polyphonie et du métissage. Les auteurs nous invitent à dépasser le cadre de l'américanité en ce qui a trait à son unicité linguistique québécoise. Au-delà de ce cadre traditionnel, Bernier et van Schendel nous proposent de redéfinir et de situer la question de l'américanité dans une perspective d'appartenance multiple des individus. Deborah Altamirano nous amène dans le monde des étudiants étatsuniens confrontés (de façon nouvelle) à la question de l'américanité, et à l'idée que tous les habitants du continent sont des Américains. Évoquant diverses réactions de stupéfaction, de chauvinisme, de nationalisme, d'ouverture sympathique, l'auteure nous fait part de cette première et intrigante expérience.

L'américanité et les Amériques est et continuera d'être pour plusieurs un champ privilégié de recherche. Nous espérons que cette publication saura susciter chez d'autres un enthousiasme pour poursuivre et développer davantage les différents champs qui entourent l'américanité. À l'aube d'une intégration des Amériques, l'importance d'élargir les questionnements et les études comparatives demeure plus que jamais à l'ordre du jour.

Notre approche multidisciplinaire et transnationale pourra servir d'exemple dans la poursuite d'études sur la question de la transculturalité et des identités multiples. Le GIRA maintiendra cet axe de recherche et nous avons l'ambition d'élargir davantage nos champs d'interventions en interaction avec des chercheurs en Amérique du Sud et aux États-Unis.

La grande lacune de cet ouvrage est l'absence de texte sur les Autochtones. Le GIRA reconnaît que tout développement de la problématique de l'américanité est forcément incomplet sans cette dimension fondamentale.

# PREMIÈRE PARTIE

## REGARDS CROISÉS SUR LES AMÉRIQUES

# L'IDENTIFICATION AMÉRICAINE AU QUÉBEC : DE PROCESSUS EN RÉSULTATS

## *Jean-François Côté*

Dans une étude basée sur des données de sondages réalisés en 1981 et 1990 (Inglehart, Nevitte et Basañez, 1996), on a récemment fait ressortir une convergence générale dans les « valeurs » partagées par les Nord-Américains (États-Unis, Canada, Mexique), convergence qui serait associée au processus de l'intégration continentale[1]. Cette étude, intéressante entre autres parce qu'elle tranche en apparence radicalement avec les vues d'un Seymour Martin Lipset sur la question (Lipset, 1990), invite aussi à voir une certaine correspondance avec les analyses tirées du sondage réalisé par le GRAM (Groupe de recherche sur l'américanité)[2]. L'état du débat sur la question de l'américanité étant ce qu'il est, diverses avenues d'interrogations produisent des positions d'analyse différentes, qui commencent cependant aujourd'hui à généraliser l'interrogation sur l'« identité américaine » dans une perspective renouvelée[3].

Parmi la multitude des moyens mis en œuvre pour s'attaquer au questionnement général sur l'« identité » dans la société contemporaine, et éventuellement à la clarification du problème, les sondages apparaissent comme une façon de situer un moyen terme entre les impressions et la

---

1. « [...] the value system of the three North American societies are gradually shifting and the direction of value change is consistent with the broad transformations that are taking place in most advanced industrial states. North Americans are on a common trajectory of change moving toward : 1. free-market economics, 2. democratic political institutions, 3. globalization » (p. 23).
2. Sur ce sondage réalisé à l'été 1997, voir Léon Bernier *et al.* (1998), de même que, pour l'analyse d'aspects plus spécifiques, Léon Bernier et Guy Bédard (1999).
3. Sur le contexte plus spécifiquement nord-américain issu de l'ALENA, voir notamment Earle et Wirth (1995). Voir également Bouchard et Lamonde (1995).

réalité. Le sondage se situe en effet au niveau des perceptions sociales, et ce qu'il met en jeu, dans sa prétention de mise en forme d'une « opinion publique », est en fait une mise en rapport ponctuelle entre la sensibilité subjective et des structures sociétales objectives ; le sondage agit ainsi comme médiateur entre la sensibilité symbolique des individus, soit ce foyer de la subjectivité individuelle où prennent corps les diverses résonances des significations, et les structures symboliques plus larges des pratiques, qui modèlent historiquement l'existence collective dans ses dimensions culturelle, politique, économique, ces dernières demeurant en elles-mêmes des repères de la vie sociale à la fois relativement distincts les unes des autres, mais évidemment poreux les uns par rapport aux autres.

Ce faisant, le sondage parvient à mesurer tout autant qu'à établir une relation entre les deux termes que sont les individus et la société, et, ainsi, à clarifier ou même à éclairer jusqu'à un certain point ce que la mouvance de l'existence sociale et l'évolution socio-historique des sociétés mettent en scène dans leurs différentes dimensions, au sein d'un contexte où ce sont les formes symboliques et leur reconnaissance qui constituent toujours le point d'ancrage et le point de mire des rapports sociaux. Le sondage étant lui aussi une forme symbolique d'information, issue d'un contexte socio-historique et culturel particulier (celui des sociétés démocratiques de masse, dont la société étatsunienne a fourni des éléments importants du modèle initial)[4], il participe donc lui-même du phénomène auquel il s'associe, et son degré d'« objectivité » tient essentiellement à sa situation dans une conjoncture socio-historique précise.

Le sondage possède ainsi au sens large une signification idéologique — une signification qui peut aussi par moments se préciser, jusqu'au point où il (spécialement le sondage politique) peut tout simplement devenir un positionnement idéologique, particulier il va de soi puisqu'il prétend alors représenter (en allant jusqu'à « manipuler », diraient certains) l'opinion publique[5]. Plus généralement toutefois, le sondage met en forme des questions, en orientant nécessairement le sens des réponses qui doivent se plier à ce cadre pré-établi, restreignant du même coup les résonances « individuelles », les nuances et les éventuels développements

---

4. Sur ces rapports, où se situent l'avancée pionnière de George Horace Gallup et la fondation de sa firme de sondage en 1935 aux États-Unis, voir Meynaud et Duclos (1989 : 15-25), ainsi que Irving Crespi (1989) et Carlson (1975).

5. Voir à cet égard la réaction de Louis Cornellier (1998) aux articles de Léon Bernier *et al.*, *loc. cit.*, associant immédiatement sondage et manipulation idéologique.

des interrogations soulevées ; les possibilités de « ventilation » et de
« croisement » des réponses et des données recueillies en fonction de catégories d'analyse sociologiques fixes (sexe, âge, langue, éducation, revenus,
etc.), bien qu'elles permettent d'asseoir empiriquement certaines cons-
tantes et de faire ressortir des évidences, ne peuvent ainsi tenir compte,
cependant, de l'évolution vivante d'une conjoncture telle que celle-ci
prend corps dans le cours de la vie sociale[6].

En d'autres termes, si le sondage nous informe de certains résultats, il
reste muet sur les processus menant à ceux-ci. Le paradoxe d'un sondage
sur l'« identité américaine » ou l'« américanité » tient donc à ce que ses
résultats ne nous indiquent pas le processus de formation d'une telle identité, ni le rôle idéologique spécifique des événements politiques (tels l'Entente
de libre-échange en 1988, ou l'ALENA en 1994) dans la transformations
des perceptions sociales[7].

L'« identité » doit en effet être saisie, dans sa caractéristique objective,
au sein d'une mouvance large et profonde qui est celle de l'*identification*,
autant dans ses processus d'élaboration que dans ses résultats, ces deux
derniers termes étant en réalité des moments relativement distincts témoignant d'aspects différents de ce qui est analysé ; ainsi, on peut très bien
passer d'un terme à l'autre sans trop bien s'en rendre compte, en faisant
du processus d'identifications assez fluide en lui-même pour être l'objet
de multiples déterminations et d'évolutions parfois surprenantes, un
résultat positif qui n'admet qu'un constat empirique — mais ce constat

---

6. Et cela, même en dépit du fait de l'utilisation de données issues de sondages distants dans le
temps, comme le fait l'étude de Inglehart, Nevitte et Basañez (1996) citée précédemment ; ce
que fait cette étude, c'est tout simplement de rendre compte de certaines transformations, en
reliant de manière toujours purement *hypothétique* leur interprétation (« causale »). La capacité
de « prédiction » des orientations sociales, à partir de ces données et de leur interprétation, telle
qu'elle est envisagée de manière strictement positiviste par Inglehart, Nevitte et Basañez (1996 :
25, 169-170), reste donc elle-même entièrement soumise à une évolution socio-historique con-
tigente, toujours largement et essentiellement déterminée par les transformations idéologiques.

7. Dans l'étude de Bernier et Bédard citée précédemment, cette question de l'ALENA demeure très
ambiguë, notamment à cause de l'aveu général de la part des répondants du peu de connaissances
qu'ils en ont. Il s'ensuit un problème d'extrapolation, ce qui peut donner des résultats relativement
vagues. Ainsi, dans l'utilisation des données du sondage sur l'« américanité » réalisé en 1997 que
fait par exemple Guy Lachapelle (1999), toute l'interprétation de l'« *américanité* des Québécois »
repose sur « [...] la rencontre du libéralisme, du nationalisme et du postmodernisme » (p. 99), trois
facteurs simplement compris dans leur acception positive (sinon positiviste), sans référence explicite et approfondie au contexte « post-ALENA » dans lequel cela se produit, et donc sans prise en
compte de la réalité idéologique qui fait se mouvoir les références invoquées, ni les contradictions
que ces trois termes comportent les uns vis-à-vis des autres.

est alors susceptible d'être invalidé dans la mouvance même du processus dont il participe.

Dans le contexte notamment d'un questionnement sur l'«identité américaine», on pourrait (devrait) d'abord s'interroger non seulement sur le processus de formation de cette identité, mais également sur la signification actuelle de cette identité aux États-Unis (puisqu'il s'agit là aussi d'une réalité idéologique en mouvance, d'un processus d'identification toujours retravaillé, etc.)[8], puis s'interroger sur la dynamique de cette identité dans ses rapports à l'extérieur de la société étatsunienne (et éventuellement à travers le monde, puisque telle est la prétention de son hégémonie)[9], et enfin sur les conditions de réception de cette identité chez des sociétés autres qui peuvent s'en réclamer (dont le Québec). Chacun de ces problèmes appelle en effet une mise en perspective relativement différente de ce qui est en jeu dans le processus d'identification.

La question du rapport entre «américanisation» et «américanité», par exemple, tient à la façon dont se définit la relation à la société étatsunienne dans un contexte extérieur à celle-ci, et ce n'est pas le moindre des problèmes que d'en arriver à savoir au juste ce qu'il en est du dosage de chacun des termes dans le complexe d'«identité» qui se joue sur ce plan ; qu'on pense seulement à la façon dont le problème se présente au Canada anglais, par rapport à la façon dont il se présente au Québec[10].

## Trois dimensions de l'«américanité» : culturelle, politique, économique

Au Québec, le questionnement portant sur l'«identité américaine», qui a pris le sens spécifique d'un auto-questionnement sur l'«américanité»,

---

8. Ce que font par ailleurs Inglehart, Nevitte et Basañez, en soulignant que le processus de convergence qu'ils identifient ne peut pas être associé à un processus d'«américanisation», puisque la société étatsunienne elle-même apparaît animée de profondes transformations (*op. cit.*, 1996 : 133, 167). Pour l'approfondissement de cette question et les débats idéologiques qu'elle suppose, voir également Lind (1996).

9. Voir à ce sujet Payne (1995), de même que Schiller (1989).

10. Sur la question du processus en cause, voir Laroche (1993). La situation au Canada anglais est très paradoxale ; le sentiment «anti-américain», cultivé spécialement par l'élite intellectuelle (ontarienne particulièrement), se double d'un sentiment «pro-américain» qui est à ce point confus dans la population qu'il engendre par moments une identification pure et simple avec des réalités étatsuniennes (comme dans cet exemple datant que quelques années où des habitants des Prairies croyaient que le droit au port d'arme était une disposition constitutionnelle au Canada, comme c'est le cas aux États-Unis).

remonte à une quarantaine d'années, au moment où ont commencé à se recentrer les questions du rapport aux États-Unis dans une perspective renouvelée[11]. On peut dire que ce « résultat » dans l'appréhension (sinon du moins dans la dénomination) du problème était l'aboutissement d'un processus entamé depuis près d'une centaine d'années, alors que les premières réactions vis-à-vis des velléités d'expansion du voisin du sud avaient nourri l'idée même de la Confédération canadienne.

L'« originalité canadienne », au départ, se nourrissait, au travers d'une importante identification à la métropole anglaise dont elle ne rejetait pas le *dominion*, d'une crainte de l'« américanisation », et si cette américanité par défaut tenait lieu de justification originelle au moins partielle du projet canadien, elle continue toujours aujourd'hui de travailler profondément l'identité du Canada dans son rapport aux États-Unis (Lemelin, 1999). À cet égard, il n'est pas inopportun de souligner que c'est dans la remise en cause de son attachement constitutionnel au Canada, et donc dans la foulée de la Révolution tranquille, qu'a véritablement surgi au Québec le questionnement initial sur l'américanité.

L'américanité appréhendée d'une telle façon faisait alors ressortir au moins deux choses : d'une part, une reconsidération vis-à-vis de l'identité québécoise (et canadienne-française) dans son ensemble, et d'autre part, une reconsidération vis-à-vis de ce qui était vu auparavant comme processus d'« américanisation ». Et cela jouait déjà dans les dimensions culturelle, politique et économique de la vie sociale, telles que celles-ci se prêtaient, respectivement et au sein de dynamiques relativement différentes (et tout autant, par moments, opposées que complémentaires), à des transformations significatives du point de vue de leur orientation. C'est ainsi que le processus d'identification centré sur l'américanité s'est répercuté à travers des aires de pratiques sociales distinctes, en fonction d'orientations dont le sens apparaît constamment conflictuel.

Dans l'évolution des pratiques économiques depuis la Révolution tranquille par exemple, caractérisées entre autres par la montée graduelle du *Québec inc.* (ou plus largement, de ce qu'on a appelé le « modèle québécois »), on a vu une certaine forme de réorientation axée sur le développement d'un capitalisme de plus en plus nettement néolibéral, centré

---

11. Et cela, en premier lieu, dans une mouvance « poétique » que l'on trouve chez des artistes, écrivains, chanteurs ou dramaturges, tels Jacques Godbout, Robert Charlebois ou Jacques Languirand. Voir par exemple Jacques Languirand (1975) dont le texte avait initialement été publié en 1971, en postface de sa pièce *Klondike*.

sur l'intensification de l'exploitation du procès de travail et sur une condensation de ses domaines d'application, de même que sur le déploiement intensif du commerce intérieur et extérieur. Le contexte québécois de ce processus, apparaissant comme une (re)prise en main plus autonome de l'ensemble du développement économique, a dans les faits mené à une plus grande intégration au contexte nord-américain, et plus particulièrement à l'adhésion aux grandes orientations préconisées pendant cette période aux États-Unis[12].

D'une façon peut-être relativement étrange, le dépassement de l'« américanisation » de l'économie québécoise dans le développement d'un « modèle québécois » a donc consisté en une mise en forme de pratiques mieux intégrées que jamais aux pratiques économiques courantes aux États-Unis. Sur un plan d'ensemble, l'évolution de la production de masse et de la consommation de masse, ayant cours depuis au moins le début du siècle mais s'étant particulièrement intensifiée dans les suites de la Deuxième Guerre mondiale, s'est aussi produite en fonction d'une segmentation plus prononcée des marchés dans le cadre du capitalisme de l'« accumulation » (et de la « dépense ») flexible ; une situation qui a mis en évidence le « modèle québécois », basé en partie sur la petite et moyenne entreprise et le « partenariat » à saveur corporatiste. Cependant, l'identification locale avec les pratiques économiques ayant cours aux États-Unis paraît d'autant plus aisée sur ce plan que, au-delà de l'identité relative dans les modes de production et de consommation, ainsi que de circulation (et d'accumulation), le capitalisme néolibéral est finalement apparu comme le principal (sinon le seul) modèle de développement économique ayant véritablement cours à l'échelle mondiale[13].

L'évolution des pratiques politiques a elle aussi connu, parallèlement, une tournure singulière, alors que la volonté d'une plus grande autonomie provinciale, puis nationale, pour le Québec, affichée entre autres dans les processus référendaires, s'est accompagnée d'une franche acceptation du

---

12. Ce processus a été sensible dès le début des années 1980, dans les transformations idéologiques qu'a connues le Parti québécois entre sa première et sa deuxième élection (1976, 1981), et il n'a fait que s'accélérer dans les années 1990 ; en fait, cette intégration « autonome » au contexte nord-américain se faisait aussi dans la foulée des périodes socio-historiques précédentes qui avaient vu s'accroître les investissements étatsuniens au Québec (déjà dominants dès le début du siècle), puis une ouverture assez franche vis-à-vis du développement de politiques d'investissements et de développements économiques (sous le régime Duplessis).

13. Les ententes de libre-échange, et particulièrement l'ALENA, possèdent ainsi également une valeur « stratégique » dans le contexte — voir par exemple à ce sujet Brunelle et Deblock (1993).

cadre de négociation politique d'intégration à l'économie continentale[14]. De plus, le développement de réflexions politiques à caractère plus individualiste s'est accentué alors que s'effritaient certaines structures prévalentes d'expressions et de positionnements idéologiques (mouvement syndical, mouvement des femmes, etc.)[15].

L'évolution de la vie politique nationale au Québec a donc, simultanément à son affirmation plus prononcée, déjà consenti à ce que la souveraineté politique qu'elle paraît réclamer se soumette à l'extérieur à un cadre (confédéral ou continental) capable d'accommoder ses fins, en même temps qu'elle s'est ouverte à l'intérieur à la reconnaissance d'expressions plus diverses et plus singulières — et ici, les deux processus semblent coïncider, ce dont témoigne l'adhésion particulièrement éloquente du Québec au projet de l'ALENA. En dépit de cela, l'identification stricte avec les pratiques politiques étasuniennes internes demeure toutefois relativement difficile (hormis dans sa référence générale à l'« ordre mondial » dominé par les États-Unis), en raison notamment de la grande différence dans les structures des systèmes politiques en place, et de la difficulté de compréhension des enjeux spécifiques qui se posent au travers des discussions politiques nationales et internationales, et cela même si, au Québec, les oppositions catégoriques aux vues étasuniennes sur ces questions sont relativement rares.

Sur le plan des pratiques culturelles enfin, qui paraissent donner le ton à l'ensemble des pratiques sociales à cause de leur capacité de synthétiser dans le cours d'une évolution socio-historique d'ensemble ce qui autrement appartiendrait à des horizons en apparence complètement distincts et autonomes, l'affirmation globale d'une « identité » pour la société québécoise s'est faite à partir d'un complexe intégrant à la fois une plus grande part d'« américanisation » (notamment dans le mode de vie), tout en recentrant celle-ci dans l'expression d'une « américanité » qui est tout à fait québécoise dans son origine — puisque le terme même de cette

---

14. Et cela, on doit le souligner, dans une parfaite convergence avec la position canadienne qui, dans la foulée du rapatriement de la Constitution en 1982, faisait en apparence acte de reconnaissance «nationale», tout en moulant sa nouvelle donne fondamentale sur le modèle étasunien ; en particulier avec l'adoption de la Charte des droits et libertés de la personne, établie sur le modèle du *Bill of Rights*, une charte dont le Québec s'était lui aussi muni quelques années auparavant (Smith, 1994).

15. Mouvement qui n'est pas unilatéralement «individualiste», puisqu'au même moment surgissaient d'autres regroupements «particularistes», centrés sur la reconnaissance de diverses caractéristiques (ethniques, sexuelles, etc.), et dont ou pourrait montrer, là aussi, qu'ils participent d'une dynamique propre au *type* de société émergeant depuis le début du XXᵉ siècle aux États-Unis.

expression apparaît comme une singularité (et une originalité) à la fois du point de vue étatsunien et du point de vue québécois.

Ce complexe culturel d'une « *identité américaine qui n'est pas strictement étatsunienne* » est ce qu'en est venue à désigner, au Québec, l'expression « américanité » dans l'horizon du questionnement actuel[16]. Cette désignation met en scène des processus, parfois de très longue durée et comportant donc des enracinements symboliques profonds, ou parfois assez récents mais possédant une résonance symbolique élargie, que l'on s'est efforcé de clarifier au sein des diverses dimensions de la vie sociale.

## De processus...

Du point de vue culturel, l'originalité d'un questionnement sur l'américanité met en scène un processus remontant aux origines mêmes de l'aventure en Amérique, soit l'avancée coloniale européenne dans les Amériques et la rencontre initiale entre la culture européenne et les cultures autochtones[17]. L'originalité du Nouveau Monde ressort aujourd'hui d'abord et avant tout de cela, à savoir d'une situation socio-historique inédite qui a marqué de manière indélébile les destins autant européen qu'autochtone, en forgeant synthétiquement le destin américain, et en obligeant l'ensemble des pratiques culturelles soumises ainsi au métissage et à l'hybridation à s'inventer des formes sociales plus ou moins excentriques par rapport à leurs sources respectives (Dussel, 1995 ; Bouchard, 1999 ; Galloway, 1997 ; Linvert, Ouellet et Hermans, 1994). Les modèles de la reproduction culturelle alors mis en œuvre témoignent tous d'une singularité de « populations neuves », pour reprendre l'expression de Gérard Bouchard, qui font de ces sociétés des entités originales avant même qu'elles parviennent elles-mêmes à le reconnaître.

Cette reconnaissance d'une identification propre aux sociétés en cause se fait graduellement, et de manière relativement symétrique, à travers

---

16. Ce faisant, ce questionnement rejoint cependant dans une large mesure celui de l'Amérique latine (ou de l'Amérique du sud et de l'Amérique centrale), ce continent « occulté » par l'appropriation étatsunienne du terme identitaire d'« Américain ». Sur certains parallèles à cet égard, voir entre autres Bouchard (1997).

17. Voir entre autres à ce sujet Quijano et Wallerstein (1992) qui situent ce moment de l'évolution socio-historique comme étant déterminant du point de vue du développement du capitalisme et de la définition du monde moderne. Les différences prononcées dans les procès de colonisation invalident à mon sens jusqu'à un certain point cette thèse ; voir par exemple à cet égard Bitterli (1986).

l'affranchissement du lien colonial, qui s'étend du XVII<sup>e</sup> au XIX<sup>e</sup> siècle, selon des modalités diverses — mais avec, faut-il le rappeler, l'impulsion primordiale des États-Unis au cœur de ce mouvement d'institutionnalisation des sociétés modernes. La constitution des sociétés sur la base de l'État-nation, et le processus d'identification de cultures nationales qui l'accompagne, trouve donc un peu partout en Amérique des formes de réalisation souvent semblables, et qui témoignent du refoulement des sources autochtones et européennes de leur fondation (refoulement ici asymétrique il va sans dire), dans le souci de définir des institutions politiques nationales pouvant en réfléchir la particularité.

Or, ici, il importe de souligner que pendant cette période le processus d'identification nationale n'est pas si catégorique qu'il y paraît — les États-Unis eux-mêmes n'affrontent réellement le problème de la cohérence interne de leur unité nationale que tardivement, au travers de la guerre civile qui, en trouvant sa résolution en 1865, coïncide avec la volonté canadienne de former une entité politique « *from coast to coast* », pour contrer notamment les velléités potentiellement expansionnistes de son voisin[18]. Le parallèle dans l'évolution des vies politiques nationales en Amérique du Nord est d'ailleurs à cet effet à souligner, en dépit des spécificités dont chacune peut se réclamer (Lamonde, 1996).

Le développement ultérieur des États-Unis, dans sa phase d'expansion impériale qui s'ouvre franchement à la fin du XIX<sup>e</sup> siècle par le biais d'un protectorat débordant déjà les limites continentales de l'Amérique (en s'étendant par exemple jusqu'aux Philippines), vient alors exprimer son caractère véritablement « américain » ; l'affirmation de l'« impérialisme américain », contre les impérialismes européens, trouvera d'ailleurs sa confirmation dans l'issue de la Première Guerre mondiale, et surtout à l'issue de la Deuxième, au moment où se profile son hégémonie au sein de l'ordre international, une hégémonie enfin totalement confirmée avec la fin de la guerre froide dans les années 1980. Ce mouvement est culturel au sens où il rassemble un corps de pratiques et de significations, qu'on

---

18. Cette réaction (britannico-canadienne) aux événements politiques advenant aux États-Unis peut d'ailleurs être perçue comme un écho à la réaction qu'avait suscitée, dans les treize colonies américaines, l'adoption par l'Angleterre de l'Acte de Québec de 1774, dans la mesure où ce dernier a alimenté les débats menant à la guerre de l'Indépendance de 1776. Cela signifie, notamment, que ce n'est que tardivement, soit dans le cours du XIX<sup>e</sup> siècle et au travers du basculement de la dynamique des relations internationales et de la transformation des impérialismes au profit des États-Unis, que l'identification américaine délestée de sa filiation aux métropoles européennes devient réellement possible.

appréhende comme étant porteur de l'«américanisation mondiale», mais surtout parce qu'il s'offre au travers d'un nouveau type de société qui émerge dans la figure originale que prennent alors les États-Unis[19].

C'est d'ailleurs de cette façon qu'il est déjà reconnu au Québec dans le premier tiers du XXᵉ siècle, et cela négativement, comme «notre américanisation[20]». Le fait que ce mouvement soit à ce moment compris comme étant largement «culturel», et qu'il s'affirme souvent en premier lieu par des formes d'expression liées au développement de la culture de masse (et du mouvement d'industrialisation et d'urbanisation qui la soutend), témoigne du développement d'un type nouveau de société émergeant au Québec, associé assez directement au développement des États-Unis du XXᵉ siècle. C'est ce nouveau type de société, compris sous l'acception générique de la démocratie de masse, qui pourra d'ailleurs aussi être appréhendé ultérieurement comme «modèle» de développement dans un horizon mondial et historique — c'est-à-dire civilisationnel.

Ce «modèle» prend corps essentiellement dans la transformation de la société civile, et si son horizon paraît aujourd'hui civilisationnel, il ne possède encore que les marques d'une certaine «civilité». Le terme de «civilité» est ici utilisé au sens où l'entend Norbert Elias (1982), c'est-à-dire comme un terme incluant la formation de «manières d'être» s'effectuant dans la dynamique des rapports entre les structures subjectives (individuelles) et objectives (sociétales) de la vie sociale, et menant éventuellement à des formes globales de civilisation.

Le cadre de la civilité moderne étudié par Elias étant celui du développement de l'individualité, de la société civile et de l'État-nation bourgeois dans le contexte européen, la civilité pour ainsi dire postmoderne qui émerge aujourd'hui possède plutôt, elle, un cadre d'exercice postnational (et continental de façon peut-être provisoire seulement) dans la mesure de ce qu'il nous montre actuellement, et son ancrage est davantage «américain», puisqu'il a été formé dans son origine en bonne partie aux États-Unis. Cette civilité, sur un plan général, n'est donc plus formée expressément par les manières bourgeoises, mais bien plutôt par les manières se développant au sein de la société de masse, du capitalisme

---

19. Voir notamment Côté (1994) à ce sujet. Pour un point de vue relativement différent, voir Freitag (1994).

20. Voir T.R.P. M.-A. Lamarche *et al.*, *Notre américanisation. Enquête de la revue dominicaine*. Cette «enquête» de la *Revue dominicaine*, publiée en 1937, se penche sur les thèmes porteurs de l'«américanisation», tels la vie religieuse, la philosophie, le cinéma, les sports, la femme (!), la radio, le journal, le magazine, et les pratiques financières.

industriel et post-industriel, de la production et de la consommation de masse, et de la société de communication, qui ont imposé un nouveau régime épistémique aux relations sociales[21].

Cette civilité, qui continue de prendre forme aujourd'hui, s'est ainsi d'abord affirmée au sein de la société étatsunienne elle-même, en appelant du même coup des reconsidérations vis-à-vis de l'«identité américaine» qu'elle contribuait à (trans)former. Ces reconsidérations furent sensibles dans de nombreux domaines, mais c'est sur le plan universel de la citoyenneté et de l'identité culturelle qu'elles ont le plus contribué à affirmer une configuration nouvelle au sein des rapports sociaux. Ainsi, dans le cours de son traitement de l'immigration venant initialement nourrir le développement du capitalisme industriel[22], l'invention de l'expression *melting-pot* témoignait d'une volonté d'intégration des individus à une société capable de les transformer intégralement et uniformément. L'idée de *melting pot* ne représente pas en effet à l'origine, comme on le pense souvent, un rassemblement hétéroclite d'individus liés ensemble de façon indéterminée et aléatoire, mais bien plutôt au contraire un véritable *creuset* qui, aux yeux du président Woodrow Wilson par exemple, devait permettre de fondre l'ensemble des différences (individuelles, sociales, culturelles) au sein d'un ordre social national plus large et plus cohérent, correspondant aux développements du type de société alors en formation[23].

L'idée de *melting pot*, illustrant la volonté d'en arriver à une certaine cohésion interne de l'ordre social, apparaît sous un jour différent mais tout aussi éloquent lorsqu'elle est reprise pour exprimer l'ordre social

---

21. Lind (1996) développe à cet égard des remarques intéressantes en tablant sur le développement récent de certaines manières propres à l'«*overclass*» aux États-Unis (p. 259-298) ; voir aussi Sennett (1998), dans un registre similaire. Par ailleurs, l'émergence plus générale de l'«*homo communicans*», comme forme symbolique générale (et générique) de reconnaissance de la subjectivité dans ce contexte, témoigne éloquemment du mouvement en cours. Ce régime épistémique comporte des dimensions cognitives, normatives et expressives spécifiques, et c'est dans cette mesure qu'il peut être appréhendé comme étant culturel, en se situant dans un horizon civilisationnel ; voir entre autres Wiley (1995) à ce sujet.

22. Mouvement qui a d'ailleurs coïncidé, comme on le sait, avec l'émigration de centaines de milliers de personnes en provenance du Québec. Sur cette question et ses répercussions présumées sur l'identité québécoise, voir Dupont (1991).

23. Voir notamment Rogin (1991). La raison pour laquelle la question de l'immigration est ici centrale et déterminante, c'est qu'elle rejoint en fait beaucoup plus que les «immigrants» officiels, soit les étrangers qui arrivent aux États-Unis ; en effet dans le contexte de l'urbanisation et de l'industrialisation qui se manifestent de manière intensive aux États-Unis à partir du milieu du XIXe siècle, la majeure partie de la population va «immigrer» vers les villes, et va devoir ainsi s'«acculturer» presqu'au même titre que les immigrants «officiels».

devant se déployer à l'extérieur des frontières nationales étatsuniennes, dans le modèle de la civilité impériale, car elle révèle la conception des États-Unis comme « *the Nation of Nations* » (expression si chère à Woodrow Wilson), en tant que préfiguration en somme de l'hégémonie mondiale à laquelle ils prétendaient alors déjà.

Or si le cours de l'histoire du XXe siècle a suivi seulement partiellement cet itinéraire, c'est en fonction des contingences qui ont modulé ces idées dans des formes de rapports sociaux tout aussi inusitées. D'un côté, le *melting pot* a bien donné lieu à la dissolution voulue des différences (individuelles, sociales, culturelles), mais ce fut alors pour précipiter justement ces dernières, et particulièrement les différences culturelles, dans de nouvelles formes d'affirmation et d'affiliation « sous-nationales », en fonction d'intérêts en apparence plus « immédiats » — ce dont témoigne par exemple aujourd'hui le « multiculturalisme », comme forme spécifique d'affirmation des différences culturelles au sein même d'une civilité chargée de les intégrer toutes également[24] ; d'un autre côté, la *Nation of Nations*, en devenant de manière effective la société de référence sur le plan mondial, a en quelque sorte perdu sa propre spécificité « nationale » au travers d'un mouvement plus universel qui échappe déjà en partie aux États-Unis.

En effet, le phénomène des migrations internationales, et particulièrement des flux migratoires convergeant vers les sociétés « industrielles avancées », s'est aujourd'hui cristallisé dans les termes de la problématique du multiculturalisme, devenue une interrogation internationale — toujours concrètement affrontée cependant dans un contexte national. C'est au travers de cette problématique que s'est d'ailleurs accentuée, par la force des choses, l'exigence de distinction entre « nation ethnique » et « nation civique », deux conceptions qui ont mis en réalité beaucoup de temps à s'affranchir l'une de l'autre[25].

---

24. Et ici, l'évolution historique de la National Association for the Advancement of Coloured People (NAACP), fondée en 1909 aux États-Unis pour promouvoir la défense des intérêts des individus « de couleur » exclus, implicitement et explicitement, du processus politique étatsunien, est devenue graduellement d'une certaine façon un modèle du genre, jusque dans les années 1960 où se radicalisent certaines factions (comme les Black Panthers) dans l'affirmation d'une *irréconciliable différence*, qui donnent par la suite le ton aux « politiques du multiculturalisme » ayant essaimé depuis lors.

25. Ainsi, dans son ouvrage *The Idea of North America*, publié en 1917, le Canadien James A. Macdonald n'hésite pas à assimiler le développement des démocraties étatsunienne et canadienne à ce qu'il appelle « *the English-speaking civilization* » (p. 99 et suivantes), ce qui montre bien qu'il y a confusion, encore à cette époque, entre les définitions « civique » et « ethnique » en cause. Sur cette question, voir aussi Lacombe (1997).

La réalité plus « abstraite » (c'est-à-dire plus universelle) de la nation civique, puisqu'elle ne renvoie plus nécessairement à une identité nationale unitaire, mais bien à un corps de principes juridiques de reconnaissance toujours de plus en plus universels, devient le pendant obligé de l'« ethnicité » (ou l'« identité ethnique »), qui parvient de son côté à rendre effectives les reconnaissances plus « immédiates » des pratiques individuelles[26]. Aujourd'hui, il apparaît ainsi que la nation civique appartient pleinement au cadre de la civilité supra-nationale (qu'elle est en d'autres termes liée à un contexte international, inspiré fortement par les États-Unis), et que la « nation ethnique » lui est entièrement subordonnée, et cela dans la mesure où à cette dernière peuvent correspondre des pratiques politiques ne se référant qu'à un espace national particulier (et, à la limite, à la manière par laquelle ce contexte national particulier module ses propres politiques multiculturelles).

Cette civilité se compose d'un mélange de notions économiques et politiques, qui trouvent entre autres une synthèse sur la plan juridique dans le corporatisme, et cette synthèse est devenue un élément déterminant des activités sociales, autant économiques que politiques ; la marque étatsunienne d'une civilité plus juridique que politique témoigne aussi tout aussi bien de son origine, sinon de son originalité (Bowman, 1996). Ici également, les transformations symboliques des catégories sociales de référence ont fait en sorte que ce sont constitués des acteurs économiques dont la « personnalité morale » ne correspond plus tant à l'individu (moderne bourgeois), qu'à l'entité corporative elle-même, à son « individualité » ; les subjectivités individuelles doivent, dans beaucoup d'aires de pratiques (travail, consommation, et même pratiques politiques), se plier à la reconnaissance de la prérogative marquante d'une telle présence corporative au sein des rapports sociaux[27].

Dans les faits, le corporatisme juridique correspond tout simplement à la reconnaissance légale de la capacité d'action d'un *regroupement d'inté-*

---

26. C'est par une commodité dictée par la perception populaire que je désigne ici le processus juridique comme étant plus « abstrait », et le processus de reconnaissance ethnique comme étant plus « immédiat », puisqu'en réalité, c'est évidemment de l'inverse qu'il s'agit ; la dimension juridique de la question est en fait beaucoup plus concrète que la dimension d'identification ethnique, qui se perd, elle, dans des problèmes historiques et culturels, et pour ne pas dire spéculatifs, incommensurables.

27. Cela se réfléchit d'ailleurs avec une parfaite évidence dans le développement des centres-villes depuis la fin du XIXᵉ siècle, avec entre autres la présence massive des gratte-ciel, ces « demeures » des corporations d'affaires. Le développement des différentes caractéristiques de la ville contemporaine doit ainsi beaucoup, de nouveau, au modèle étatsunien.

*rêts particuliers*, capacité qui se déploie sur le plan économique bien sûr (les « corporations d'affaires »), mais également sur le plan social et politique (dans les corporations syndicales, les associations d'intérêts divers, puis spécifiquement dans les mouvements identitaires, tels les « regroupements culturels » ou « ethniques »). Or, c'est ce corporatisme juridique qui intervient comme modalité de participation par excellence à la civilité contemporaine, au moment où les enjeux du pouvoir (économique, social, politique) dépassent le cadre strict de leur horizon moderne (et cela tant à l'intérieur qu'à l'extérieur de la société étatsunienne)[28]. L'affirmation d'un corporatisme transnational se reflète ainsi aujourd'hui évidemment dans la capacité d'action mondiale des firmes multinationales, mais également, elle est devenue en quelque sorte un modèle d'action politique évoluant sous la sanction juridique du type de civilité issu de la société étatsunienne.

Et si c'est la place donnée à un tel corporatisme d'affaires qui apparaît comme étant fondamentale dans le contexte de l'intégration économique continentale conduite sous l'égide de l'Entente de libre-échange (1988) et de l'ALENA (1994), elle permet alors d'établir un territoire symbolique où sont reconnus les véritables acteurs visés par ces ententes (et dès lors, Bombardier ou Québécor œuvrent aux États-Unis dans une réciprocité parfaite avec la façon dont le font IBM ou GM en sol québécois — alors que les simples individus ne se voient évidemment pas reconnaître les mêmes privilèges dans les domaines du travail ou de la citoyenneté par exemple). Depuis l'entrée en vigueur de l'ALENA, le Mexique a été confronté de manière particulièrement brutale à cette réalité qui donne toute la place aux corporations d'affaires en rejetant à la marge les demandes individuelles de participation légitime à ce nouvel ordre des choses. Présentement, sur le plan idéologique (pour ne rien dire de l'« effectivité des pratiques »), c'est peut-être d'ailleurs ce mouvement qui joue de manière déterminante au Québec dans le processus d'« identification américaine ». Les corporations d'affaires sont en effet devenues des symboles du développement économique national (et par ricochet, continental et mondial), et

---

28. Aux États-Unis, c'est au moment du New Deal, dans les années 1930, que s'est cristallisée cette reconnaissance du corporatisme juridique, quand la légitimité du « *Big Labor* » a été établie dans son rapport à la « *Big Business* » (par le *Wagner Act* de 1937). Sur la généralisation de cette problématique, voir Triado (1992), ainsi que Bourque, Duchastel et Pineault (1999). Sur le déploiement des corporations transnationales dans l'ALENA, voir Blank, Krajewski et Yu (1995).

ces symboles donnent le ton d'une participation élargie à un mode de vie
« américano-... québécois ».

Ainsi, si le nationalisme économique du *Québec inc.* a connu le développement phénoménal que l'on sait depuis la Révolution tranquille, et
qui s'est illustré particulièrement dans les années 1980 et 1990, c'est pour
avoir exactement traduit, dans son langage à lui, le corporatisme du capitalisme transnational, et s'être donc habilement glissé dans les habits de la
civilité impériale issue du modèle étatsunien. Cela a entre autres conduit à
forger un « nationalisme économique » d'un type spécifique, où le partenariat regroupe des entités corporatives aux visées diverses et aux intérêts parfois opposés, et où les individus sont pressés de se regrouper selon leurs
« intérêts » propres et particuliers, dans une volonté générale d'en arriver à
un consensus susceptible de témoigner d'une « identité » commune. L'américanité, dans son travail de l'identité québécoise, contribue ainsi justement sur ce plan à changer la perception de cette identité commune, dans
les modalités mêmes des pratiques et de leurs significations.

Il pourrait bien entendu apparaître que cet aspect de la logique de
l'américanité traduise une dissolution de la logique d'identification
propre à définir l'identité québécoise ; c'est dans cette perspective par
exemple que l'américanité, comme questionnement identitaire, recèle
encore des relents d'« américanisation », et qu'en elle subsiste le spectre de
la disparition de la spécificité de l'identité québécoise[29]. Mais dans le contexte, c'est précisément, à l'inverse, cette « contre-logique » de l'américanité qui devient la base de la recomposition d'une revendication politique
nationale au Québec, revendication à caractère elle aussi jusqu'à un certain point « corporatiste », dans la reconnaissance des intérêts particuliers
qui la constituent. Ces intérêts peuvent être autant « ethniques » que
« sociaux », autant « identitaires » que strictement « économiques », car ce
sont là des distinctions d'horizons que ne sait pas toujours maintenir le
discours nationaliste au Québec, mélangeant allègrement les *success stories*
particuliers de quelques entreprises et corporations d'affaires à l'essor
« national », et faisant ressortir de manière parfois quasi euphorique le
nouveau caractère multiethnique qui caractériserait aujourd'hui la
« spécificité culturelle » de la société québécoise, comme gage de son développement national.

---

29. C'est ce qu'avance entre autres Joseph-Yvon Thériault (2001) dans un article intitulé
« L'américanité comme effacement du sujet québécois ».

En l'absence de repères plus clairs qui prendraient une forme institutionnelle chargée d'assurer la reproduction de cette identité américaine
(sur le modèle de la Communauté européenne et du Parlement européen
par exemple), l'idéologie, et particulièrement l'idéologie du discours
nationaliste au Québec, prend donc sur elle d'assumer ces contradictions
qui éclatent au travers des pratiques de la civilité. C'est sans doute ainsi la
(con)fusion relative de ces diverses conceptions de l'idéologie nationaliste
québécoise qui fait en sorte de fournir malgré tout une représentation
relativement cohérente de l'américanité au Québec, dans l'adhésion à la
« civilité nord-américaine » de la « nation québécoise »[30]. En fait, et sans
aucunement renier l'importance et la signification de l'interrogation, des
errements et des contradictions, autour de l'« américanité » tels qu'ils ont
cours aujourd'hui, l'identification américaine emprunte en fait tous les
chemins de ces divers processus.

## ... en résultats

Les résultats de l'« identification américaine » à l'intérieur de la société
québécoise peuvent donc correspondre à des processus assez nombreux,
profonds à la fois sur les plans historique et symbolique, et élargis sur les
plans conjoncturel et pratique, et parfois aussi contradictoires, mais ils
ressortent aujourd'hui sur le plan idéologique d'ensemble dans une multitude de phénomènes, formant ainsi les lieux multiples et divers où
s'opère la définition de l'américanité. Questionner les individus sur l'américanité, au Québec, peut ainsi donner des résulats qui rendent compte de
certains de ces processus — sans que ne soient par ailleurs exclues d'autres
possibilités expressives qui traduisent alors des modulations expresses de
l'interrogation sur l'américanité.

Ainsi, la question fondamentale, pour l'identité américaine, qui repose
encore aujourd'hui sur la plaie non cicatrisée de la rencontre initiale des cultures européennes et autochtones, n'apparaît-elle que rarement reconnue
comme telle. Dans la population en général, la conscience de cette question de l'américanité, pourtant cruciale du point de vue de l'identité américaine, dans ce qu'elle peut avoir véritablement de signification essentielle,
semble en effet souvent échapper à la sensibilité générale. Or, elle n'en

---

30. Deux versions de cette idée sont présentes, respectivement chez Guy Rocher (1973) et Daniel
    Latouche (1995).

possède pas moins des formes d'expressions spécifiques (ne serait-ce que dans la résistance démontrée, par exemple, par les différentes cultures autochtones à certains développements proposés à l'intérieur de la société contemporaine, une résistance témoignant de leur propre présence, elle aussi en transformation). Plus singulièrement aussi, cette question ressort parfois dans l'expression individuelle qui s'exprime, par exemple, sous forme romanesque, en marquant de manière non moins indubitable sa portée historique et symbolique profonde[31].

Du point de vue politique, et en l'absence de repères institutionnels parvenant à rendre plus sensibles encore les problèmes inhérents au questionnement que la collectivité nord-américaine entretient vis-à-vis d'elle-même, de son état présent et à venir, dans la pleine reconnaissance de son passé, le questionnement sur l'américanité devient un enjeu important, qui déborde largement la dimension économique de l'existence. Les structures politiques héritées du contexte national des sociétés nord-américaines continuent encore à jouer un rôle important, mais dans l'horizon de leur transformation effective, qui advient par le biais d'une dissolution interne graduelle et d'une reconfiguration (encore partielle) dans des formes supra-nationales ou continentales.

Que cette gouverne politique continentale apparaisse d'ailleurs aujourd'hui seulement dans sa forme technocratique ne fait que nous renseigner sur le trajet qu'il lui reste à parcourir pour donner corps à un projet politique proprement démocratique. De même, le cadre « impérial » de la domination étatsunienne continue d'exercer un rôle moteur dans la définition de l'« identité américaine », mais c'est maintenant également le bien-être de l'ensemble de la communauté nord-américaine qui commence à être saisi de cette réalité en (trans)formation. Cela peut créer certaines confusions mais, dans l'ensemble, cela permet aussi une identification mouvante, et cette mouvance se réfléchit justement aujourd'hui sur le plan idéologique.

La reconnaissance d'une « américanité » propre aux Québécois se tient ainsi dans la mesure où l'on parvient à définir certaines perceptions qui lui sont relatives, tout en montrant leurs significations en un lieu et un moment précis d'un processus en cours. C'est le mieux que l'on peut attendre du point de vue des « réponses » que suscite en nous l'interrogation de l'identification américaine au Québec.

---

31. Je pense entre autres ici au roman de Louis Hamelin, *Le soleil des gouffres*, publié en 1996. Voir entre autres à ce sujet Côté et Bélanger (2000). Voir également Nepveu (1998).

## Conclusion

L'identification américaine est un processus, en cours actuellement, qui se réfléchit de manière particulière au Québec. La particularité de cette réflexion se situe entre autres au sein de la notion d'américanité, qui apparaît ici comme sa forme originale. Cela témoigne de l'originalité, autant dans la forme que dans le contenu, du questionnement québécois au sujet des transformations en cours en Amérique du Nord, et la manière par laquelle s'exprime ce questionnement traduit justement la différence d'expression ayant cours dans notre société par rapport à d'autres. Une telle expression peut être mesurée au moyen des perceptions générales recueillies par un sondage, ou par une analyse des processus auxquels ces perceptions appartiennent — comme j'ai tenté de le faire brièvement ici — ou encore, de façon alors purement négative, elle peut apparaître comme une espèce de « trahison » vis-à-vis d'une manière (devenue) plus traditionnelle de poser la question de l'identité au Québec[32]. Il demeure qu'elle paraît objectivement faire partie de la réalité du Québec contemporain.

L'expression de l'américanité se situe bien entendu aussi au cœur d'un débat idéologique, dont l'un des enjeux est de permettre la participation active de cette expression à la constitution de l'identité nord-américaine en formation actuellement. On pourrait donc suggérer en fait qu'ici nous nous trouvons en présence de formes nationales et régionales de l'expression culturelle continentale nord-américaine. En d'autres mots, la reconnaissance d'une identité nord-américaine appartient à une réalité contemporaine en devenir, et elle suscite ici des questionnements à son égard, comme elle le fait ailleurs, dans des contextes relativement similaires[33]. Si l'on s'entend en effet généralement pour accepter l'idée que la société québécoise participe largement du mode de vie nord-américain, et que bon nombre de ses productions culturelles rendent bien compte de cela, selon des modalités toutefois qui leur sont propres[34], l'expression de l'américanité, telle qu'on la retrouve aujourd'hui, témoigne réellement de ce procès en cours. En en prenant acte, peut-être parviendrons-nous à éclaircir ce sentiment d'appartenance à une réalité nord-américaine, à

---

32. Voir à ce sujet Joseph-Yvon Thériault, *loc. cit*. En refusant simplement d'accorder à la notion d'américanité toute portée significative, cette approche situe à mon sens une métaphysique de l'« être québécois » en dehors de ses conditions socio-historiques de réalisation.

33. Voir Schnapper et Mendras (1990), ainsi que Garreau (1981).

34. Voir entre autres Véronique Nguyên-Duy (1999).

partir des formes d'expression qui nous permettront de le reconnaître pour ce qu'il est.

## BIBLIOGRAPHIE

BERNIER, L. *et al.* (1998), «Recherche sur l'américanité des Québécois: l'assurance identitaire se conjugue avec l'ouverture sur le monde», et «Recherche sur l'américanité des Québécois: un Québec juste dans une Amérique prospère», *Le Devoir*, 15 et 16 juillet, p. A5.

BERNIER, L. et G. BÉDARD (1999), *Américanité et pratiques culturelles des Québécois*, Sainte-Foy, INRS-Culture et société.

BITTERLI, U. (1986), *Cultures in Conflict. Encounters Between European and Non-European Cultures, 1492-1800*, trad. R. Robertson, Stanford, Stanford University Press.

BLANK, S., S. KRAJEWSKI et H. S. YU (1995), «U.S. Firms in North America: Redefining Structure and Strategy», *North American Outlook*, vol. 5, n° 2, février.

BOUCHARD, G. (1997), «Populations neuves, cultures fondatrices et conscience nationale en Amérique Latine et au Québec», dans Bouchard, Gérard et Yvan Lamonde (dir.), *La nation dans tous ses états*, Paris, L'Harmattan, p. 15-54.

BOUCHARD, G. (1999), «Identité collective et sentiment national dans le Nouveau Monde», dans Andrès, Bernard et Zilà Bern (dir.), *L'identitaire et le littéraire dans les Amériques*, Québec, Les Éditions Nota Bene, p. 63-83.

BOUCHARD, G. et Y. LAMONDE (dir.) (1995), *Québécois et Américains: la culture québécoise aux XIX^e et XX^e siècles*, Montréal, Fides.

BOURQUE, G., J. DUCHASTEL et É. PINEAULT (1999), «L'incorporation de la citoyenneté», *Sociologie et sociétés*, n° 2, automne, p. 41-64.

BOWMAN, S. R. (1996), *The Modern Corporation and American Political Thought. Law, Power and Ideology*, University Park (Penn.), Pennsylvania University Press.

BRUNELLE, D. et C. DEBLOCK (1993), «Une intégration régionale stratégique: le cas nord-américain», *Études internationales*, n° 3, septembre, p. 595-630.

CALLOWAY, C. G. (1997), *New World for All. Indians, Europeans, and the Remaking of Early America*, Baltimore, Johns Hopkins University Press.

CARLSON, R. O. (dir.) (1975), *Communications and Public Opinion*, New York, Praeger Publ.

CORNELLIER, L. (1998), «Des intellectuels sur la planète Hollywood», *Le Devoir*, 12 août, p. A5.

CÔTÉ, J.-F. (1994), « Le rêve américain et sa réalité cinématique », *Société*, n^os 12-13, hiver, p. 355-418.

CÔTÉ, J.-F. et S. Bélanger (2000), « La nord-américanité en roman : *Le soleil des gouffres*, de Louis Hamelin », *Voix et Images*, vol. 24, n° 3, printemps, p. 525-540.

CRESPI, I. (1989), *Public Opinion, Polls, and Democracy*, Boulder, Westview Press.

DUPONT, L. (1991), « L'américanité québécoise ou la possibilité d'être ailleurs », dans Louder, D. (dir.) (1991), *Le Québec et les francophones de la Nouvelle-Angleterre*, Sainte-Foy, Les Presses de l'Université Laval, p. 187-200.

DUSSEL, E. (1995), *The Invention of the Americas. Eclipse of « the Other » and the Myth of Modernity*, trad. M.D. Barber, New York, Continuum.

EARLE, R. L. et J. D. WIRTH (dir.) (1995), *Identities in North America. The Search for Community*, Stanford, Stanford University Press.

ELIAS, N. (1982), *State Formation and Civilization*, trad. E. Jephcott, Oxford, Blackwell.

FREITAG, M. (1994), « La métamorphose. Genèse et développement d'une société postmoderne en Amérique », *Société*, n^os 12-13, hiver, p. 1-137.

GARREAU, J. (1981), *The Nine Nations of North America*, New York, Avon Books.

INGLEHART, R. F., N. NEVITTE et M. BASAÑEZ (1996), *The North American Trajectory. Cultural, Economic, and Political Ties among the United States, Canada, and Mexico*, New York, Aldine de Gruyter, p. 23.

LACHAPELLE, G. (1999), « L'américanité des Québécois ou l'émergence d'une identité supranationale », dans Seymour, M. (dir.), *Nationalité, citoyenneté et solidarité*, Montréal, Liber, p. 97-111.

LACOMBE, S. (1997), « La comparaison pour quoi faire ? À la recherche de "totalités sociales" dans le contexte canadien », dans Bouchard, G. et Y. Lamonde (dir.), *La nation dans tous ses états : le Québec en comparaison*, Paris, L'Harmattan, p. 205-220.

LAMARCHE, M.-A. (T.R.P.) *et al.* (1937), *Notre américanisation. Enquête de la revue dominicaine*, Montréal, Éditions de l'œuvre de presse dominicaine, 1937.

LAMONDE, Y. (1996), *Ni avec eux ni sans eux. Le Québec et les États-Unis*, Montréal, Nuit Blanche.

LANGUIRAND, J. (1975), « Le Québec et l'américanité », *Études littéraires*, vol. 8, n° 1, p. 143-157.

LAROCHE, M. (1993), *Dialectique de l'américanisation*, Sainte-Foy, Grelca, p. 39-102.

LATOUCHE, D. (1995), « Quebec in the Emerging North American Configuration », dans Earl, R.E. et John D. Wirth (dir.), *Identities in North America. The Search for Community*, Stanford, Stanford University Press, p. 117-139.

LEMELIN, B. (1999), « Au-delà de l'américanisation culturelle : les influences politiques et économiques des États-Unis sur le Canada et le Québec, 1867-1988 », dans Sauvageau, Florian (dir.), *Variations sur l'influence culturelle américaine*, Sainte-Foy, Les Presses de l'Université Laval, p. 100-117.

LIND, M. (1996), *The Next American Nation*, New York, Simon and Schuster.

LINVELT, J., R. OUELLET et H. HERMANS (dir.) (1994), *Culture et colonisation en Amérique du Nord*, Québec, Septentrion.

LIPSET, S. M. (1990), *Continental Divide. The Values and Institutions of the United States and Canada*, New York, Routledge.

MEYNAUD, H. et D. DUCLOS (1989), *Les sondages d'opinion*, Paris, La Découverte.

NEPVEU, P. (1998), *Intérieurs du Nouveau Monde*, Montréal, Boréal.

NGUYÊN-DUY, V. (1999), « Le téléroman et la volonté d'une télévision originale », dans Sauvageau, Florian (dir.), *Variations sur l'influence culturelle américaine*, Sainte-Foy, Les Presses de l'Université Laval, p. 131-157.

PAYNE, R. J. (1995), *The Clash with Distant Cultures. Values, Interests, and Force in American Foreign Policy*, Albany, State University of New York Press.

QUIJANO, A. et I. WALLERSTEIN (1992), « Americanity as a Concept, or the Americas in the Modern World-System », *International Journal of Social Science*, n° 134, p. 549-557.

ROCHER, G. (1973), « Les conditions d'une francophonie nord-américaine originale », *Le Québec en mutation*, Montréal, Hurtubise HMH, p. 89-108.

ROGIN, M. (1991), « "The Sword Became a Flashing Vision" : D.W. Griffith's *The Birth of a Nation* », dans Fisher, P. (dir.), *The New American Studies : Essays in REPRESENTATION*, Berkeley, University of California Press, p. 346-391.

SCHILLER, H. I. (1989), *Culture, Inc. The Corporate Takeover of Public Expression*, New York, Oxford University Press.

SCHNAPPER, D. et H. MENDRAS (dir.) (1990), *Six manières d'être européen*, Paris, Gallimard.

SENNETT, R. (1998), *The Corrosion of Character*, New York, W.W. Norton & Co.

SMITH, A. (1994), *Canada. An American Nation ?*, McGill-Queen's University Press.

THÉRIAULT, J.-Y. (2001), « L'américanité comme effacement du sujet québécois », *Argument*, vol. 3, n° 1, hiver, p. 136-144.

TRIADO, J. (1992), « Corporatism, Democracy, and Modernity », dans Beilharz, P., G. Robinson et J. Rundell (dir.), *Between Totalitarianism and Postmodernity*, Cambridge, MIT Press, p. 69-87.

WILEY, N. (1995), « The Politics of Identity in American History », dans Calhoun, Craig (dir.), *Social Theory and the Politics of Identity*, Cambridge, Blackwell, p. 130-149.

# L'AMÉRICANITÉ AND THE HISTORY OF THE AMERICAS : INDEPENDENCE AND LIBERALISM BETWEEN 1760-1860

*Donald Cuccioletta*

## Introduction

The idea that the Americas — North and South — have a shared common historical experience[1] is not a recent discourse. Already in the mid-nineteenth century, positions had circulated, especially in the aftermath of the Wars of Independence in the Southern Hemisphere, that the common experience was rooted in the colonial enterprises of the European powers that were Britain, France, Portugal and Spain. However it was not until 1932 that the American (United States) historian Herbert Eugene Bolton in his presidential address, entitled, « The Epic of Greater America », given before the American Historical Association, that the need for a shared history became part of the historical debate. In his address Bolton declared :

> There is a need for a broader treatment of American history, to supplement the purely nationalistic presentation to which we are accustomed. European history cannot be learned from books dealing alone with England, or

---

1. The historical experience that we are referring to in this preliminary study concerns the European colonial experience, engineered by France, England, Spain and Portugal. This experience therefore revolves around the imposition of European colonial ideals, imported from the ideological movements traversing Europe throughout the 16th to the 19th century. Because we have taken this tract, does not mean that we do not recognize another historical experience of the Americas, this one based on the Native Peoples. We have however decided to focus this preliminary study on the emergence liberal ideas, as products of a European context, which have influenced the establishment of republicanism (successful or otherwise) in the Americas.

France, or Germany, or Italy, or Russia; nor can American history be ade-
quately presented if confined to Brazil, or Chile, or Mexico, or Canada, or
the United States. In my own country the study of the thirteen English colonies and the United States in isolation has obscured many of the larger fac-
tors in their development, and helped to raise up a nation of chauvinists.
Similar distortion has resulted from the teaching and writing of national history in other American countries[2].

The idea of a Western Hemisphere with separate interests from those
of Europe goes back at least as far as Thomas Jefferson's letter of 1808 in
response to overtures from Cuban and Mexican leaders of incipient independence movements, and the revolutionary wars that began in Latin
America in 1810 that roused considerable political interests in the area
and its problems. There had been increased commercial and cultural relations since about 1800, but little consciousness in any of the American
nations that they shared a common history[3].

Though it seemed a natural consequence of years of Inter-American
trade and commerce, the subject was not even much discussed in the
United States, despite overtures by Latin American scholars to create a
minimal exchange of historical similarities. Very early on in the United
States, already heavily influenced by the Monroe Doctrine, scholars dis-
dained from such a perspective. The influential *North American Review*,
included in one of its issues of 1821 a blunt review of a work by Gregorio
Funes, a prominent Latin American historian of the time, on the history
of civil society in Paraguay, Buenos Aires and Tucuman[4], by declaring:

> We have no concern with South America: we have no sympathy, we can
> have no well-founded political sympathy with them. We are sprung from
> different stocks, we speak different languages, we have bee brought up in
> different social and moral codes, and we profess radically different forms of
> religion... How can our mild and merciful peoples, who went through their
> revolution without shedding a drop of civil blood, sympathize with a people,
> that are hanging and shooting each other in their streets, with every fluctu-
> ation of their ill organized and exasperated factions? It does not yet appear
> that there exists in any of those provinces the materials and elements of a

2. Herbert Eugene Bolton, « The Epic of Greater America », in Arthur P. Whitaker, *The Western Hemisphere Idea*, p. 45.
3. For detailed information on these early contacts, see Bernstein (1964).
4. In Spanish the work reads, Gregorio Funes, *Ensayo de la historia civil del Paraguay, Buenos Aires y Tucuman*, Buenos Aires, 1817.

good national character... We hold it to be a maxim clearly established in the history of the world, that none but the temperate climates, and the climates which produce and retain the European complexion of skin in its various shades, admit of the highest degrees of national character[5].

We can clearly see, as we reflect on the above quote, the type of racist and smug attitude that permeated the early American (United States) society. Such a position clearly maintained a lasting effect on any attempt by various scholars to expand beyond the nationalistic confines on the notion of a history for the Americas. This self-sufficient appraisal of history, based on a chauvinistic approach, which maintained its dominance for the next hundred years, became the preamble for the United States to consider Latin America as its personal backyard and to impose its imperialistic hegemony.

Regardless of this steadfast position, the idea of a common history continued to be shared by historians and non-historians alike. In 1939, the great American (United States) poet Archibald MacLeish, then director of the Library of Congress under President Franklin D. Roosevelt, in his dedication of the Hispanic Room of the Library stated :

From the beginning of the sixteenth century there has been accumulating on these continents a body of recorded American experience of the very greatest importance to anyone concerned to understand the American earth and the relations of that earth to the men (and women) who live upon it. Because this experience has been recorded in several languages and because it has been deposited in scattered places — places as far as Santiago de Chile and Bogotá and Buenos Aires and Mexico City and New Orleans and St. Louis and Quebec — because furthermore, it has been overlaid with the continuing importation of European literature and European thought — for all these reasons the recorded American experience has not influenced the common life of the Americas as it should have influenced it. It has not been useful to an understanding of the Americas as it should have been useful[6].

By 1941 at a conference on Inter-American Solidarity, held at the University of Chicago, prominent historians from across the Americas, such as Edmundo O'Gorman from Mexico, came to discuss this idea of

---

5. *The North American Review*, Boston, vol. III, no. XII, 1821, p. 432-433.
6. Please see Archibald MacLeish, « The Hispanic Activities of the Library of Congress with an Address by Archibald MacLeish », 1961, p. 649.

a common history of the Americas. The debate though far from being unanimous, nevertheless permitted historians to gage the different positions held by their fellow colleagues. French Canadian and English Canadian historians were particularly silent even though the *Canadian Historical Review* printed all of the debates and proceedings[7].

In this too brief over view, of the attempts, the refusals and the occasional ineptness of instituting a common ground with regards to a comparative history for the Americas, leaves us facing an historical transnational void, which would have facilitated a cohesive understanding of the concept of Pan-Americanism. The purpose therefore of this article is to resuscitate the idea of a common history of the Americas, in a time frame when we are witnessing the forging of the Americas through vested economic and political agendas, such as Free Trade for the Americas (FTAA), the OAS, the MERCOSUR, Alliance for Progress, etc.

Today with hemispheric, national and regional trade deals[8] crisscrossing the Americas, the driving force that is propelling the other paradigm of integration at the rate of a high speed train, is now lead by an economic locomotive. This is not to say that the recent accent put on the accomplishment of securing free trade deals had not already been preceded by other agreements of various kinds. However these recent economic contracts, contrary to past relationships, have as their ultimate goal the economic and commercial integration of the Americas (Mace, 1999). This unfortunately, in this author's humble opinion, remains the only avenue that dominates the Pan-American discourse today.

## The transplanted peoples

America, born from the same discovery and from a series of explorations which were inspired by identical motives of mercantilism, created in all the continent similar problems and necessities, inspired in men a similar

---

7. For further study on the Canadian participation please refer to *Canadian Historical Review*, no. 2, 1941.
8. In 1989 Canada and the United States entered into a *free trade* agreement (Canada-U.S. Free Trade), that has since opened the door to other possibilities such as customs union and monetary union. In 1990 Mexico was invited to join and transform the trade deal into the North American Free Trade deal (NAFTA/ALENA/TLCAN) and by 1991 we had the MERCOSUR that incorporated Chile, Argentina, Uruguay and Paraguay and we know that the process for a FTAA (Free Trade Agreement for the Americas) has already begun.

quest for wealth and power and also led them to equal aspirations (liberalism and democracy). America being above all an idea produced in its womb, the best and the ugliest of its inhabitants.

The transplanted peoples of the Americas are the contemporary result of European migrations to the broad spaces of the *New World*, families hoping to resume their social life with greater freedom and better chances of prosperity. Some, such as the colonists of North America, settled in territories either uninhabited or occupied by First Nations with an agricultural culture, whom they warred against or displaced instead of living or mingling with them. Other transplanted peoples, such as the Argentines and Uruguayans, resulted from European immigration to the River Plate (Rio de la Plata), competed with the indigenous population, whom they also displaced and subjugated with violence.

In his most celebrated article, « Nuestra America » published on January 30th 1891 in *El partido liberal de Mexico*, the Cuban social philosopher and revolutionary José Marti, referred to the question of « métissage », in order to identify the distinctive cultural trait that marked the inhabitants of the Americas. This dialect of the « métissage » projected the idea of not only severing the physical ties with ancestral Europe but also and more importantly gave notice to the beginning of the New World. In his own way José Marti was pointing to the biological and cultural integration of the Indians, the Africans and the Europeans as the basis upon which resided the historical events that would give birth to « Nuestra America ».

In his own attempt to trace a systemic process of integration for the Americas, Marti nevertheless recognized the dialectical partnership that existed between the actual « breaking away » (the gesture of embarking on the perilous journey across the Atlantic Ocean) and the maintaining of certain ideological ties (conservatism, liberalism, monarchism) embedded in the European heritage. What made Marti's thesis so interesting, was that despite his recognition of the continuous role and influence that was to be played by certain European ideologies, he understood that the geographic space of the Americas would eventually not only transform the inhabitants (métissage) but also the ideological tenets as well.

In his work on the question of the founding peoples of the Americas as fragments of European society, Louis Hartz (1964), despite a mechanistic approach, characterizes the new societies as hybrids. The political ideas generated in these new societies are a cross over from their European heritage. Regardless of the fact that Hartz did not foresee the influence of the geographical space on the particular application of these political ideas and ideals, contrary to Marti, the fact nevertheless remains that the genesis of any political ideal in the *New World*, cannot be interpreted as a sudden break with the past, but more of an evolutionary process of political change. Yet this evolutionary process of political thought, according to Hartz in his seminal work *The Liberal Tradition in America*, would eventually lead to the sudden break (for the United States, the Revolution of 1776) because of the incorporation of liberal ideas into the wars of independence from colonial domination.

The Brazilian anthropologist Darcy Ribeiro (1970), in his Marxist approach to the particular case of Latin America, credits the European peoples as haven taken the lead in modern history as civilizing agents in the vanguard of the *Mercantile* and *Industrial* revolutions. According to Ribeiro, « they were pioneers in experiencing and formulating the social and ideological changes stemming from new stages of evolution on which humanity was entering[9] ».

Admittingly the European feudal world had been enjoying cumulative technological and social innovations for centuries and these dramatic changes were revealed, with the European discovery of the Americas[10] during the Renaissance. Not to underestimate the changes that had occurred in previous periods of European history, the effects of the Reformation as the principle cause from which new streams of social theory descended remained the corner stone of the new economic, philosophical and social organizations that marked the European and eventually the American adventure.

Even though the revolutionary spirit of the Reformation gave birth to a Protestant Christianity and its principled ethics (Tawney, 1954: Weber, 1920), Ribeiro asserts that this mystic ecstasy (Protestantism) had also given way to parallel movements for religious reform. In another part of Europe (Spain and Portugal), the religious fervor of Catholicism, influenced by the rise of the capitalistic and protestant ethic, was rekindled. The zealous guardians of the faith on a mission of conquering Catholi-

---

9. Darcy Ribeiro, *The Americas and Civilization*, p. 50.
10. We feel that it is important to point out that the discovery of the Americas by various explorers such as Amerigo Vespucci, Christopher Columbus, Pizzaro, Cortes and others, was a discovery for the Europeans. Various native groups and nations had already inhabited the Americas and therefore any reference to discovery or political ideals must be placed within the context of a European definition of history.

cism and Proto-Capitalism launched themselves into overseas expansion, discovering, conquering and subjugating new worlds.

In his most recent publication Gérard Bouchard (2000) points out that the genesis of these new societies (this is in reference to the nations that make up the Americas) does not reside in their political or social ideas but much more on a constitutive cultural base. Contrary to Marti (biological), Hartz, (ideological) and Ribeiro (social), Bouchard believes that the key is in how these new societies either preserves or rejects the old European order. He states:

> Ce qu'il faut étudier, en définitive, c'est la façon dont ces sociétés choisissent de disposer de leur héritage, soit en le préservant, soit en le récusant pour le remplacer, soit encore en l'altérant pour l'amalgamer, ou de toute autre manière. Il est entendu que la collectivité neuve peut-être l'héritière de sa propre histoire tout autant que de sa mère patrie[11].

He continues to affirm that it was incumbent of the elite of the various societies to design a future for their respective collectivities based on some sort of utopia. The geographical space of the *New World* afforded the luxury for these utopian dreams.

> L'éloignement, le dépaysement, l'inconnu amplifiaient les traits du nouveau continent: les étendues étaient illimitées, les richesses incommensurables, les périls gigantesques. Encore là, cette capacité d'émerveillement pouvait être investie soit dans une volonté de recréer la mère patrie, mais dans un format agrandi, épuré, perfectionné, soit dans une tentative de recommencement radical fondé sur un ordre collectif plus rationnel, plus harmonieux, affranchi des déchirements et des servitudes de l'ancien monde. Dans un cas comme dans l'autre, la nouvelle société serait supérieure aux sociétés européennes. Il semble en effet que, à des degrés variables, la mythologie du Nouveau Monde se soit construite sur une contre-mythologie de l'ancien, même dans les entreprise continuistes[12].

In the different interpretations of the quest for a common history for the Americas, or minimally the search for interconnections within the hemisphere, various theories or points of view, as seen above have been proposed. The strength lies not in the fact that there is still no common

---

11. Gérard Bouchard, *Genèse des nations et cultures du nouveau monde*, p. 19.
12. *Ibid.*, p. 32.

ground but that there are different perspectives on the same issue, a common history of the Americas.

The Americanist continental theory, which regards the entire hemisphere as the object of one history, recognizes the importance of the geographic and economic influences but nevertheless highlights the similarity between the continental processes of colonization, revolutions for independence, and the subsequent political struggles to establish liberal and democratic governments (Langley, 1996).

## Independence and liberalism

In breaking the bonds of European control so that strictly American (Americas) institutions might flourish, the Wars of Independence were far more than political and military uprisings. They resulted from the fact that the Americas had grown up, in thought as well as in government (Whitaker, 1961 : Liss, 1982). The synchronization of the revolutions in time and in character, and their common origin in European liberal thought, represent one of the most striking common features in the history of the Americas[13]. Here a set of principles was used throughout the Americas to achieve freedom from overseas domination. Even in Canada, although complete separation did not occur through the failed revolt of the 1837-1838 Rebellions (Bernard, 1984; Greer, 1994), the gradual struggle did lead to the Confederation status of 1867 that attributed practical autonomy similar to other experiences in the Americas.

### Anglo and French North America

The American Revolution of 1776 (United States), considered the first victorious struggle for independence from European colonial powers, based on a Protestant sense of practically, does not at first hand seem to envelope a romantic spirit in its push for liberty. Yet on the other hand the ideals of the Enlightenment transcend every action and writing asso-

---

13. The age of revolution or wars of independence in the Americas began with the American Revolution of 1776, continued with the slave revolt that erupted in Saint Domingue (the French colony that became Haiti at independence) in 1791, and culminated with the prolonged Spanish-American struggle for independence that officially ended a half-century later. For further study please see Palmer (1964) and Dominguez (1986).

ciated with the revolution. This revolution « from above » may have failed to address the « social question » or the rights of the minorities but it nevertheless articulated a revolutionary mythology with its vaguely defined but inspirational patriotism. This enlightened spirit went beyond the national borders in its message became a spark, a hope and in many ways the romantic dream that all colonized peoples of the Americas possessed.

Similarly in Lower Canada at the beginning of the 19th century with « Les Fils de la Liberté » the talk of political rights based on representative democracy, fills the air. As Yvan Lamonde (2000) states:

> La trajectoire politique et intellectuelle parcourue entre 1815 et 1834 suit deux courbes principales: le recours aux principes démocratiques et la prise de conscience coloniale[14].

This awakening by the French Canadian elite (Louis Joseph Papineau was a member of the enlightened elite that were to lead the rebellions) of their political situation resided greatly in their appreciation of the American (United States) experience. The emergence of a continental and hemispheric (North American at least) attachment, is fed by the numerous encounters with fellow French Canadians who travel to the United States, by Papineau and Friends who read *Le Courier des États-Unis*, published in new York since 1826 and available through the right channels in Lower Canada. By 1833 Étienne Parent, considered a moderate in the Patriot Movement, writes in *Le Canadien*:

> [...] que les Rois d'Europe avec leur cent mille baïonnettes, avec leurs cours brillantes sont petits auprès de cet homme d'un peuple libre et souverain[15].

Meanwhile in Upper Canada a similar movement towards the idea of establishing a republican government, was making headway. Reformers led by William Lyon Mackenzie, heavily influenced by the arrival of *Yankee* settlers around the Niagara Peninsula, took up the torch of republicanism. Pointing to the *Family Compact*, as the purveyors of undemocratic rule in Upper Canada, the Reformers, as they were labeled, taking encouragement from the movement in Lower Canada, petitioned the British Government for change and more transparency. This became, as

---

14. Yvan Lamonde, *Histoire sociale des idées au Québec: 1760-1896*, p. 112.
15. Étienne Parent, « Le Canadien, 21 juin, 1833 », in Yvan Lamonde, *ibid.*, p. 116.

in Lower Canada, fruitless and led to Rebellion in Upper Canada. Though less extensive than in Lower Canada (the actual armed rebellion in Upper Canada lasted only a few weeks), the impact on the British authorities and their allies was no less important[16].

In many ways this armed rebellion and out cry for more representative government in Upper Canada, disturbed the British even more than in Lower Canada. These people were of British decent, while in Lower Canada they were French Canadian who never accepted British rule in the first place. This surprised attitude by the British, could be one of the reasons why the rebellion in Lower Canada was treated harsher than in Upper Canada.

After 1830 and prior to the failed rebellion, liberalism had become a mainstay in the political lexicon of Lower Canada. The French Canadian liberal elite struggling for representative government in Lower Canada, were the preferred target of the Catholic Church, a vocal opponent to any movement that contested the hegemony of the church. Father Saint-Germain, a priest on the South Shore of Montreal in writing to Mgr. Lartigue, the Cardinal of Montreal, about the effects of a cholera epidemic in his area, could not help but supercede his intended comments by stating:

> Je ne puis m'empêcher de vous parler d'un autre genre de maladie qui travaille le corps social, fait des progrès extrêmement rapides et dont les suites sont d'autant plus fâcheuses que c'est le moral qu'il attaque. Cette peste, dont je veux parler, c'est le Libéralisme, dont on peut dire avec l'Apôtre : *Serguit ut Cancer.* Il va vite... très vite[17] !

Mgr. Lartigue replies :

> Voilà nos papiers canadiens qui deviennent plus révolutionnaires que jamais : la *Minerve* du 16 de ce mois a donné un article signé [Sicotte], où la *Révolution* est hautement proclamée, et où la haute trahison n'est déguisée sous aucun voile[18].

---

16. For further study on the rebellion in Upper Canada and its connection with the rebellion in Lower Canada, please see Craig (1963), and Kilbourn (1956).

17. Jacques Paquin à Mgr Lartigue, 31 janvier 1832, cité dans Yvan Lamonde, *Histoire sociale des idées au Québec : 1760-1896, op. cit.*, p. 126.

18. Mgr. Lartigue cited in Jean-Paul Bernard, *Les Rouges. Libéralisme, nationalisme et anti-cléricalisme au milieu du XIXᵉ siècle*, 1971, p. 112.

For Papineau this liberal thrust in Lower Canada, is the basis for the construction of new social and political institutions, that follows the destiny of the Americas : « Il est certain qu'avant un temps bien éloigné, que toute l'Amérique doit être républicaine. »

The editor of *Le Canadien* (Parent) shares Papineau's continental vision and denounces the colonial ministers who obstinately continue « à faire vivre des Américains sous un régime European ».

The *Patriots* of Lower Canada, quite surprisingly follow the same path traced by their counter-parts in the United States, sixty years earlier, by petitioning the British Crown and parliament to hear their grievances. The British colonialists, matured by their failed experience with the 13 colonies, nevertheless, despite support for the *Patriots* by Irish nationals, condemn these French Canadian upstarts. Thinking that these French Canadian rebel rousers were isolated in the Canada's, the British perceive this unrest as an outgrowth of an arcane Catholicism.

But as Papineau would later point out and much to his own surprise : « On feint de croire, que nos réclamations sont le fruit de nos différences d'origine et de catholicisme, quand il est constant dans les rangs des libéraux qui comptent une majorité des hommes de toute croyance et de toute origine. Mais que dire à l'appui de cet avancé quand on voit le Haut-Canada où il n'y a que peu de catholiques et où presque tous les habitants sont d'origine anglaise dénoncer les mêmes maux et demander les mêmes réformes[19] ».

Of course this will all lead eventually to the arm revolt better known as the 1837-1838 Rebellions in Lower and Upper Canada. The British having learned their lesson from the armed conflict in the War of Independence for the United States in 1776, will quickly crush the rebellion and severely punish the leaders as examples against any republican zeal.

The defeat of the rebellion did not however diminish the quest neither for liberalism nor for republican style government. By the mid 1840's a new generation of young radicals heavily influenced by the Papineau generation and the failed rebellions, regrouped them self around *l'Institut Canadien* and the newspaper *l'Avenir*. Very quickly these young radicals called *Les Rouges*, quickly took up the touch of liberal ideas and proceeded to launch attacks against the conservatives, the Catholic Church and the union of Upper and Lower Canada. In the library of *l'Institut Canadien* one could easily read liberal newspapers from France,

---

19. *Ibid.*, p. 125.

the United States, Mexico and South America (articles translated from Spanish).

In 1849, *Les Rouges*, established a newspaper called *l'Avenir*, which quickly became the unofficial organ for *l'Institut Canadien. L'Avenir,* would carry news about the liberal revolutions in Italy, France. It would also translate and reprint articles from New York, keep up to date with the South American quest for liberal republics. Though it folded in 1854 after a severe fire, *l'Avenir* was recognized in its day, with a weekly circulation of 1500, as part of the liberal thrust throughout the Americas.

## Spanish South America

The independence of the Spanish colonies in America did not begin with an overt military uprising and peculiarly it was not decided by war. The freedom cry, uttered in 1810, when the main city councils in Spanish America issued a formal declaration of separation from Spain, came after forty years of popular protest, always echoed by new generations in the universities and their teachers, imbued with spirit of the Enlightenment and driven by their romantic fervor (Lynch, 1973; Crawford, 1948; Crow and Bethell, 1991).

The revolutionary development of Spanish America began to shape up to reality with the cry of « Death to bad Government! » These words echoed from Paraguay to Mexico in the second half of the eighteenth century and re-echoed in 1810. Whether it was the abortive Peruvian Indian rebellion in 1771 led by Tupac Amaru or the Mexican uprising by the rebel priest Michael Hidalgo, armies wearing rags fought these wars. The « Rag tag » armies of South America were reminiscent of the « Rag tag » moniker given to the Continental army of Washington in 1776.

The operative word was not war but revolution — that is, the struggle to bring a change in institutions by creating republics across Spanish America. From Simon Bolivar who brought his message from Venezuela, to Columbia, to Peru, to San Martin who did the same in the Rio de la Plata region and Chile, the spirit was guided by the thrust for liberty and independence.

Universities prior to the Wars of Independence offered courses on liberal philosophy, republicanism, while the call for the end of *Scholasticism*, the end of old philosophy could be heard, the clamor for mathematics and natural sciences was listened to. The expulsion of the Jesuits was no small consequence to education reform throughout Spanish America (Whitaker, 1962; Munro, 1950).

No colony had as many printing presses as Mexico, yet with the revolt for independence an added fifteen newspapers were born. Throughout the Americas the taste for liberty and liberalism produced an avalanche of publishing, such as *El Despertador* in Mexico, Bogotá's *Papel Periódico*, and many others[20]. The Patriotic and Literary Society of Buenos Aires, became the center for liberal for debate and contributed to the revolution through its library, gazette and conversation groups. Mariano Moreno, a Creole, (he is the prototype of Marti's, *Nuestra America*) who published the *Gaceta de Buenos Aires* and led the Argentine Revolution of 1810, believed that the men in a new republican government should be Americans only (Arciniegas, 1966).

In a letter to Madrid, a Spanish official expressed the opinion earned by Moreno's *Gaceta*:

I am enclosing for Your Excellency the *Gaceta de Buenos Aires* for the 13th and 15th of November, for they are more convincing than any speeches or demonstrations, not only of the fact that the revolutionaries are aspiring to independence, for no balanced mind has doubted that since its first number or circular was published inviting the people to send their deputation's to Congress, but also that their doctrine is the basest and most infernal that could be conceived and that if it is not attacked promptly and with force, all the Americas will be lost; their scarcely a line in the said gazette which does not contain a Jacobin principle, a blasphemy: to them it is not merely a question of not recognizing the Supreme Council of the Regency or any other legitimate authority which governs us, but of manifesting that the monarchs of Spain have no right whatsoever in the Americas, and consequently even our beloved monarch, the most sacred vows, the most solemn oath sworn by the people in token of their vassalage, everything is false on the lips of these vile revolutionaries who hold nothing scared but what flatters their ambition to command[21].

The democratic, liberal type of republic that was to prevail in Hispano-Indian America was not in the beginning seen as an obvious natural solution. Until 1810 — the year of independence — just two examples of the

---

20. For further study on the rise of liberal newspapers and publishing I Spanish America during the years of the struggle for independence, please see Salas (1962).
21. Germán Arciniegas, *Latin America: A Cultural History*, p. 300.

modern republic as a system of government existed: the United States
and France. The United States came first and was recognized by the South
American liberators as the great invention of the New World. Although it
had not until that time yet stood the test of time, its success as seen from
the south, seemed assured. All the other leaders of the other Americas
admired the pragmatic solution found by the Anglo-Americans in
becoming united, federated, free and imbued with a feeling of progress.

However, in the wake of the support for the American Revolution,
certain leaders still maintained an admiration and even wished for a monarchy of the Americas. This led Fray Servando Teresa de Mier, one of
Mexico's revolutionary pamphleteers, who had resided in Philadelphia in
the heady days of Jefferson's presidency to turn to Thomas Paine and his
famous cry for republican democracy in *Common Sense*. Mier's *Memoria
político instructiva* echoed the North American's fiery words about the
evils of monarchy, when he stated that « in the long term, liberty and a
king are incompatible... What is the history of kings, as a great bishop has
said, but the martyrology of nations[22] ? »

The struggle for democracy in Spanish America and its new liberal
philosophy dashed itself against three centuries of tradition. In adopting
democracy, the newer America had an advantage over Europe: it lacked
nobility. But the absence of an emerging middleclass made its situation
manifestly inferior. Though Spanish America had been introduced to the
works of Hobbes, Locke, Hume, etc., and also to the works of Jefferson,
Franklin, Hamilton, Adams, the educated leaders were heads of state of
nations that were illiterate and also inexperienced in the function s of representative governments. They had to invent everything, to violate a tradition of three hundred years.

In the United States and in the Canada's on the other hand, there had
been under British rule some measure of British colonial democracy. For
the liberals in these countries it was rather a struggle to overcome the
British from inhibiting further progress of democracy. While in Spanish
American, though emanating from the same struggle for liberty, everything
was an experiment. Spain had not implanted any vestige of democracy.

Independent of these obstacles and the hostility of Catholic Church,
the liberal thrust mostly supported by the Creole « métis » society, continued to enshrine the new young republics. Just as had the failure of the

---

22. D.A. Brading, *The First America: The Spanish Monarchy, Creole Patriots and the Liberal State,
1492-1866*, 1991, p. 239.

1837-1838 rebellion had not dashed the hopes of liberalism in the Canada's, similarly in Spanish America, even with the advent of the *caudillos*, the hope of liberalism and republican democracy continued.

## Conclusion

At the outset this article expressed the idea of re-instituting the idea of a common history for the Americas. This observance came to light, for this author, in part because of the total misrepresentation that has been given to the question of the integration the Americas which revolves around the singular notion of a huge commercial market as fueled and propelled by the economic locomotive. A true understanding of integration or as it should rightly be called *Pan-Americanism*, must take into account the peoples of the Americas and more particularly the history of these peoples as it pertains to their belonging and the forging of their *américanité* on this continent.

The use of *américanité*, independent of the nation-state, as the guiding concept in the understanding of the transnational ideas, of liberalism, democracy and republicanism as applied to different areas of the New World based on the shared geographical and continental space, remains the cornerstone for the understanding of *Pan-Americanism*.

The struggle to depart from the colonial empires but at the same time to retain some of the progressive ideas that were fermenting in these Empires presents a unique dialectic to the New World. On the one-hand movements to separate and become independent yet at the same time, inheriting albeit differently in each case, liberal progressive ideas that were the instigators of these wars for Independence or Revolutions.

As we have tried to demonstrate, in this preliminary study, the interlinkages between the different liberal revolutions or wars of independence (successful or otherwise) and the ideas, which were their guiding principals, are realities of the Americas.

In this sense the final outcome of the liberal tradition in the Americas, has yet to be implemented. The role of the first nations (the native peoples), and the African-American brought over as a slave are chapters that still have to be completed. In a period where we sense that the protective measures of the nation-state are relinquishing, the age of the Americas is emerging; History must re-record this America as a sharing process and not one dominated by petty nationalism.

## BIBLIOGRAPHY

ARCINIEGAS, Germán (1966), *Latin America: A Cultural History*, London, Cresst Press, 602 p.

BERNARD, Jean-Paul (1971), *Les Rouges. Libéralisme, nationalisme, anticléricalisme au milieu du XIX$^e$ siècle*, Montréal, Presse de l'Université du Québec, 285 p.

BERNSTEIN, Harry (1964), *Origins of Inter-American Interest, 1700-1812*, Philadelphia.

BETHELL, Leslie (ed.) (1996), *The Cambridge History of Latin America*, New York, Cambridge University Press.

BRADING, D.A. (1991), *The First America, The Spanish Monarchy, Creole Patriots and the Liberal State*, Cambridge, Harvard University Press, 347 p.

BOUCHARD, Gérard (2000), *Genèse des nations et cultures du nouveau monde*, Boréal, 503 p.

CRAIG, G. (1963), *Upper Canada: The Formative Years, 1784-1841*, Toronto.

CRAWFORD, William (1948), *The Epic of Latin America*, New Jersey, Doubleday, 350 p.

CROW, John Armstrong (1941), *A Century of Latin American Thought*, Cambridge, Harvard University Press, 360 p.

DOMINGUEZ, Jorge (1986), *Insurrection or Loyalty: The Breakdown of the Spanish Empire*, Cambridge (Mass.), Harvard University Press.

HANKE, Louis (1964), *Do the Americas have a Common History?*, New York, Alfred A. Knoph, 269 p.

HARTZ, Louis (ed.) (1964), *The Founding of New Societies: Studies, in the History of the United States, Latin America, South Africa, Canada and Australia*, New York, Harcourt, Brace and World, 336 p.

HARTZ, Louis (1958), *The Liberal Tradition in America*, New York, Harcourt, Brace and World, 285 p.

KILBOURN, W. (1956), *The Firebrand: William Lyon Mackenzie and the Rebellion in Upper Canada*, Toronto.

LAMONDE, Yvan (2000), *Histoire sociale des idées au Québec*, Fides, 573 p.

LANGLEY, Lester D. (1996), *The Americas in the Age of Revolution 1750-1850*, New Haven, Yale University Press, 366 p.

LISS, Peggy (1982), *Atlantic Empires: The New World of Trade and Revolution, 1713-1826*, Baltimore, 285 p.

LYNCH, John (1973), *The Spanish American Revolutions, 1808-1826*, New York, Norton, 298 p.

MACE, Gordon and Louis BÉLANGER (eds.) (1999), *The Americas in Transition*, London, Rienner Publishers, 299 p.

MACLEISH, Archibald (1961), « The Hispanic Activities of the Library of Congress with an Address by Archibald MacLeish », in American Historical Association, *Guide to Historical Literature*, New York.

MITCHELL, Robert D. and Paul A. GRAVES (1987), *North America : The Historical Geography of a Changing Continent*, Rowman and Littlefield, 459 p.

MUNRO, Dana G. (1950), *Latin American Republics*, New York, Appleton, 285 p.

PALMER, Robert R. (1964), *The Age of Democratic Revolution : a Political History of Europe and America, 1760-1820*, Princeton University Press, 2 vols.

RIBEIRO, Darcy (1970), *The Americas and Civilization*, New York, Dutton, 509 p.

SALAS, Mariano P. (1962), *Cultural History of Spanish America : Conquest to Independence*, Berkely, University of California Press.

WINN, Peter (1992), *Americas : The Changing Face of Latin America and the Caribbean*, Berkeley, University of California Press, 662 p.

WHITAKER, Arthur P. (ed.) (1961), *Latin America and the Enlightenment*, Ithaca, Cornell University Press, 390 p.

WHITAKER, Arthur P. (1964), *The Western Hemisphere Idea*, Ithaca, Cornell University Press.

# L'AMÉRICANITÉ QUÉBÉCOISE :
# PORTÉE POLITIQUE
# D'UN COURANT D'INTERPRÉTATION

## Louis Dupont

Dans mon esprit, l'américanité est un prisme qui permet une interprétation de la société québécoise et de la culture franco-québécoise, implicitement de son passé canadien puis canadien-français, en lien avec la géographie et l'histoire nord-américaines ainsi qu'en relation avec les autres sociétés américaines. Il peut s'agir d'une impression ou encore d'un sentiment que les écrivains expriment à travers la forme et le contenu de leurs textes ; ce peut être aussi un concept, un paradigme ou encore une problématique avec laquelle des chercheurs des sciences sociales travaillent depuis une vingtaine d'années.

Si j'utilise le mot prisme, c'est parce qu'il me semble bien rendre compte du caractère polysémique de l'américanité. Or quels que soient les sens qu'on lui prête et la valeur qu'on lui donne, s'en dégage à chaque fois une interprétation — un récit — du Québec, de son histoire, de sa société, de son univers culturel. Que cette interprétation ait valeur d'explication (réputée scientifique), qu'elle permette la compréhension (phénoménologique) ou qu'elle résulte de l'expression (artistique), n'y change rien quant au fond. Toutefois, mon objectif n'est pas de faire l'inventaire puis une typologie du sens donné à l'américanité, mais de réfléchir à sa signification et surtout à sa portée politique pour la société québécoise et la culture franco-québécoise.

D'entrée de jeu, un constat : au cours de mes recherches, j'ai relevé que, comme c'est le cas avec la latinité pour l'Amérique dite latine, le Québec (ou la Franco-Amérique) fait face en Amérique du Nord à l'enfermement de la « francité » dans lequel l'Anglo-Amérique, par effet de lieu et par la vision du monde et de l'Amérique qui en résulte, le confine et dans lequel la majorité franco-québécoise s'est elle-même généralement enfermée et a peine à quitter. L'effet de lieu est simple : ce qui distingue le Québec dans l'œil de l'Anglo-Amérique, c'est la francité, ce qui le distingue dans l'œil de la francophonie, c'est son américanité. La francité n'a ici rien à voir avec la France, sauf peut-être pour l'Anglo-Amérique ; elle renvoie plutôt au fait français, à la pérennité de la langue française en Amérique, souvent équivalent à la tradition ou aux racines, ainsi qu'à la bataille politique pour la défense et la promotion du français au Québec. On l'aura compris, le problème n'est pas la francité mais l'enfermement dont elle est l'objet. Dans l'analyse des relations inter-ethniques ou inter-culturelles, l'enfermement renvoie au processus de contrôle du sens qu'exerce un groupe sur un autre. Il doit donc être posé en termes géopolitiques[1].

L'enfermement est le produit d'une *topologique*, soit d'une logique qui, émanant d'un lieu ou d'un espace particulier, détermine ou surdétermine le sens d'autres lieux, justifiant parfois *a posteriori* ou *a priori* le contrôle politique. Il s'agit d'une logique structurante des espaces, d'une vision du monde qui fonctionne sur la base de l'approbation du sens et met en place des rapports de force. Son effet est insidieux puisque le sens donné par le groupe dominant n'en constitue pas moins un espace de sens avec lequel le groupe ainsi enfermé doit conjuguer, créant à la fois un double mouvement de contestation mais aussi de reproduction des limites, soit l'auto-enfermement.

Dans le cas qui nous intéresse, il faut parler d'une logique continentale nord-américaine (Dupont, 1996)[2] pour laquelle il n'existe aucune case

---

1. On me fera remarquer que les choses étaient beaucoup plus simples il y a quelques années où l'on parlait de colonialisme britannique, de néo-colonialisme anglo-canadien et même d'impérialisme américain. Mais il est déroutant pour la pensée d'appeler un chien un chat. S'ils ont eu à des époques une certaine pertinence, ces mots, concepts ou thèses ne suffisent plus à décrire la géopolitique québécoise, même si le fait de l'enfermement découle en partie de l'existence historique préalable de ces formes de dominations ou de limitations politiques et territoriales de la société québécoise et de sa majorité francophone.

2. L'expression logique continentale peut avoir deux significations. D'une part, il y a logique continentale au sens où l'espace nord-américain, par la pratique qu'il conditionne, sert de support à la pensée, produisant une façon de voir le monde, qui peut être autant connaissance que représentation. D'autre part, il y a logique comme il y a une suite dans les idées ou une cohérence dans les discours. Dans le premier cas, l'accent est mis sur l'expérience ; on parle alors d'une logique-discours.

pour un Québec amériquain[3] et véritablement moderne, tant que la langue qui le distingue sert de ralliement politique et idéologique à l'édification d'une société nationale territorialisée. Un Québec amériquain ou une américanité que les Franco-Québécois en retour ne conçoivent pas facilement. L'enfermement que révèle l'américanité soulève ainsi la question de la portée politique de la problématisation du Québec et de la culture franco-québécoise comme « société nouvelle » ou société amériquaine, bref de l'américanité comme courant d'interprétation de cette société.

## Un phénomène, un mot, un concept

Tout d'abord, un fait : il y a une histoire du mot/concept et une histoire du phénomène. Si on considère l'américanité comme étant le résultat de l'américanisation des cultures européennes, c'est-à-dire comme le produit du processus de transformation d'une culture enclenché par sa transplantation dans un espace (l'Amérique) autre que son lieu d'origine (l'Europe), cette dernière a commencé à se faire sentir dès les premiers pas des Européens en Amérique et s'est manifestée concrètement avec les premiers bâtiments construits. Au Québec, l'américanisation fit d'abord des colons français des *Canadiens*, là où elle fit des *Américains* des colons anglais, des Brésiliens des colons portugais, etc.

Historiquement, la reconnaissance des résultats de ce processus de transformation — l'américanité — survient logiquement avec la première génération « autochtone » pour qui le lieu d'origine européen fait désormais partie de l'imaginaire. Ainsi, très tôt dans toutes les colonies amériqaines, on va noter la différence d'être et de comportement des colons, métissés culturellement et/ou physiquement, une différence qui sera d'abord interprétée comme une altération du modèle de référence européen. La prise de conscience qu'il s'agit d'une nouvelle identité proprement américaine, qui se comprend par rapport à d'autres expériences dans les Amériques, est plus tardive. Il s'agit de l'étape ultime du processus d'américanisation dont la période de franchissement et la nature diffèrent considérablement d'une société amériquaine à l'autre. Aboutissement d'un processus culturel, cette prise de conscience a dans les Amériques été

---

3. Le terme amériquain est utilisé pour démarquer l'expérience continentale de l'expérience états-unienne, généralement appelée « américaine » ; il a été avancé par le géographe québécois Jean Morisset (1984).

souvent associée à des événements politiques (guerre d'indépendance, guerre civile, conquête intérieure du territoire, etc.).

Au Québec, la reconnaissance de l'américanité a commencé véritablement avec la révolution tranquille, sans toutefois la précéder, bien qu'historiquement la différence entre les colons français devenus Canadiens et les Français étaient évidente à tous au XVIIIᵉ siècle, ce que les historiens ont commenté depuis sans faire intervenir jusqu'à récemment le concept d'américanité. Ce fondement historique de l'américanité québécoise a été, et est toujours, l'objet d'interprétations diverses, et le sens qu'on lui donne détermine pour beaucoup la conception que l'on peut se faire de l'américanité québécoise.

Mes recherches sur l'apparition du mot *américanité* dans le vocabulaire québécois — il ne figure toujours pas dans les dictionnaires de la langue française — m'ont conduit jusqu'à l'édition du *Devoir* du 27 octobre 1966. On y rapportait alors qu'à l'occasion d'une rencontre d'écrivains de langue française à Paris, Jacques Godbout et Gaston Miron présentèrent la nouvelle littérature québécoise comme l'expression de la *nord-américanité* du Québec. Une année plus tard, soit le 31 octobre 1967, dans les pages du même journal Jean-Guy Pilon tentait de démontrer que le Québec est, titre de son article, «Une réalité issue de l'Amérique». Quand au concept d'américanité, j'ai retracé sa première utilisation dans un article de Michel Tetu publié en 1970 : « Jacques Godbout ou l'expression de l'américanité[4] ». Puis en 1972, la Rencontre internationale des écrivains québécois a pour thème «Littérature des Amériques»; à toutes fins utiles, il s'agit du premier colloque où l'on va, même si ce n'est que partiellement, débattre de l'américanité québécoise[5]. Trois ans plus tard, spécialistes de la littérature et écrivains produisent un numéro spécial de la revue *Études littéraires* qui porte clairement cette fois sur l'américanité[6].

Il est possible que je me trompe. D'autres noms, d'autres dates et d'autres références pourraient être cités. Je me réjouirais de les connaître, mais quelles qu'elles soient, ces références n'arriveraient pas à infirmer le fait que le mot et le concept d'américanité apparaissent avec le Québec de la Révolution tranquille (appelons-le Québec moderne). Mais si l'américanité s'est manifestée bien avant 1960, et que la Révolution tranquille

---

4. Dans *Livres et auteurs québécois 1970*.

5. Voir *Liberté 90*, vol. 15, n° 6, 1973.

6. Voir *Études littéraires* 8, n° 1, 1975 ; « Littérature québécoise et américanité ».

favorise sa reconnaissance, la prise de conscience qu'elle constitue l'essence de la culture franco-québécoise et de la société québécoise advient après cette date. En effet, il faudra attendre les années 1980, et le référendum de 1980 qui marque la fin de la Révolution tranquille, avant que des chercheurs ne se penchent sérieusement sur le phénomène, que l'usage du mot soit répandu, que le concept soit utilisé pour rendre compte de la société québécoise, canadienne-française et canadienne (au sens historique du terme).

Ce sont donc deux événements politiques qui marquent au Québec un tournant dans la conception et la perception de l'américanité. Ils délimitent trois périodes habitées par autant de *geist* et de problématiques générales de l'américanité. Il s'agit:

1. du Canada français qui cherche en vain à tourner le dos à son américanité canadienne et à l'Amérique en général pour fuir en fait la modernité;
2. du Québec, de la Révolution tranquille (1960-1980) qui embrasse la modernité mais éclipse l'américanité après l'avoir reconnue;
3. du Québec moderne post-référendum (1980-...) qui, forcé par les événements à reconsidérer le processus identitaire et à se repositionner politiquement, cherche consciemment à conjuguer francité et modernité avec appartenance à l'Amérique.

## Le Canada français ou les mots pour ne pas le dire

La chose est entendue. De Canadiens qu'ils étaient, les ex-colons français vont devenir Canadiens français, et dans la transformation c'est leur vision du mode et leur géographie qui vont se rétrécir. Le discours ruraliste conservateur sur fond religieux qui va graduellement s'imposer n'est pourtant pas en Amérique le propre du Canada français. La glorification du genre de vie rurale, ou idéologie agriculturiste, est aussi vieille que la colonisation européenne; elle participe d'une communauté idéologique avec la plupart des communautés chrétiennes implantées dans les Amériques, y compris aux États-Unis où elle demeure importante sinon dominante jusqu'au milieu du XIXe siècle. Le fond est commun, la forme et les circonstances de sa disparition diffèrent d'une société à l'autre (Dupont, 1986).

Dans ce Canada français dominé par une version particulière de l'idéologie agriculturiste, il existait deux mots génériques pour décrire le rapport des Canadiens français aux États-Unis et/ou à l'Amérique, mais aucun d'eux ne recouvre le champ sémantique de l'américanité. Le premier est américanisation, qui renvoyait à l'idée d'un envahissement étranger — les États-Unis — du champ culturel et social qui provoquerait une dégradation morale de la culture canadienne-française ; le second est *américanisme*, équivalent de modernisme, termes qui vont prendre par la force des choses une connotation plus positive ; c'est l'idée d'influence ou d'emprunt obligé mais profitable, à la société et à la culture étasuniennes. Dans les paysages que forment les représentations des États-Unis et de l'Amérique au Canada français, on note cinq grands discours tenus par les élites, qui, au-delà des événements et des époques, se différencient par des degrés variables de compréhension et d'acceptation de la modernité, et donc des États-Unis, et donc de l'Amérique. L'étendue et les fondements de ce discours dépassent largement la référence à l'Amérique. Pour les besoins de l'exposé, je m'en tiens ici à une classification succincte en fonction de la place qu'y occupent l'Amérique, l'américanisme et le modernisme.

Dans la première partie du XIXe siècle, le *républicanisme* se traduit par une admiration des institutions politiques étasuniennes. Au cours des débats politiques qui précèdent les événements de 1837-1840, et épisodiquement après, des leaders politiques canadiens vantèrent les institutions républicaines étasuniennes pour mieux dénoncer la tutelle britannique sur les institutions parlementaires bas-canadiennes. Tous n'étaient pas libéraux, mais le vent de modernisme politique qui balayait le Canada français était assez puissant pour entraîner une adhésion générale, du moins dans la classe politique. Pour eux, le républicanisme était une forme supérieure de modernité (modernisme) politique, qu'incarnaient à leurs yeux les États-Unis.

Dans le même ordre d'idée, de façon ponctuelle dans la seconde partie du XIXe siècle le discours *annexionniste* eut quelques adeptes au Canada français. Comme ce fut le cas pour le républicanisme, il permit d'asseoir une critique politique des gouvernements face aux déficits démocratique, économique et culturel du Canada (et du Canada français) par rapport à ce qui était perçu aux États-Unis. Il dépassa toutefois rarement le stade de la rhétorique.

Le discours *expansionniste* qui commence à se manifester après la rébellion de 1837-1840 et se poursuit jusqu'au début du XXe siècle est d'une autre nature. Il était fondé sur la survalorisation d'une Amérique, l'Amérique française, différente en tous points de celle, industrielle, urbaine et moderne, à laquelle seront confrontés les Canadiens français qui migrèrent en Nouvelle-Angleterre à partir du milieu du XIXᵉ siècle. En donnant un sens à l'expérience canadienne et canadienne-française en Amérique, l'Amérique française se dressait idéologiquement comme un rempart face à l'Amérique anglo-saxonne dominante en nombre et en espace. Ce discours répudiait le modernisme à l'américaine avec son matérialisme et son individualisme au profit d'un ordre moral supérieur sur lequel reposait, en contraste, le Canada français et son Amérique. Modernité en moins et mythologie en plus, l'Amérique française n'en était pas moins le produit d'une Amérique qui cherchait désespérément à conjuguer la francité — alors couplée à la foi — avec l'histoire et la géographie de l'Amérique du Nord. Son discours anti-moderne et anti-américain deviendra plus radical au XXᵉ siècle à mesure que l'espace mythique et réel de l'Amérique française va se restreindre à l'espace québécois et son pourtour; il trouvera un écho dans ce que l'on pourrait appeler les *américanisationnistes*, qui refusaient d'établir une dichotomie entre américanisation et américanisme, et condamnaient vertement le modernisme et les États-Unis.

Dans la première moitié du XXᵉ siècle, des faits incontournables vont toutefois forcer les Canadiens français à modifier leur perception des États-Unis et de l'influence américaine. Le monde moderne cesse d'être en situation d'extériorité pour le Canada français, il sera de plus en plus au centre de la vie de la majorité des Canadiens français du Québec, dont le taux d'urbanisation passe de 22,8 % en 1871 à 67,3 % en 1951. Pour comprendre et expliquer ce nouvel état des choses, la principale thèse en cours au milieu du siècle dernier fut le continentalisme. Conçue avant tout dans une perspective économique, elle défend plus généralement l'idée que la coexistence géographique rend inévitable l'intégration du Canada français (du Québec) à la vie nord-américaine, et donc à la modernisation (le modernisme) de l'univers matériel plus qu'à la modernité, considérée comme un système de valeurs ou une vision du monde.

Au milieu du XXᵉ siècle, à la veille du début officiel de la Révolution tranquille, le Canada français s'enlise dans des oppositions binaires, moderne et traditionnel, Français et Amériquain, Québec et Amérique, qu'il sent à la fois la nécessité et l'impossibilité de surmonter. Même s'il écrit au début du XXᵉ siècle, Edmond de Nevers me semble extraordinairement représentatif du dilemme de l'époque[7]. À la fois républicaniste,

---

7. Edmond de Nevers, *L'âme américaine*, Paris, Jouve et Boyer, 1900 et *L'avenir du peuple canadien-français*, Paris, Jouve et Boyer; Montréal, Fides, 1972. De Nevers refusa de publier ces deux ouvrages de peur de trop froisser ses compatriotes.

annexionniste et même expansionniste, mais surtout moderniste, il soutenait avec force que l'avenir des Canadiens français passait par l'Union américaine (les États-Unis). Les conclusions de son analyse ne diffèrent pas beaucoup de celles de ses contemporains ; il considérait par exemple les Canadiens français moralement supérieurs aux Américains. Toutefois, pour de Nevers, cette supériorité morale devait être mise au service de la connaissance et de la recherche de la vérité par l'études et les arts. Ce projet idéaliste et même farfelu pour l'époque est l'expression d'une volonté et d'un désir de sortir de l'impasse dans laquelle s'enlise le Canada français.

## La Révolution tranquille (1960-1980) : l'éclipse

Si le mot et le concept d'américanité apparaissent effectivement dans le Québec moderne, force est de constater que l'américanité n'a pas été une des grandes préoccupations de la Révolution tranquille. Entre 1960 et 1980, ce sont essentiellement les littéraires — écrivains, critiques et spécialistes — qui réfléchissent et discutent de l'américanité des Franco-Québécois et de la société québécoise. Pour eux, comme pour les écrivains étasuniens de la deuxième moitié du XIXᵉ siècle, la langue est indissociable du territoire amériquain et du terroir québécois, ainsi que du devenir de leur société, généralement un nouveau monde à advenir via la libération nationale et l'indépendance, au Québec, et via l'expression d'un nouveau monde déjà advenu et en marche, aux États-Unis. Hors de ce cercle et de ses publications scientifiques, dans les revues et périodiques universitaires, rien ou presque ; rares sont ceux et celles qui évoquent l'américanité et personne n'approfondit réellement la question.

Le fait est que dans les débats politiques et culturels le prisme servant à interpréter la culture franco-québécoise et la société québécoise n'était pas à cette époque l'américanité, mais la francité (fait français ; langue française ; racines françaises, etc.) sur la base de laquelle devait s'édifier la société québécoise moderne, qu'il fallait sortir d'abord du Canada français et, pour certains, du Canada. On considérait la société québécoise/canadienne-française comme étant dominée, exploitée ou colonisée, ou les trois à la fois, par une élite nationale, par le Canada anglophone et/ou les États-Unis, ou les trois à la fois. S'appuyant sur les idéologies les plus diverses, la gauche, la droite, le centre, les nationalistes, les fédéralistes et les indépendantistes, tous vont diagnostiquer la maladie et prodiguer leurs remèdes politiques. Chaque projet politique s'appuie en réalité sur une conception particulière du Québec et de la culture des Franco-Québécois, chaque vision du Québec s'accompagne d'un projet politique. Quelle place et quel rôle y jouaient l'Amérique, les États-Unis, l'américanisation, l'américanité ? Sans qu'il soit nécessaire d'entrer dans une analyse approfondie des débats politiques et idéologiques de cette époque, on peut affirmer qu'en politique fédérale comme en politique québécoise, évoquée mais perçue confusément, l'américanité se confond avec l'américanisation que l'on dénonce et à laquelle on veut soustraire le Québec moderne. Un bref commentaire à partir des sources écrites de l'époque suffira à illustrer mon propos.

À l'échelle fédérale prévalait au cours de cette période un discours anti-américain *soft*, du moins au centre et à la droite de l'échiquier politique. Il trouve son origine dans le rapport de la Commission royale sur le développement des arts, des lettres et des sciences au Canada en 1949. Après y avoir cerné le problème culturel canadien, soit l'existence de deux cultures et la domination culturelle des États-Unis, les commissaires invitent le gouvernement fédéral et les deux peuples du Canada à s'unir pour contrer les effets de la force d'attraction du *continentalisme*. Les politiques « nationalisantes » des gouvernements Trudeau en sont les manifestations les plus concrètes[8]. Quant à la gauche anglo-canadienne, elle trouvera un terrain d'entente différent avec les nationalistes québécois pour contrer la menace de l'américanisation : alors qu'à droite les deux peuples du Canada doivent s'unir pour sauver l'identité canadienne, à gauche, pour protéger les identités et nations anglo-canadiennes et québécoises, il fallait s'unir pour combattre l'impérialisme américain (domination économique) et l'américanisation (domination culturelle) (Crean et Rioux, 1983).

En politique québécoise, à la gauche de l'échiquier, la revue *Parti pris* se réclamait d'une pensée révolutionnaire dont l'objectif était de libérer la nation québécoise de l'oppression politique, économique et culturelle. Ses collaborateurs empruntent aux idéologies de la décolonisation et de la mouvance marxiste pour justifier l'indépendance du Québec, afin de mettre en application des mécanismes de démocratie économique qui, en définitive, auraient pour effet de soustraire la collectivité québécoise à la domination anglo-canadienne et à l'exploitation américaine. Le concept d'américanité est absent. (L'extrême-gauche ne partageait pas l'objectif de

---

8. Les États-Unis n'ont joué aucun rôle dans la formation de l'idéologie moderniste citélibriste, ni comme modèle ni comme menace ; voir Bélanger (1977) à cet effet.

l'indépendance mais avait recours au même credo). Cette position n'empêchera pas plusieurs collaborateurs de la revue d'avoir des contacts et des liens étroits avec la gauche américaine et les radicaux de l'Amérique noire.

Pour ce qui est du mouvement indépendantiste modéré ou de centre-gauche, celui que va incarner le Parti québécois, et si on prend comme témoin le quotidien indépendantiste *Le Jour*, on constate à l'analyse des deux années de publication (1974 à 1976, les sections dossiers, éditoriaux et courrier des lecteurs) une absence totale de préoccupation pour l'Amérique et l'américanité. *Le Jour* entretenait cependant des relations avec la gauche américaine via l'hebdomadaire social-démocrate new-yorkais *The Nation*, de qui il avait obtenu l'exclusivité québécoise pour la traduction d'articles. Il recevait aussi de l'information de l'agence de presse latino-américaine, *Prensa Latina*.

En somme, l'américanité fut éclipsée des débats politiques et culturels par le combat culturel visant à bâtir une société francophone moderne dans l'espace québécois, et par le combat politique portant sur le statut politique du Québec, les deux étant intimement liés. La revue *Presqu'Amérique* pourrait être citée comme témoin de cette éclipse. Dès le premier numéro paru en 1974, le titre de l'éditorial est limpide : *Révéler l'Amérique québécoise*. On y lit : « Hier nous n'étions ni de France, ni d'Angleterre, ni des États-Unis, nous nous situions par la négation. Désormais, nous nous disons de presqu'Amérique ». Le projet est de faire du Québec une nouvelle Amérique, moderne, francophone et meilleure que les États-Unis. Cet éditorial sera reproduit dans les 42 numéros de la revue. Ses concepteurs ne partagent pas la tangente prise par le débat sur la culture et sur l'avenir du Québec. Il est pour eux inutile de s'embourber dans des débats stériles opposant France et États-Unis, États-Unis et Amérique ou langue française et Amérique. Le projet de l'Amérique québécoise permet selon eux de surmonter ces tensions. *Presqu'Amérique* faisait du coup passer le fait français au second plan, ou du moins l'incluait dans un plan plus vaste de société amériquaine, un choix qui fera passer le projet d'Amérique québécoise de *Presqu'Amérique* au second plan de l'activité politique et intellectuelle, comme ce fut le cas pour le questionnement sur l'américanité.

## Le Québec post-référendaire

Si le référendum de 1980 marque la fin de la Révolution tranquille, c'est d'abord parce que la mise en place de structures étatiques modernes, les réformes entreprises par cet État, et les transformations des mentalités ont atteint leur objectif: faire du Québec une société moderne, majoritairement francophone. Mais c'est aussi parce qu'il met fin dans la forme à vingt ans de débat sur le statut politique du Québec et sur son identité culturelle. Le problème politico-culturel québécois n'est pas pour autant terminé, peu s'en faut, mais le débat va prendre une autre tournure. En embrassant la modernité, la Révolution tranquille a fait voler en éclat les oppositions binaires paralysantes du Canada français: moderne-traditionnel, modernisation-américanisation, tradition-américanisation, langue française-Amérique. Mais dans le tourbillon des débats politiques et constitutionnels, la société québécoise n'a pas totalement pris la mesure des tensions qui résultaient de cet éclatement; elle les vivait au quotidien et l'événement que constituent en soi le référendum et son résultat va permettre de prendre un recul par rapport au chemin parcouru.

Historiquement, la modernité s'est constituée à la faveur d'une rupture d'avec l'ordre traditionnel. Au sacré et à la transcendance divine on impose le rationalisme, à la tradition comme moyen de transmission de la culture on passe à l'idée de progrès et de dépassement personnel, au particularisme on oppose l'universalisme et l'humanisme. Partout où il prend place, ce processus civilisateur perturbe l'ordre social des sociétés traditionnelles ou pré-modernes. La modernité n'atteint pas une société sans déjà être chargée de sens, sens que d'autres sociétés lui ont déjà donné. Au Québec, elle est apparue sous la forme du modèle dominant en Amérique du Nord, et aujourd'hui dans le monde, soit celui des États-Unis. Aussi, dès la modernité acceptée on s'est rendu compte de la difficulté de lui donner un sens propre ou de préserver sa spécificité culturelle.

Puisant dans l'histoire et la tradition, une culture moderne va émerger autour de la francité, elle sera inséparable de la bataille linguistique et du débat sur le statut politique du Québec[9]. Moderniste classique, Trudeau

---

9. Il est intéressant de noter que le mouvement de valorisation des racines et des identités particulières, ou *ethnic revival*, est pour une bonne part issue des États-Unis. Le retour à la terre et au terroir, l'engouement pour « l'indien », l'habitant des lieux ayant un passé pré-moderne, et le *trip* des racines s'inscrivaient au États-Unis même dans une contestation de l'Amérique matérialiste, guerrière et impérialiste. En se trouvant une quelconque filiation ethnique, une génération d'Américains va chercher à se dissocier du groupe dominant: le WASP.

méprisait cette démarche, il croyait que la seule issue possible pour les Canadiens français libérés de leur société traditionnelle était de joindre la société politique canadienne où une charte des droits sera éventuellement introduite, suivant le modèle américain. Or, sans être bien maîtrisée, la démarche québécoise s'insérait dans un mouvement de transformation de la modernité où les fondements du modèle classique commençaient à être remis en question, intellectuellement et dans la pratique. Un mouvement qui se continue aujourd'hui sous diverses formes[10].

À la suite du référendum, une dissociation va se produire au Québec entre le projet politique indépendantiste et la conception d'une identité québécoise conçue essentiellement autour de la francité. C'est dans ce contexte que l'américanité va sortir de l'ombre ; elle n'est pas en soi objet de débat politique, mais s'insère dans un processus de remise en question de l'identité et de la culture québécoises qui, lui, a une portée politique. Les questions que posait Fernand Dumont en 1982, *Qu'exprimons-nous avec cette langue française ? Parlons Américain si nous le sommes devenus*, illustrent le changement de paradigme du débat politico-culturel québécois. À partir de là, ce que Marcel Rioux appelait en 1974 « l'alluvions de la québécité la plus diffuse, la moins facilement décelable et la moins étudiée » va commencer à être mieux connue, alors qu'il devenait de plus en plus évident dans l'esprit de la majorité franco-québécoise que « le français au Québec vivra dans la mesure où les Québécois continueront à apprivoiser l'Amérique[11] ».

On peut affirmer que l'américanité a d'abord servi à faire la critique du projet culturel de la Révolution tranquille axée autour de la francité. Déjà sous un registre totalement différent, les forces fédéralistes avaient fait valoir lors de la période référendaire que l'identité québécoises définie en termes de francité excluait les « communautés culturelles », la minorité anglo-québécoise et les communautés « autochtones ». Le projet franco-québécois apparaissait ainsi, non sans raison, comme ethnocentrique, à quoi on opposait le multiculturalisme canadien et son nationalisme

---

10. La Turquie a violemment réprimé la tradition, un modèle qui n'a pas réussi en Iran. Le Japon a modifié la donnée en amalgamant modernité et tradition. Sous une forme passéiste de guerre religieuse, le mode arabo-musulman fait face à ce problème depuis des décennies. Dans un contexte différent, la Russie y est aujourd'hui confrontée. Et même dans un pays aussi moderne que la France, si dans le fond la modernité n'est pas contestée, la forme dominante qu'elle prend, celle qui vient de l'Amérique, est aujourd'hui prise à partie. Dans chaque cas, toute proportion gardée et en tenant compte du contexte, il existe un réflexe de défense culturelle. La critique post-moderne de la modernité traite de ce problème.

11. Léon Dion (1988), *À la recherche du Québec. Aire du temps ou opportunisme ?*

civique. Si on met entre parenthèse la charge politique que contient cette critique, il n'est reste pas moins qu'elle a forcé les nationalistes à modifier leur conception de la société québécoise de façon à tenir compte de la réalité pluriculturelle de la société. À cet effet, on se souviendra de la création à la veille du référendum du ministère des Communautés culturelles et du *Autant de façon d'être Québécois* du ministères des Affaires culturelles.

Toutefois, la vision d'un Québec pluriculturel puis transculturel ne recevra jamais le mérite qu'elle a hors du territoire québécois et même chez ceux et celles à qui elle est destinée. Aussi nécessaire soit-elle, le discours qui la soutient continue d'apparaître dans l'Amérique anglo-américaine comme une tentative de récupération qui ne modifie en rien la volonté des Québécois francophones de bâtir une nation ethnique. L'enfermement est total. L'ethnicité est la seule issue, et elle est acceptable si elle s'insère dans le Canada multiculturel. Depuis 1980, le «problème» politique canadien est posé dans les termes suivants : d'un côté la raison, la modernité, le nationalisme civique, de l'autre, l'arbitraire de la culture, la tradition et le nationalisme ethnique. Et le ton monte depuis 1995. La critique du projet culturel québécois à partir de l'américanité n'a pas d'objectifs politiques clairement exprimés, mais elle n'échappe pas aux nouveaux termes du débat politique. Il existe deux tangentes qui découlent de la même interprétation.

Pour expliquer le refus ou la négation de l'américanité au Canada français/Québec, la géographie culturelle a eu recours à la fin des années 1970 à l'hypothèse d'une dissociation entre la culture de l'élite et la culture du peuple ; le peuple canadien/canadien-français/québécois serait épris d'espace et il l'a trouvé en Amérique ; l'élite quant à elle serait éprise du temps et elle l'a trouvé dans l'histoire et en Europe, lieu des origines[12]. En somme, l'américanité aurait été l'affaire du peuple, ce que l'élite se serait refusée à admettre, notamment après la défaite de 1760, détournant ainsi de son sens véritable l'expérience populaire. Pour l'historien Gérard Bouchard, si la pensée historique a généralement favorisé une interprétation qui va dans le sens de la continuité du fait français et de sa transformation éventuelle, elle doit dans le Québec moderne explorer des problématiques qui s'inscrivent dans le sens du développement de ce qu'ils appellent les « sociétés nouvelles »[13].

---

12. Voir à ce sujet, Morissonneau (1978), ainsi que Louder et Waddell (1985) dans l'avant-propos.
13. Gérard Bouchard, « Une ambiguïté québécoise : les bonnes élites et le méchant peuple », Présentations, Société royale du Canada, 1985-1986 ; voir aussi Bouchard (1992).

Il y a aujourd'hui assez d'évidences pour valider la thèse de la continuité et montrer que la dissociation élite/peuple par rapport à l'américanité a bel et bien existé (et existe encore). Toutefois, il faut garder à l'esprit que ni l'hypothèse de la dissociation ni la thèse de la continuité ni son rejet au nom du paradigme des sociétés nouvelles ne sont spécifiquement québécois. S'il existe une forme québécoise de la continuité et de la dissociation, le fond, lui, est amériquain et, au Québec comme ailleurs, la critique et le rejet de l'idée de continuité sont survenus à la faveur d'événements politiques[14].

La première tangente va reprendre en essence cette critique pour vilipender le projet indépendantiste québécois. Ainsi, de la Nouvelle-France au Québec moderne, les élites auraient cherché à fixer le peuple dans un territoire circonscrit pour asseoir sa domination politique. Comme les coureurs des bois hier, les Québécois d'aujourd'hui qui font des affaires dans toute l'Amérique du Nord refuseraient de souscrire à ce projet politique. Ils refusent les frontières. C'est pourquoi d'ailleurs ils auraient très majoritairement voté en faveur de l'Accord de libre-échange nord-américain. Ce geste des Québécois fut interprété en 1990 comme une rupture du pacte « un pays-deux nations-un ennemi », une rupture qui favoriserait l'américanisation du Canada et du Québec. Dans le même esprit, dix ans plus tard, commentant la venue du NASDAQ à Montréal, les leaders d'opinion du Canada anglophone accusent le gouvernement Bouchard d'américaniser le Québec !

Dans la seconde tangente se manifeste une recherche des moyens de penser l'histoire de la majorité franco-québécoise et la modernité québécoise par rapport à ce que l'on pourrait appeler la civilisation amériquaine. Encore ici, cette recherche a une portée politique. L'américanité

---

14. Aux États-Unis, tout au long du XIX$^e$ siècle, l'élite WASP a les yeux tournés vers l'Europe et y fait même éduquer ses fils. Avant que la conquête du territoire ne soit achevée dans la seconde moitié du XIX$^e$ siècle et que le « problème indien » ne soit résolu à sa satisfaction, les États-Unis se voyaient et voyaient l'Amérique comme le prolongement de la civilisation européenne. Avec la guerre civile et la conquête de l'Ouest, l'industrialisation et l'arrivée massive d'immigrants non WASP, l'idée de continuité va céder le pas à une problématique affirmée de société nouvelle. Mais la continuité ne disparaîtra pas totalement du paysage culturel. À la fin du XIX$^e$ et au cours du XX$^e$ siècle cette dissociation a d'abord pris des allures géographiques, Chicago se posant contre New York et Boston comme le lieu véritable de l'Amérique (lire les États-Unis), avant que la Californie ne se pose comme la quintessence de l'Amérique face à une côte Est résolument tournée vers l'Europe. Bien que ce ne soit pas la seule raison, l'élite politique washingtonienne sert aujourd'hui de déversoir à cette dissociation peuple-élite qui marque encore la société étatsunienne. On peut même affirmer que les suprémacistes tout comme le fondamentalisme chrétien s'appuient sur l'idée de continuité, soit celle d'un pays blanc et chrétien.

comme interprétation, problématisation, discours ou récit est un moyen parmi d'autres de donner un fondement historique et culturel plus positif et universalisant — la francité et l'exploitation ne suffisent plus à justifier l'indépendance — à la société québécoise à partir duquel la pensée politique peut se renouveler. En affirmant que la société québécoise francophone est plus fondamentalement américaine que canadienne, l'on pense pouvoir ainsi donner un sens à la spécificité québécoise dans la modernité. L'américanité serait ce qui donne au Québec sa spécificité au Canada : il est non seulement le foyer de la langue française en Amérique mais le cœur d'une Amérique francophone auquel seul le Québec peut donner forme dans la modernité.

Cette vision des choses peut n'être que stratégique, l'américanité étant un moyen de contrer la « canadianisation », c'est-à-dire l'insertion du Québec dans un Canada où les Québécois ne constituent qu'un groupe culturel parmi d'autres[15]. Mais cette vision permet aussi de reprendre contact avec la géographie et l'histoire américaines des Franco-Québécois. Elle dérange les élites québécoises, nationalistes et fédéralistes, qui continuent d'associer américanité et américanisation. Dans cette optique, toute tentative de penser le Québec en Amérique participe d'une façon ou d'une autre au dévoilement des limites culturelles et politiques de l'enfermement de la francité que soutient la logique-discours continentale, et que renforce par des limitations internes le discours politique québécois. C'est parce qu'elle laisse entrevoir un dépassement de ces limites que l'américanité a encore au Québec une portée politique, alors que ce devrait être une évidence historique et culturelle.

## Conclusion

Mon objectif était d'amorcer la réflexion sur la portée politique de l'américanité comme interprétation du Québec. Je crois que toute définition ou critique de l'identité ou de la spécificité québécoise a toujours une portée politique, mais il me semble que, mis à part quelques allusions très concrètes, l'américanité n'a jamais été envisagée de façon politique. La portée politique de l'américanité m'est apparue clairement à travers la critique que l'on adresse à ceux qui en parlent ou l'utilisent comme concept

---

15. Ce que des observateurs anglo-canadiens n'on pas manqué de relever. Voir Chodos et Hamovitch (1992).

pour comprendre et expliquer la société québécoise. Qu'elles viennent de l'intérieur ou de l'extérieur, ces critiques pointent à mon avis dans la même direction : l'enfermement politico-culturel dans lequel le Québec se trouve.

Parce qu'elle offre la possibilité d'inscrire le passé et le futur québécois dans une expérience continentale aux multiples singularités, celle des Amériques, l'américanité comme interprétation, facilitée en cela par la mondialisation, débouche sur une place de solidarité humaine où peuvent se rencontrer tous les Amériquains, y compris en principe ceux de l'Amérique dominante. Ce rapprochement a aussi une portée politique, ne serait-ce que parce que son existence fournit, hors de la francophonie, une alternative à la logique-discours de l'Amérique dominante à laquelle, notamment quand il s'agit d'interpréter le Québec et les Franco-Québécois, souscrit le Canada anglophone malgré sa propre recherche de singularité.

## BIBLIOGRAPHIE

BÉLANGER, A. J. (1977), *Ruptures et constance : quatre idéologies du Québec en éclatement : la relève*, Sainte-Foy, Les Presses de l'Université Laval.

BOUCHARD, Gérard (1992), « Sur les perspectives de la culture québécoise comme francophonie nord-américaine », dans Lanthier, P. et G. Rousseau (dir.), *La culture inventée. Les stratégies culturelles aux 19ᵉ et 20ᵉ siècles*, Québec, IQRC.

CHODOS, R. et E. HAMOVITCH (1992), *Québec and the American Dream*, Toronto, Between the Lines.

CREAN, Suzan et Marcel RIOUX (1983), *Two Nations : An essay on the Culture and Politics of Canada and Québec in a World of American Pre-Eminence*, Toronto, James Lorimer.

DION, Léon (1988), *À la recherche du Québec*, tome 1, Sainte-Foy, Les Presses de l'Université Laval.

DUPONT, Louis (1986), « Américanité et américanisation : une réflexion à partir de la société québécoise », dans Dumas, B. et D. Winslow (dir.), *Construction/destruction sociale : alternances, récurrences, nouveautés*, Montréal, ACFAS-Les Cahiers scientifiques, n° 53, p. 129-146.

DUPONT, Louis (1996), « La logique continentale nord-américaine et ses avatars : le regard culturel et la géographie », *Géographie et Cultures*, n° 1.

LOUDER, Dean et Éric WADDELL (1985), *Du continent perdu à l'archipel retrouvé. Le Québec et l'Amérique française*, Sainte-Foy, Les Presses de l'Université Laval.

MORISSET, Jean (1984), «Québec-américain/Québec américain ou la poursuite de la différence invisible!», *Possibles*, vol. 8, n° 4, 1984.

MORISSONNEAU, Christian (1978), *La terre promise: le mythe du nord québécois*, Montréal, HMH Hurtubise.

RIOUX, Marcel (1974), *Les Québécois*, Paris, Seuil.

TETU, Michel publié (1970), «Jacques Godbout ou l'expression de l'américanité», dans *Livres et auteurs québécois 1970*, Montréal, Édition Jumonville.

# LES MODERNITÉS AMÉRICAINES : HYBRIDITÉS DISCURSIVES

*Patrick Imbert*

> We must perpetrate the paradox that our
> American cultural tradition lies in the future[1].

## L'être

« Au commencement, Dieu créa le ciel et la terre » affirme la Genèse. Mais ce faire est celui de Dieu et de sa perfection auquel l'homme doit se soumettre. Cet être catholique, lié à un univers hiérarchique où s'unissent les trônes et l'autel, rencontre historiquement à la fois les efforts de la Réforme ou des divers mouvements puritains et les idéaux de la franc-maçonnerie. Ils tentent d'inscrire dans la vie personnelle et sociale une dynamique herméneutique individuelle évoluant de concert avec la multiplication des marchés.

Cette dynamique s'affirme dès l'exploration du Nouveau Monde au XVIᵉ siècle. Dès lors, des possibilités commerciales immenses s'ouvrent. Elles sont couplées à un bouleversement idéologique profond. Le monde complet, plein, établi de tout temps, comme le présentait Aristote dans sa définition de la nature, se transforme. En effet, Las Casas, dans sa controverse avec Sepulveda en 1519, rejette la doctrine aristotélicienne de la servitude naturelle et ses processus d'attribution psychologiques et sociaux assignant des positions immuables. Il affirme que la religion catholique est égalitaire et s'adapte à toutes les nations du monde. La définition de la nature selon Aristote est rejetée. Même si on est encore très loin de la loi

---

1. Randolph Bourne, *Transnational America*, 1916, p. 92.

naturelle, telle que la conçoivent les penseurs de l'indépendance des États-Unis, Patrick Henry, Joseph Warren ou Samuel Adams, ouvrant sur une rationalité procédurale repoussant la vision totalisante pour privilégier l'accord sur le pratique, il n'en reste pas moins que le stable des essences commence à être vu comme incompatible avec l'idée catholique plus universelle de l'égalité humaine.

Pour Las Casas, toutes les personnes sont fils et filles de Dieu, y compris les « barbares » indiens. Cette idée est reprise par les Jésuites luttant contre la Réforme par l'intégration d'une pensée baroque où se mettent en marche le dissymétrique et le dynamique permettant une assimilation souple des Autochtones. Mais l'idée de Las Casas ne protégera guère les Indiens puisque la plupart de ses critiques restent lettres mortes face aux impératifs colonialistes utilitaristes. De plus, l'influence de ceux qui s'opposent radicalement à l'esclavage, les Espagnols Soto, Vitoria et Suarez, sera faible.

En cela, une épistémologie dure s'impose à l'Indien qui, comme le souligne le Brésilien Oswald de Andrade dans les années 1930 dans son ouvrage ludique intitulé *Anthropophagies*, « n'avait pas le verbe être. C'est pourquoi il a échappé au danger métaphysique qui chaque jour fait de l'homme paléolithique un chrétien sucette à la bouche, un mahométan, un boudhiste, bref un homme moralisé[2] ». Le choc de la rencontre se situe bien dans cette pérennité d'une pensée essentialiste[3], qui transforme les civilisations autochtones tout en tentant de les protéger des demandes violentes du rationalisme pratique et de l'économique, qui, elles, les détruisent presque complètement.

## Anthropophagie

Toutefois, les Amérindiens, par leur existence même, transforment le monde des Occidentaux comme l'a noté Oswald de Andrade : « Nous voulons la Révolution Caraïba. Plus grande que la Révolution Française. Unifier toutes les révoltes efficaces convergeant vers l'homme. Sans nous, l'Europe n'aurait même pas sa pauvre déclaration des droits de l'homme[4] ». De Andrade, en un renversement hardi, affirme que c'est l'Amérique qui, d'une certaine manière, a inventé l'Europe. En effet, par sa différence,

---

2. Oswald de Andrade, *Anthropophagies*, 1982, p. 278.
3. Elle est analysée dans le cadre de la comparaison des langues indo-européennes et des langues hopis et navajos d'Amérique du Nord par les anthropologues Whorf et Sapir.
4. Oswald de Andrade, *op.cit.*, p. 269.

l'Autochtone contribue à ce que l'Europe se libère de l'interdit Augusti-
nien qui condamnait comme hérétique la notion d'antipodes non
découvertes ou habitées. L'américanité va alors prendre son essor même si
pendant longtemps le canonique européen et ses codes gouvernent les
productions culturelles au Canada, au Brésil ou à Haïti. D'autre part, s'il
n'y avait pas eu d'Amérindiens, d'autre radicalement autre, les philo-
sophes des Lumières comme La Hontan, Helvétius, Diderot ou Voltaire,
eux qui ont presque complètement fermé les yeux sur la traite des Noirs
et l'esclavage, auraient-ils pu s'engager dans une réflexion qui menait à
miner l'unité et le centralisme de l'être aidé par le processus d'attribution
(Imbert, 1994) et ses qualifications définitives ? On peut en douter.

Mais ce qui est en jeu chez Andrade, comme chez l'Argentin Borgès
dans son récit *Pierre Ménard Autor del Quijote*, et aussi déjà, au XIXᵉ siècle,
chez le Vénézuélien Fermin Toro dans *Europa y América* ou encore dans
les discours d'Étienne Parent, est la tentative de rejeter les déterminations
par l'origine, « l'authentique » et les discours venus d'Europe. Ceux-ci
contrôlent en une violence épistémologique profonde les choix identitaires des Amériques et ses potentialités de métissage échappant au stable
essentialiste. C'est pourquoi, pour renverser cette détermination, les Amériques sont définies chez Oswald de Andrade, par exemple, à partir d'une
Europe qui sera phagocytée, digérée et transformée radicalement. Mariategui en 1920 écrivait déjà qu'il ne peut exister de culture authentique
sans assimilation. Le tout est d'organiser les rapports de pouvoir pour
faire que l'assimilation, la digestion, l'anthropophagie aillent dans le sens
d'une affirmation des Amériques. Ceci permettra le débordement, le
défoulement à partir desquels un nouveau monde ayant rompu avec
l'Europe pourra être instauré.

Mais ceci laisse place néanmoins à une structuration qui joue d'une
autre sorte d'authenticité, celle des élites nationalistes inventant les
nations. Elles parlent au nom du peuple souverain et tentent de le soustraire à la fascination étatsunienne, ce qu'on appelle, au XXᵉ siècle, l'américanisation. Il est remarquable de constater que les élites cléricales
comme les élites commerciales ou même les élites des Lumières, parlent
au nom du peuple et essaient d'affirmer leur légitimité en démontrant
qu'elles sont avec lui. La démocratie a certes soufflé ici puisqu'il faut construire une rhétorique dont la légitimité est validée par la référence au
peuple. Mais on ne donne pas vraiment la parole au peuple et on produit
des textes qui disent la vérité de ce qu'il veut et pense.

Autrement dit, au XIX$^e$ siècle, presque tous fonctionnent dans une épistémologie qui replace constamment l'authenticité au centre du discours. Celui-ci se fonde sur la possibilité de dire la vérité dans un rapport mot/choses, mot/vécu qui est univoque, stable, non problématique et qui masque complètement que ce discours repose, comme tout discours, sur des stratégies et des constructions discursives. L'accès au savoir est censé être direct. Ceci est conforme aux croyances des libéraux économistes fondant leur savoir sur un extérieur matériel qu'il est possible de connaître, sur l'analyse « objective » en accord avec une science qui est fortement marquée par le positivisme comtien. Chez les cléricaux, l'extérieur est la parole de Dieu dont l'Église détient le monopole par une herméneutique scolastique appuyée par les décisions conciliaires. Il y a une norme qui est l'enjeu des luttes symboliques tentant d'imposer la prééminence d'un référent-norme, verbe de Dieu ou bien matière et réalité économique, puis de le monopoliser. Les cléricaux se consacreront au Verbe en admettant la présence nécessaire de l'économique, tandis que les libéraux économistes, au Canada français, se consacreront au développement matériel en admettant une certaine prééminence du Verbe imposé par les ultramontains. Tous deux tentent de monopoliser un référent extérieur et de se constituer en classe dominante agissant et parlant au nom du peuple, un peuple aux limites floues, composé de paysans, d'ouvriers dont l'éducation n'est, au Canada français, et ce jusqu'en 1942, ni obligatoire ni gratuite.

Si les libéraux canadiens, contrairement aux ultramontains, reconnaissent la souveraineté du peuple, ils ne vont pas jusqu'à lui faire confiance car il le considère peu éduqué, réactionnaire, soumis. Ceci est valide pour bien des pays d'Amérique latine qui ne se sont pas engagés dans un processus de scolarisation inspiré du système de Horace Mann, le grand pédagogue du Massachusetts et l'artisan de la scolarisation moderne pour tous, inspirant à la fois le juge Mondelet dans *Lettres sur l'éducation élémentaire et pratique* de 1841 et Sarmiento (Couillard et Imbert, 1997). Le peuple, dans cette modernité encore prise dans une épistémè en partie essentialiste, doit être guidé par des lois et des règlements qui lui donnent une place dans des limites inscrites dans la loi de la productivité. En cela, les libéraux canadiens rejoignent les penseurs libéraux sud-américains qui, de Bolivar à Mariano Moreno, comme le mentionne Valcarcel (1994), sont conscients que le peuple doit être éduqué pour voir à ses intérêts censés être ceux du mouvement positiviste, pratique, capitaliste. Mais ils ne se lancent pas dans une dynamique qui ouvrirait le peuple à une capacité d'entendre plus qu'il ne se dit et de lire en filigrane les strates significatives de tout discours.

## Hôtels et patrie

Par la suite, même après de Andrade, culturellement et économiquement les Amériques, sauf les États-Unis, semblent impensables sans l'Europe et la référence à un idéal identitaire qui évite les audaces de la démocratie américaine ainsi que ses attraits et ses dangers. C'est bien ce qu'on voit dans ce qu'affirme, à la fin du XIXe siècle, Adolphe Basile Routhier (1871) critiquant la mobilité sociale, économique, spatiale et ethnique étatsunienne : « À proprement parler, les États-Unis ne sont pas une patrie pour la plus grande partie de leurs habitants. C'est une immense hôtellerie ou de nombreuses caravanes de peuples sont venues prendre un billet de logement[5] ». Lui aussi est conscient du mouvement, du dynamisme et du changement de civilisation et d'épistémologie que représente ce pays.

Routhier est en désaccord fondamental avec le *melting pot* et la venue d'immigrants[6] qui contribuent rapidement au développement économique de cette hôtellerie que sont pour lui les États-Unis. Pour un tenant de la définition de la nation fondée sur des bases ethniques, sur le fait d'être un « enfant du sol » enraciné, ce mélange est inacceptable. L'est aussi la conception anglaise de la collectivité et du *home* qui se transporte avec sa culture et ses habitudes dans quelque lieu que ce soit tout en tolérant une adaptation contextuelle. C'est celle-ci qui a permis aux colons anglo-saxons de s'éparpiller dans le monde et de fonder des nations différentes tout en gardant des liens privilégiés avec l'Angleterre ou le Commonwealth et de garder vivants des réseaux institutionnels. Dans l'optique de Routhier, face aux États-Unis, le mot patrie n'est plus valide car la multiplicité des origines se conjugue à la frénésie de réussir économiquement. Ceci se produit souvent par le déplacement spatial comme

---

5. Basile Routhier, *Causeries du dimanche*, p. 86.
6. Un certain nombre d'immigrants s'installent cependant au Bas-Canada. Certains sont des voyageurs continentaux : « Maisonnette (près de Québec) habitée par une famille française qui a déjà parcouru le Brésil et les Antilles sans trouver la fortune... pierre qui roule n'amasse pas mousse » (Vicomte de Basteret, *De Québec à Lima*, 1860, p. 43). Cependant ce vicomte monarchiste modéré est bien le représentant d'une société qui rejette le mouvement et le dynamisme américain par le fait même qu'il utilise un proverbe sédentarisant et qu'il glorifie aussi le régime seigneurial.

par le déplacement des paradigmes pour ces gens qui s'adaptent à la modernité commerciale propre à la logique démocratique étatsunienne.

En ce sens, la modernité contient déjà en germe la postmodernité telle que l'a définie Amitaï Etzioni dans *The Active Society*. Dans cet ouvrage, il souligne le multiple, la vitesse, le déplacement, le mélange des genres, le tout inscrit dans une logique économique de multiplication des richesses et de diffusion de celles-ci, afin d'intégrer les peuples et d'assouplir la lutte de tous contre tous ceux qui trouvent la possibilité de satisfaire leurs besoins et leurs ambitions. Mais pour un ultramontain retenant les mythes de l'enfant du sol, de la soumission aux autorités et d'une spiritualité dédaignant l'ici-bas, tout ceci est monstrueux.

Certes des hôtels[7] voient aussi le jour au Canada[8], car l'économie se développe au rythme de la technologie et des exportations ; mais ils représentent quand même une menace à un second degré car ils sont les lieux de pénétrations des publications américaines :

> La littérature canadienne-anglaise [...] a la concurrence [...] de la presse à bon marché, des journaux illustrés, si nombreux chez nos voisins et, de leurs reproductions des ouvrages anglais. Nos chemins de fer, nos hôtels, nos bateaux à vapeur sont inondés de ces produits[9].

Ce thème de l'influence des médias américains qui minent la culture canadienne et qui détruit l'identité de ses populations sera une constante du paysage culturel canadien-anglais comme canadien-français et, de réglementations en déréglementations, diverses approches verront le jour suivant que l'on se référera à une politique de protection ou non.

## L'individu et le faire

Dès l'exploitation des Amériques, la remise en question de l'être, la présence inévitable de l'autre, ouvrent une brèche où l'individu prend désormais son essor dans le cadre d'une responsabilité personnelle, liée à

---

7. Au sujet des grands hôtels américains, voir Mueller (1996).
8. « There is a superabondance of hotels in the neighbourhood of the Falls of Niagara » (James Stuart, *Three Years in North America*, 1833, p. 158). Les visiteurs européens sont aussi fascinés par les hôtels à Montréal : « les plus beaux hôtels sont perdus au milieu des maisons secondaires » (Théodore Pavie, *Souvenirs atlantiques*, 1838, p. 157).
9. M. Chauveau, *L'instruction publique au Canada*, 1876, p. 314.

l'impératif pratique qui est aussi prise de parole et de pouvoir. La modernité commence à se bâtir dans le faire. Un but terrestre s'affirme, mais toujours selon les termes d'une hiérarchie pyramidale qui, de préordonnée, s'organise de plus en plus dans le cadre de la concurrence. On s'engage dans une éthique bourgeoise de l'ustensile, de l'utile, du rentable, amenant à l'idée d'indépendance nationale fondée sur la constitution d'un marché intérieur, par opposition à l'éthique aristocrate de la dépense ayant pour corollaire la misère, la monopolisation des terres et, souvent dans certains pays d'Amérique latine, contrairement aux États-Unis, l'absence de titre de propriété et de cadastrage, ainsi que la dépendance coloniale. Et là se mesure bien l'évolution d'une américanité qui oscille entre ancien régime et modernité, ultramontanisme et rationalisme pratique, nostalgies européennes et désirs d'avenirs américains.

De cette individualité où l'autre, marginal, possède théoriquement sa place dans la tolérance, est visée la réussite terrestre, source de bonheur. Cette réussite est liée aux principes démocratiques de droit pour tous, d'accès à la propriété et de circulation libre des biens, des personnes et des idées. L'influence et l'interinfluence de tous sur tous est en marche et ouvre à un monde où l'illocutoire partagé et où le faire dans des contextes changeants dominent.

## Théorie et action

L'organisation jouant de la rationalité pratique tournée vers le faire[10] manifeste une forme de rupture non seulement avec le monde de la scolastique qui a dominé historiquement l'Europe, mais à plus long terme, avec le monde européen lui-même qui est perçu comme tendant à essentialiser les problèmes et à les maintenir dans des systèmes de théories rigides ne débouchant pas sur le concret d'un faire. C'est ce que montre l'écrivain vénézuélien Fermin Toro en 1839 dans le texte *Europa y America* : « ¿Qué elemento falta a la sociedad europea ? La accion ; la sociedad europea no ha dado el paso de la idea al hecho[11] ». Et il souligne

---

10. « Tandis qu'il n'est pas de colon américain qui ne réponde avec précision sur le nombre des miles, des heures, sur les grandeurs en pieds et en yards, sur les poids en livres, où j'allais et qui ne fasse très bien un calcul de plusieurs éléments actuels ou contingents. Or, ce genre de sciences pratiques a des conséquences très importantes et très étendues sur toutes les opérations de la vie » (Constantin François Volney, *Tableau du climat et du sol des États-Unis d'Amérique*, 1803, tome 2, p. 416).

11. Fermin Toro, *Europa y America*, dans *La doctrina conservadora*, 1960, p. 51.

que l'Angleterre est un peu différente et qu'elle a su parfois passer de la théorie à l'action, notamment dans la mise en pratique de l'échange économique, de l'habeas corpus et des procès avec jury, ce qui a été repris et poussé plus loin par les États-Unis dans la division considérable des pouvoirs et le dynamisme de l'échange.

Cette idée est proprement constitutive de la pensée des Amériques et revient régulièrement, notamment chez les libéraux comme Parent ou Laurier insistant plus sur la liberté que sur les racines[12]. Elle est parfois modifiée, en fonction de contextes nationaux différents ou d'époques ouvertes aux influences plus ou moins débridées. Ainsi, chez Oswald de Andrade rejetant, dans *Anthropophagies*, l'être et la théorie, le faire rationaliste dévie vers une autre pratique, celle fondée sur la prise en charge des cultures autochtones ou populaires marginalisées : « Nous sommes concrétistes. Les idées sont dominatrices, réactionnaires [...] Croire aux signaux, croire aux instruments et aux étoiles[13]. »

Ainsi, on assiste souvent à la mise au second plan de la théorie comme le démontre, pour les États-Unis, David Simpson, dans *Romanticism, Nationalism, and the Revolt against Theory*. Mais le pratique, fondé sur la rationalité dualiste, est constamment en lutte, en Amérique latine, contre l'essentialisme, le statu quo et les attributions figées. C'est ce que marque bien une écrivaine chilienne émigrée aux États-Unis comme Isabel Allende dans *The House of the Spirits*. L'absence du stable de la vérité (Imbert, 1999) ouvre alors sur une dynamique propre au postmodernisme enraciné dans la diffusion de la culture, de l'économie et de la finance étatsuniennes, comme le souligne Etzioni dans *The Active Society*. Il montre que le postmodernisme et le libéralisme économique, luttant contre les bureaucraties sclérosantes, influencent profondément l'Europe et le monde dans le processus de globalisation, dont les aspects touchant le local est analysé par García Canclini dans *Consumidores y ciudadanos*.

---

12. Ceci est à opposer à ce que dit Bolivar : « I blush to say it, independence is the only good we have achieved at the cost of all else » (W. Pilling, *The Emancipation of South-America*, 1969).

13. Oswald de Andrade, *Anthropophagies, op. cit.*, p. 274. Cette mise de côté de l'abstrait et aussi des attributs discriminants se retrouvent, dans les années 1980, dans l'entreprise de transformation économique et culturelle que représente, au El Salvador, Radio Venceremos (Vigil, 1994). On supprime les adjectifs fleuris menant à des processus d'attribution qui figent et excluent et on insiste sur le concret qui est pris en charge, dans ce cas, par une réflexion marxiste explicitant les rapports entre infrastructure et superstructure.

## Pragmatisme et rationalité

L'être et le faire sont conflictuels et organisés selon des logiques différentes. La rationalité nouvelle qui se met en place très tôt dans le Nouveau-Monde étatsunien, mais aussi au Canada et en différents endroits d'une Amérique latine tentant d'imposer le mode de pensée urbain et commercial au reste du territoire, comme Buenos Aires face à la pampa, n'est plus l'ordre des choses, mais bien une pensée organisée autour de la solution de problèmes issus de procédures appliquées adéquatement dans la pratique. Il y a diversité des phénomènes sans unité préalable. Mais ce renouvellement se couple souvent au fait que les élites ne font pas confiance au peuple et tentent de le contrôler le plus possible par des bureaucraties au service des intérêts économiques les plus puissants et utilisant, dans une démocratie comme le Canada, toutes les ressources de l'argument de l'effet pervers pour convaincre les populations de se contenter de peu et de ne pas prendre de risques:

> Plus récemment, certaines classes de nos ouvriers, non contentes des prix fort raisonnables qu'elles recevaient, voulurent en avoir de plus élevés encore. La conséquence en fut que les maîtres demandèrent et obtinrent que les soldats de la garnison donnassent tout le temps, dont ils pouvaient disposer, à différents genres de travail. Ce surcroît de travailleurs fit baisser les prix, comme de raison, et les ouvriers trop exigeants furent bien aise d'accepter de l'ouvrage à des prix plus bas que ceux qu'ils avaient refusés[14].

Or, la prise de risques est un des fondements d'une américanité tournée vers le développement de la responsabilité individuelle et vers l'avenir.

Dès lors, le dynamisme qui prend son essor dans la modernité et qui évidemment s'intensifie à l'époque postmoderne, glisse souvent dans un dualisme essentialiste renforçant le contrôle étatique afin de protéger l'identité nationale considérée menacée, vis-à-vis d'un laisser faire économique ouvrant la porte aux entrepreneurs étrangers ou aux multinationales.

Ceci rejoint ce qu'affirme de Soto (1990) au sujet des gouvernements latino-américains qui ont presque tous, qu'ils soient de droite ou de gauche, accru les contrôles administratifs et étatiques et ont étranglé le commerce qui s'est réfugié dans le secteur informel:

---

14. Cité par J.-C. Falardeau, « Considérations sur le sort des classes ouvrières », dans *Étienne Parent: 1802-1874*, p. 317.

> Both (left and right) failed to delegate to private individuals the tasks mismanaged by the bureaucracy, either because they did not have sufficient confidence in the population or because they did not know how to hand responsibility over to it. [...] Today, both the left and the right-wing view informality as the problem. Neither seems to have realized that the problem itself offers the solution — to use the energy inherent in the phenomenon to create wealth and a different order[15].

Ce qui est présent, chez de Soto, est la confiance dans Adam Smith réactivé dans le cadre d'un mode de pensée urbain orienté vers le libre échange continental et la capacité d'utiliser le problème comme solution grâce à la théorie de la main invisible chère à l'école de Chicago.

## Le risque

Ces questions de risque et d'auto-perception sont bien envisagées par un certain nombre de penseurs dès le XIXᵉ siècle. Ainsi, il est clair qu'aux États-Unis, où les religions et les sectes les plus diverses sont omniprésentes et où Dieu et la Bible sont les points de référence, c'est le succès défini comme questionnement individuel dirigé vers l'action qui est le maître des relations sociales selon une idéologie basée sur l'éthique protestante et modifiée par le modernisme positiviste.

François-Xavier Garneau (1845), qui anticipe une thèse similaire à celle qu'élaborera en 1904 le sociologue Max Weber, explique la prospérité des anciennes colonies britanniques par une certaine manière de lire la Bible :

> Les États-Unis doivent une partie de leur grandeur au privilège qu'a eu la Bible de fanatiser, pour ainsi dire, l'esprit de la nation plus encore pour les choses de la terre que pour celles du ciel. Grands lecteurs de l'ancienne loi des Juifs, ils montrent la même ardeur que ceux-ci pour acquérir des richesses. Doit-on attribuer à cette lecture la supériorité que les populations protestantes ont en général sur les populations catholiques en matière de commerce, d'industrie et de progrès matériel ? La coïncidence nous paraît assez frappante pour mériter d'être remarquée[16].

---

15. Hernando de Soto, *The Other Path*, p. 239.
16. F.-X. Garneau, *Histoire du Canada*, vol. 1, p. 299.

Il y a là une intuition intéressante qui inscrit bien une partie du problème en fonction d'une dépendance vis-à-vis d'une hiérarchie qui dicte ce qu'il faut lire du texte sacré, qui impose un discours canonique pour les catholiques.

Pour les protestants, par contre, l'entraînement individuel à la lecture de la Bible peut mener chacun à être producteur de significations, à s'engager dans un système d'interprétance (au sens peircien du terme) qui s'inscrit dans la conception que la réussite sur terre est voulue par Dieu, que celui qui réussit est déjà l'élu de Dieu. La matière, dans ce cadre, se plie à une herméneutique en accord avec l'essor de la responsabilité individuelle. Cela est très bien exprimé en 1873 par Béatrice Webb, la fille d'un politicien anglais qui s'occupe des problèmes financiers du chemin de fer canadien, le Grand Tronc, et qui visite les États-Unis :

> The American trip [...] with its melting pot, had, in fact, increased those intellectual difficulties of faith [...] you must examine, study, both the Bible and the lives of those who follow the Bible and those who don't [...] It is no sin to doubt, but it is a sin, after you have doubted, not to find out to the best of your capability why you doubt [...] It was because no one doubted [...] that Christianity became so corrupted in the middle ages. I must make a faith for myself[17].

Cet accord direct et individuel avec une connaissance de soi qui n'est pas fondée sur un être imposé par la hiérarchie mais sur un faire, cette connaissance de soi par l'action, par la conquête d'espaces quels qu'ils soient, par la confrontation des idées, par la prise en compte du bigarré des opinions, de la multiplicité des interprétations religieuses ou non, mènent à la redéfinition et à l'invention de soi et de la nation dans un pragmatisme immédiat.

Ceci correspond bien à l'analyse de la Déclaration américaine dont Ferry et Renaut (1992) disent que « le processus par lequel le droit naturel "acquiert force de loi" procède seulement d'un "sens commun" — celui de l'intérêt bien entendu — qui préexiste à toute initiative de l'État et produit de lui-même ses effets dans l'*histoire*[18] ». C'est ce sens commun, au sens de Thomas Paine, et ce libre examen que refusent les systèmes hiérarchiques traditionnels qui veulent garder l'affirmation de soi par la

---

17. Beatrice Webb, *My Apprenticeship*, p. 94.
18. Luc Ferry et Alain Renaut, *Des droits de l'homme à l'idée républicaine*, p. 34.

référence à un être immuable fondé sur l'histoire dont les éléments sont maîtrisés par un groupe stable et privilégié qui monopolise le succès. Laïcisé, ce recentrement hiérarchique mène, comme le souligne S. M. Lipset (1991), à une collectivité canadienne et québécoise qui est beaucoup plus en faveur de l'influence et de l'intervention de l'État que la population étatsunienne où s'est toujours marquée une certaine défiance vis-à-vis de celui-ci.

## Dualisme et contexte : barbarie et civilisation

White Americans have supposed « Europe » and « civilization » to be synonyms — which they are not — and have been distrustful of other standards and other sources of vitality, especially those produced in America itself[19].

Sarmiento dans son roman *Facundo* publié en 1839 manifeste encore une pensée prise dans le statique parce qu'il utilise le processus d'attribution d'une façon essentialiste : « De eso se trata : de ser o no ser *salvaje*[20] ». Par conséquent, les influences européennes construisent l'arrière-pays non comme un territoire économique et culturel à rapprocher du portuaire, mais comme un espace dit naturel qui incarne la barbarie[21]. De plus, il insiste pour décrire le lien entre l'individu et le sol comme lieu fixe surdéterminant la psychologie. Autrement dit, il reprend le cliché biblique de l'homme né de la terre mais en y ajoutant le lien avec l'espace de la raison moderne avec ses concepts clairs et distincts.

19. James Baldwin, *The Fire Next Time*, 1963, p. 92.
20. D. F. Sarmiento, *Facundo*, p. 9.
21. Mais à qui a profité l'opposition barbarie/civilisation couplée à l'opposition campagne/ville et au rejet de la première ? Au Rio de la Plata, l'utilisation de ce paradigme est lié à une classe de gens éduqués et rationalistes progressistes, de commerçants ouverts sur l'extérieur et sur le commerce avec l'Angleterre. En s'inspirant de l'Angleterre et de ses principes commerciaux et démocratiques, ils cherchent à inscrire l'identité dans la modernité mais au prix d'exclusions qui risquent de détruire la nation. En effet, pour un colonialiste comme E.G. Wakefield (1967), le monde anglo-saxon est civilisé mais les autres sont des sauvages : « If they (the Dutch Colonies of South-Africa) had not obtained some slaves, that is, some combination of labour in the particular works of their farms, they would, being so scattered, and prevented from combining their own labour, have degenerated into the state of those savage descendants of Spaniards, who inhabit the plains of Buenos Ayres » (*England and America*, p. 264).

Cette rationalité théorique fige un raisonnement essentialiste dans une problématique spatiale génératrice d'exclusion (Shapiro, 1997). De ce fait, elle occulte à la fois la conscience historique ainsi que le fait qu'il n'y a pas d'espaces vides mais des territoires déjà occupés par les Autochtones et qui sont des enjeux à cadastrer. Ceci rejoint Patrice Lacombe qui stabilise l'identitaire en le liant à la glèbe mais en fonction d'une valorisation inversée, puisque la campagne est positive et que la ville, la modernité et ses avatars les plus contemporains aux États-Unis sont négatifs.

Cependant, plus tard, Sarmiento, dans ses récits de voyages, exprime avec une acuité toute moderne une nouvelle vision du monde. Il souligne les catégorisations relativisantes de temporalité qui transforment complètement le fonctionnement du processus d'attribution, car le contexte est tout. Ce contexte donne son sens au monde dans une instabilité qui est mouvement du progrès générateur d'optimisme : « The Yankee is a born proprietor [...] he does not say that he is poor but that he is poor right now or that he has been unlucky, or that times are bad[22] ». Voilà une des clés de l'américanité dans l'utilisation même de « right now ». Tout peut changer et évidemment pour le mieux. Et c'est bien l'espoir qu'apportent les Amériques au monde.

## Oisiveté/travail

Il faut saisir toutefois que cette opposition barbarie/civilisation repose sur une opposition absolument fondamentale qui déstructure même un des fondements de la civilisation chrétienne et de la Bible. Celle de l'oisiveté et du travail et de la conception même du travail. À ce niveau Sarmiento rejoint l'ensemble du libéralisme et de la bourgeoisie des Amériques. Tous ces gens disent exactement la même chose, car ils sont bien des hommes de leur temps, c'est-à-dire d'un libéralisme qui est avant tout économique.

Parent, conscient de la présence énorme du clergé au Canada français mais aussi d'une pratique économique nécessaire et inéluctable, combine admirablement le rejet du travail comme condamnation éternelle au respect de la puissance de Rome. Et il affirme, rejetant la malédiction

---

22. M.-A. Rockland, *Sarmiento's Travels in the United States in 1847*, 1970, p. 166.

biblique du travail, que « le travail c'est la liberté[23] ». Ce slogan manifeste la dominance de plus en plus prononcée du libéralisme pratique inscrit dans l'essor économique et technologique et avec lequel l'Église doit s'allier pour que la machine économique tourne. Ce libéralisme, lui aussi, a besoin du pouvoir politique et symbolique de l'Église pour étendre son influence et pour affirmer l'ordre face au chaos potentiel ! Par conséquent l'alliance fonctionne et ce, malgré l'incommensurabilité des paradigmes et des options philosophiques profondes, travail comme liberté, optimisme, enrichissement matériel, industrie, responsabilité pour le libéralisme, et pour le catholicisme, pratique et travail comme malédiction, pessimisme, richesse spirituelle accomplie dans l'au-delà, soumission à l'autorité. Un double système de valeurs se met en place dans l'effacement des contradictions profondes qui en théorie devraient empêcher ces systèmes de fonctionner ensemble.

## Originalité et pratique

De ce fait, les paradigmes barbarie/civilisation ou ville/campagne ne permettent d'atteindre à l'originalité que s'ils sont couplés à celui de travail + liberté/oisiveté + oppression et que ces paradigmes passent par un faire car l'originalité est dans l'application. En effet, les théories, comme le souligne aussi Fermin Toro au sujet des États-Unis, affirmant qu'ils n'ont pas inventé le parlementarisme, les procès avec jurys, mais qu'ils les ont repris et appliqués avec des améliorations, viennent d'Europe. Sarmiento souligne aussi dans son journal de voyage que les Américains appliquent des idées et améliorent techniquement des produits. L'originalité est donc dans l'application, c'est-à-dire dans l'adaptation à un contexte social, à un espace, à des ressources différents.

---

23. É. Parent, *Du travail chez l'homme*, 1848, p. 71. — « L'Europe est chargée de castes fainéantes [...] Pauvre Espagne qui ne doit le reste de vie qui la soutient encore qu'à son ciel si beau, à son sol si riche » (*idem*, p. 67) ; « Le sauvage d'Amérique a pris nos vices et laissé de côté nos vertus, il a pris ce qui fait notre faiblesse et négligé ce qui fait notre force, le travail et les idées de la civilisation. Le sauvage pense comme nos nobles au sujet du travail et le tient en mépris » (*idem*, p. 76). On ne peut être plus clair. Les castes oisives, les nobles espagnols sont les barbares contemporains car ils tiennent à un monde de dépense et souvent de destruction par les armes. Le nouvel ordre mondial de l'époque est ouvert à la production et au libre échange dans le laissez faire. Maintenant, il s'agit d'échapper à l'oisiveté et de produire. Les nobles sont donc comme les Indiens, des gens qui refusent de produire et qui se contentent de vivre sur l'environnement spatial en parasites. Les Indiens subissent alors de plein fouet ce processus d'attribution.

Cependant Sarmiento croit qu'il lit la réalité définitive de la société américaine comme il a cru à la réalité du texte européen. Il en est de même pour nombre de libéraux canadiens-français qui lisent les idées libérales avec des yeux catholiques, c'est-à-dire en cherchant la vérité à copier. Tous manifestent un problème vis-à-vis de la représentation et ne saisissent pas pleinement que l'Amérique passe par un décloisonnement optique qui ouvre l'espace à un œil de géomètre capable de voir ce qui n'était pas visible.

Sarmiento souligne avec admiration, en 1849, que « one New York House alone has in ten years sold a million and a half Atlases and maps to the public[24] ». Ceci a pour corrolaire le droit à la propriété traduite par le don ou la vente de titres basés sur le cadastrage scientifique du territoire. Cet œil générateur d'images nouvelles est justement un œil rationaliste gouverné par la pratique et la technique dans un monde qui n'est plus stable mais qui part de l'observation, du doute et de l'hétérodoxe. L'originalité est dans l'application déplacée d'un savoir en gestation allant de concert avec le mouvement des rapports contextuels se rééquilibrant constamment.

## Interprétance et démocratie

Nous sommes contre les fascistes de toute espèce et contre les bolcheviks également de toute espèce[25].

On voit donc le lien qui s'établit entre le fonctionnement rhétorique/ sémantique du processus d'attribution diffusant une structure paradigmatique dualiste hiérarchisée et la conception identitaire comme partie d'une structure politico-économique projetant des catégories face à un environnement censé être rendu dans sa naturalité, la barbarie, par le biais d'une langue transparente. Cette organisation socio-politico-rhétorique est en prise sur une Europe avec laquelle on a du mal à rompre.

On voit donc bien la différence dans la conception du monde et la conception du signe fondant une vision du monde. D'un côté, la scolastique propose des essences, de l'autre, des gens comme Parent ou Sarmiento observant les États-Unis se rattachent à une conception du signe qui tente d'intégrer l'impermanence, la pratique contextuelle dans une

24. M.-A. Rockland, *Sarmiento's Travels in the United States in 1847*, *op. cit.*, p. 138.
25. O. de Andrade, *Anthropophagies*, *op. cit.*, p. 280.

préoccupation menant à avoir un impact technique sur un espace inscrit dans l'histoire. Cependant, même si Andrade se rattache à une philosophie et à une herméneutique plus proches d'une forme de contextualisme, il ne va pas jusqu'à pousser ses réflexions selon une logique de l'interprétance comme le faisait Charles Sanders Peirce, notamment dans *On a New List of Categories*, publié en 1867 aux États-Unis.

À propos de Peirce, Savan (1988) souligne ce qui suit:

> Peirce's philosophy as a whole takes representation and semeiosis to be the fundamental ontological process. To be real is to be represented in a final and infinite series of interpretants[26]. [...] His conception of a method which deliberately and regularly analyzes, criticizes, and corrects itselfs is central to his theory of science and of the Final Interpretant[27].

Ce n'est que dans la dynamique du postmodernisme et sa labilité que ce type de mouvement dans l'indéterminé et le non-permanent s'épanouit. Il répond à une quête identitaire qui est une quête de sens se détachant des points fixes de la vérité et de l'objectivité pour s'ouvrir à la production individuelle de significations dont la valeur réside dans leur capacité stratégique à définir autrement des rapports de pouvoir. Le tout, ici encore, est de savoir qui parvient à être le moteur du mouvement et du changement. Certainement pas les marginalisés économiques et technologiques qui ont à peine de quoi survivre et qui ouvrent aux aspects les plus pessimistes d'un postcolonialisme contextualisé avec le postmodernisme.

C'est ce qu'évoque l'écrivain noir américain James Baldwin (1961) quand il fait passer les nouveaux espaces du Nouveau Monde et ses utopies dans la dystopie de celui qui n'est attendu nulle part: « The World has prepared no place for you, and if the world had its way, no place would ever exist. Now, this is true for everyone, but in the case of a Negro, this truth is absolutely naked: if he deludes himself about it, he will die[28] ». Toutefois dans la dynamique postmoderne/postcoloniale, d'un bout des Amériques à l'autre, se fait sentir un problème crucial qui, comme le suggère Geertz (1986), tend à trouver des voies nouvelles de résolution puisqu'il s'agit d'interactions hybridisantes tournées vers l'avenir: « le problème de l'intégration de la vie culturelle devient celui de rendre possible à des gens habitant des mondes différents d'avoir un effet véritable, et réciproque,

---

26. David Savan, *An Introduction to C.S. Peirce's Full System of Semeiotic*, p. 19.
27. *Idem*, p. 62.
28. James Baldwin, *Nobody Knows my Name*, p. 232.

l'un sur l'autre[29]». On pense de ce point de vue que l'américanité, même travaillée par l'américanisation, est en bonne voie.

## BIBLIOGRAPHIE

ALLENDE, Isabel (1985), *The House of the Spirits*, New York, Bantam.

ANDRADE, O. de (1982), *Anthropophagies*, Paris, Flammarion (1<sup>re</sup> éd. 1928).

AREA, L. et M. MORANA (1994), *La imaginacion historica en el siglo XIX*, Rosario, UNR Editoria.

BALDWIN, James (1961), *Nobody Knows my Name*, New York, The Dial Press.

BALDWIN, James (1963), *The Fire Next Time*, New York, Vintage.

BASTERET, vicomte de (1860), *De Québec à Lima*, Paris, (s.n.).

BORGÈS, Jorge Luis (1974), *Obras completas*, Buenos Aires, Emece.

BOUCHARD, Guy et Y. LAMONDE (1995), *Québécois et Américains*, Montréal, Fides.

BOURNE, R. (1916), *Transnational America*, New York, Whitston.

CHAUVEAU, M. (1876), *L'instruction publique au Canada*, Québec, A. Core.

COUILLARD, M. et P. IMBERT (1995), *Les discours du Nouveau Monde au XIX<sup>e</sup> siècle au Canada français et en Amérique latine/Los discursos del Nuevo Mundo en el siglo XIX en el Canada francofono y en América latina*, Ottawa, Legas.

CREMIN, L. (1957), *Horace Mann: The Republic and the School*, New York, Columbia University Press.

ETZIONI, A. (1968), *The Active Society*, New York, The Free Press.

FALARDEAU, J.-C. (1975), *Étienne Parent: 1802-1874*, Montréal, La Presse.

FERRY, Luc et Alain RENAUT (1992), *Des droits de l'homme à l'idée républicaine*, Paris, Presses universitaires de France.

FUENTES, C. (1973), *Tiempo mexicano*, Mexico, Cuadernos J. Mortiz.

GARCÍA Canclini, Nestor (1995), *Consumidores y Ciudadanos*, México, Grijalbo.

GARNEAU, F.-X. (1845), *Histoire du Canada depuis sa découverte jusqu'à nos jours*, Québec, Aubin.

GEERTZ, Clifford (1986), *Savoir local, savoir global*, Paris, Presses universitaires de France.

IMBERT, Patrick (1999), *The Permanent Transition*, Frankfurt/Madrid, Vervuert/Iberoamericana.

29. Clifford Geertz, *Savoir local, savoir global*, p. 201.

LACOMBE, P. (1972), *La terre paternelle*, Montréal, HMH (1ʳᵉ éd. 1846).

LAURIER, W. (1877), *Discours sur le libéralisme politique*, Québec, L'Événement.

LIPSET, Seymour Martin (1991), *Continental Divide: The Values and Institutions of the United States and Canada*, New York/London, Routledge.

LÓPEZ-VIGIL, José Ignacio (1994), *Rebel Radio: The Story of El Salvador's Radio Venceremos*, Willimantic (CT), Curbstone Press.

MARIATEGUI, José Carlos (1972), *Siete ensayos de interpretacion de la realidad peruana*, Lima, Amauta.

MONDELET, C. (1841), *Lettres sur l'éducation élémentaire et pratique*, Montréal, J.J. Williams.

MUELLER, Thomas (1996), *Hotelgeschichte und Hotelgeschichten* in *Natur, Räume, Landschaften*, (Krause/Scheck Hg.) München, Judicium Vg.

OUELLET, F. (1969), *Papineau*, Sainte-Foy, Les Presses de l'Université Laval.

PAINE, Thomas (1945), *The Complete Writings of Thomas Paine*, New York, Citadel.

PARENT, É. (1846), *Discours prononcé par É. Parent devant l'Institut canadien*, 19 novembre.

PARENT, É. (1848), *Du travail chez l'homme*, 19 février.

PAVIE, T. (1838), *Souvenirs atlantiques*, Paris, Bossange.

PEIRCE, C. S. (1960), *On a New List of Categories*, dans *Collected Papers*, Cambridge, Harvard University Press (1ʳᵉ éd. 1867).

PILLING, W. (1969), *The Emancipation of South-America*, New York, Cooper Square.

ROCKLAND, M.-A. (1970), *Sarmiento's Travels in the United-States in 1847*, Princeton, Princeton University Press.

ROUTHIER, A.-B. (1871), *Causeries du dimanche*, Montréal, Beauchemin et Valois.

SAPIR, E. (1967), *Anthropologie*, Paris, Seuil.

SARMIENTO, D. F. (1934), *Facundo*, Paris, Stock.

SAVAN, D. (1988), *An Introduction to C.S. Peirce's Full System of Semeiotic*, Toronto, Toronto Semiotic Circle.

SHAPIRO, Michael, J. (1997), *Violent Cartographies: Mapping Cultures of War*, Minneapolis, University of Minnesota Press.

SIMPSON, David (1993), *Romanticism, Nationalism, and the Revolt against Theory*, Chicago, The Chicago University Press.

SMITH, Adam (1974), *An Inquiry into the Nature and Causes of the Wealth of Nations*, Chicago, Encyclopedia Britannica.

Soto, H. de (1990), *The Other Path*, New York, Harper and Row.

Stuart, J. (1833), *Three Years in North-America*, Edinburgh, R. Cadell.

Toro, F. (1960), *Europa y America*, dans *La doctrina conservadora*, Caracas, Ediciones commemorativas des sesquicentenario de la independencia (1^re éd. 1839).

Valcarcel, J.L. (1994), « "Tu no eres el" : dualidad y ambigüedad en las representaciones del otro », dans Area, L. et M. Morana, *La imaginacion historica en el siglo XIX*, Rosario, UNR Editoria.

Volney (1803), *Tableau du climat et du sol dans les États-unis d'Amérique*, Paris, Courcier.

Wakefield, Edward Gibbon (1967), *England and America*, New York, A.M. Kelley (1^re éd. 1834).

Webb, B. (1960), *My Apprenticeship*, Harmondsworth, Penguin (1^re éd. 1873).

Weber, M. (1964), *L'éthique protestante et l'esprit du capitalisme*, Paris, Plon.

Whorf, B.L. (1969), *Linguistique et anthropologie*, Paris, Denoël.

# DEUXIÈME PARTIE

## INTÉGRATION CONTINENTALE, LIBÉRALISME ET AMÉRICANITÉ

# APRÈS L'ALENA :
# Y A-T-IL UNE PLACE POUR UNE COALITION SOCIALEMENT FONDÉE DE DÉVELOPPEMENT DES MARCHÉS EN AMÉRIQUE DU NORD ?

*Isidro Morales*

Dans ce texte, nous proposons de considérer l'Amérique du Nord non pas comme le sous-produit de trois pays reliés les uns aux autres, mais plutôt comme un espace économique, social et politique constitué bien avant l'ALENA (Accord de libre-échange nord-américain) par l'interaction des entreprises, des États et des acteurs sociaux le composant ; l'ALENA n'aura fait que développer cet espace transfontalier en de nouveaux champs d'intérêt susceptibles d'être approfondis, élargis ou contestés.

Notre intention est de montrer que cet espace est surtout géré par les États-Unis, tant du point de vue des décisions corporatives que par sa structure institutionnelle, clairement confirmée par la mission et le contenu de l'ALENA. Cette structure a été rendue possible grâce à la formation d'une coalition favorable au développement des marchés, à l'intérieur comme à l'extérieur des frontières, pouvant freiner les pressions protectionnistes prédominantes sur le territoire nord-américain. Pourtant, six ans plus tard, une telle coalition a du mal à maintenir sa cohésion et sa légitimité. Les conséquences du krack financier de 1995 au Mexique, le refus du Congrès américain d'accorder rapidement au président les pouvoirs voulus pour soutenir davantage la libéralisation des échanges et des investissements à travers le monde, ainsi que la peur grandissante des mouvements de masse aux États-Unis et au Canada concernant l'érosion du système de protection sociale et des conditions d'emploi et la dégradation de l'environnement, sont quelques indicateurs importants des défis affectant les tenants du libre-échange.

Les première et deuxième sections de ce texte illustrent comment la continentalisation de la production s'est avérée le résultat à la fois de stratégies corporatives et de négociations entre États. La troisième a trait aux difficultés rencontrées pour maintenir la crédibilité et la légitimité de la coalition parmi certains groupes au sein de la société civile en Amérique du Nord.

## Les entreprises-États et le premier processus de continentalisation

La création d'un espace économique continental en Amérique du Nord n'est pas une tendance récente. Selon quelques auteurs, ses origines remontent à la fin du XIX$^e$ siècle (Konrad, 1995). Cependant, ce n'est qu'après la Deuxième Guerre mondiale que ce processus de continentalisation a pris sa forme actuelle. Des liens formels et informels transfrontaliers ont contribué à ce processus. D'un point de vue formel, ces liens relèvent de la spécialisation des échanges et de la production entre les trois pays. Quant aux liens informels, ils concernent les flux migratoires illégaux, principalement composés de Mexicains se dirigeant vers les États-Unis et le Canada, ainsi que l'ensemble des activités associées au trafic de la drogue. Dans les lignes qui suivent, nous nous attarderons uniquement aux mécanismes formels conduisant à cette continentalisation.

En fait, une spécialisation des échanges et de la production s'est produite en Amérique du Nord faisant du Canada et du Mexique les principaux partenaires économiques et commerciaux des États-Unis. Ces tendances révèlent les caractéristiques suivantes : la concentration du commerce et les échanges intra-industriels ; le rôle des entreprises multinationales ; l'émergence de territoires frontaliers ; et le rôle des gouvernements.

### Concentration du commerce et échanges intra-industriels

Pour les trois pays, l'Amérique du Nord représente la principale destination de leurs exportations et la principale source de leurs importations. Cela est clairement le cas du Canada et du Mexique, plus de 80 % du commerce extérieur de ces deux pays étant destiné aux États-Unis. Mais cela est également valable pour les États-Unis puisque le Canada et le Mexique représentent 29 % du total des exportations de ce pays et 25 % de ses importations.

Un aspect majeur des liens commerciaux entre les trois pays est que la plupart d'entre eux, au moins pour ce qui est des marchandises, concerne les échanges intra-industriels. Il est évident que le Canada et le Mexique se sont spécialisés dans l'apport de matières premières et de produits de première nécessité à l'économie américaine, tels que le pétrole et le gaz naturel ainsi que certains produits agricoles. Par contre, en ce qui a trait aux échanges de produits manufacturiers, le commerce entre les trois pays est devenu fortement interrelié. Prenons par exemple le cas mexicain : alors que plus de 60 % de ses exportations de produits manufacturés vers les États-Unis sont concentrées dans les secteurs du transport et de la machinerie, 50 % de ses importations manufacturières proviennent de ces mêmes secteurs. Il apparaît clairement que le Canada et le Mexique sont devenus une source majeure d'apport industriel pour l'économie américaine et vice versa.

## Le rôle des entreprises multinationales

Les secteurs-clés du domaine manufacturier, tels que l'automobile, la machinerie, les industries de l'électronique et des produits chimiques, sont devenus, entre les trois pays, particulièrement reliés les uns aux autres grâce à des stratégies corporatives menées par les entreprises multinationales. En témoigne l'importance des transactions intra-firmes sur le plan continental. Considérant que 33,4 % de toutes les exportations des États-Unis et 41,5 % des importations sont dominées par ce type de transactions, il importe de souligner que le commerce entre filiales, dont les maisons mères se trouvent principalement aux États-Unis, est surtout concentré au Canada et au Mexique. En 1992, 34 % de toutes les exportations américaines intra-firmes réalisées par des maisons mères à leurs filiales l'ont été au Canada et 10 % au Mexique. Ainsi, au total, 44 % de ces exportations se concentraient en Amérique du Nord, tandis que 33 % atteignaient l'Europe et seulement 19 %, l'Asie-Pacifique.

Le niveau de concentration du commerce intra-firmes par les compagnies américaines est encore plus élevé si nous considérons les sources d'importation. La même année, 57 % de toutes les importations intra-firmes, des filiales vers les maisons mères américaines, provenaient du

Canada (44 %) ou du Mexique (13 %). Seulement 16 % provenaient d'Europe et 21 %, de l'Asie-Pacifique. Ces chiffres démontrent comment les compagnies américaines ont relocalisé les chaînes de production, principalement au Canada ou au Mexique de manière à augmenter leur efficacité et leur compétitivité.

## L'émergence de territoires frontaliers

La relocalisation des activités de production, dans ce que nous pouvons appeler l'espace économique continental, ne s'est pas nécessairement réalisée de manière équilibrée. Par exemple, dans le cas de l'industrie automobile, John Holmes (1996) a clairement illustré comment se dessinait la chaîne de production, depuis le centre du Mexique jusqu'à la zone des Grands Lacs, formant une sorte de corridor transnational des usines d'assemblage des grandes compagnies américaines et étrangères. La configuration est quelque peu différente dans le secteur des ressources naturelles. En ce qui concerne l'industrie pétrolière par exemple, la plus grosse concentration se situe sur la côte du golfe du Mexique, de Campeche (où se trouve concentré le plus gros des réserves et de la production mexicaines) jusqu'à Houston. Dans cette région, se retrouve une proportion importante de la production de pétrole brut, de gaz naturel, de carburant et de produits pétrochimiques, laquelle est principalement destinée au « Midwest continental » et à la région Nord-Atlantique. Un autre regroupement industriel est situé en Alberta, la principale province productrice d'hydrocarbures dans la région du Pacifique, qui fournit du pétrole à la côte ouest du Canada et des États-Unis, et du gaz naturel à la région Atlantique américaine. En d'autres termes, la continentalisation économique aura également été déterminée par la distribution inégale des ressources naturelles en Amérique du Nord.

Il importe toutefois de souligner que la logique de continentalisation est fortement dominée par la localisation de la production manufacturière et par le tracé de ses échanges transfrontaliers. Ceci est bien illustré par l'organisation et la direction du transport terrestre dans la région : 63 % du commerce États-Unis–Canada et 88 % du commerce États-Unis–Mexique sont effectués suivant ce mode. Désormais, l'axe principal de l'autoroute nord-américaine, pour ainsi dire, transportant dans un sens ou dans l'autre des marchandises d'Amérique du Nord, se dessine depuis le centre du Mexique en direction de l'est, traversant le Midwest des

États-Unis jusqu'à la zone des Grands Lacs, où s'effectue la plupart des transactions entre les États-Unis et le Canada. Les échanges commerciaux empruntent bien sûr d'autres tracés en Amérique du Nord : ceux qui vont du centre du Mexique jusqu'en Californie, ou encore de l'Ontario jusqu'en Californie ; et d'autres flux moins étendus indiquant l'existence de territoires frontaliers dans la région.

En fait, 51 % de toutes les exportations des États-Unis vers le Mexique proviennent des États américains voisins, principalement du Texas, de loin le plus important (32 % de toutes les exportations), et aussi de la Californie. Vingt-cinq pour cent des exportations des États-Unis vers le Mexique proviennent de la zone des Grands Lacs, où se trouve la plus grande partie de l'industrie automobile nord-américaine. L'État du Michigan, à lui seul, exporte 10 % du total des exportations vers le Mexique.

Une situation comparable existe avec le Canada. Quarante-six pour cent des exportations des États-Unis vers ce pays proviennent également des États frontaliers, dont 32 % de seulement trois États : le Michigan, l'Ohio et l'Illinois. Du côté canadien, l'Ontario et, dans une moindre mesure, le Québec, jouent un rôle important au niveau des échanges. L'Ontario est, sans contredit, la principale source des exportations vers les États-Unis et le Mexique, et la destination principale des importations en provenance de ces deux pays. Comme quelques auteurs l'on récemment suggéré, l'Ontario est en soi devenue une région d'Amérique du Nord (Courchene et Telemer, 1998). Cependant, l'importance de la province de Québec ne doit pas être sous-estimée ; le Québec, à lui seul, est le 6e partenaire commercial en importance, derrière le Canada anglais, le Mexique, le Japon, mais il devance les pays tels que l'Italie, la France, la Grande-Bretagne et le Brésil[1].

Enfin, il importe de souligner que la production continentale est devenue le prolongement de l'espace économique américain par delà ses frontières du nord et du sud, de manière à exploiter les avantages de la compétitivité régionale des pays voisins. La continentalisation n'a jamais signifié l'intégration de l'économie américaine aux économies voisines, mais plutôt la tendance opposée, certaines industries au Canada et au Mexique devenant rattachées par leur dynamisme à celles des États-Unis.

---

1. « Holding its Own. A survey of Canada », *The Economist*, 1999, p. 16.

## Le rôle des gouvernements

L'espace continental nord-américain, fortement dominé par la production et les échanges de marchandises industrielles et, à moindre degré, de produits de base, est aussi caractérisé par la territorialisation des pratiques sociales et politiques. Cependant, la configuration de cet espace social et politique a davantage répondu à des politiques nationales, voire locales, qu'elle n'a obéi à une logique continentale. Prenons par exemple le cas des tendances migratoires où l'on observe déjà l'existence d'un flux ascendant depuis les zones du centre et du sud du Mexique jusque vers la Californie, le Texas et le nord des États-Unis. Les facteurs classiques « d'attirance/répulsion » pourraient éventuellement expliquer la formation de ces corridors de main-d'œuvre qui correspondent de très près à ceux des biens de consommation et de première nécessité. Cependant, alors que les barrières au mouvement des marchandises ont été progressivement levées, même avant les négociations ALECEU-ALENA, d'autres relatives à la circulation des personnes se sont au contraire resserrées, jusqu'à rendre le débat sur cette question fortement politisé dans le cas de la frontière États-Unis–Mexique. Les politiques migratoires ont été maintenues et même renforcées au niveau national et, en certains cas, à l'échelle locale des États, comme en témoigne en Californie les débats autour de la proposition 187.

En somme, en dépit de l'émergence à l'échelle continentale de liens transfontaliers aux niveaux de la main-d'œuvre et de l'économie en général, le champ des politiques et des rapports politiques en Amérique du Nord est demeuré limité à celui des États et des relations bilatérales. Cela n'a pas seulement été le cas des questions de politique étrangère, mais aussi des politiques industrielles et commerciales. Même les politiques qui ont pavé la voie de la continentalisation aux multinationales, tels que le pacte d'auto Canada–États-Unis de 1965 et le programme mexicain maquiladora visant la promotion des emplois et la création de produits exportables à la frontière, ont été entièrement conçues dans le cadre de débats nationaux et suivant une logique de « nationalisme économique ». En ce sens, les politiques protectionnistes se rattachant aux investissements étrangers et aux échanges commerciaux qui ont dominé l'ordre du jour canadien et mexicain avant les négociations sur le libre-échange avec les États-Unis, n'étaient pas nécessairement incompatibles avec les stratégies corporatives de production et de relocalisation continentales. Les entreprises multinationales ont négocié les modalités de leurs opérations avec les élites politiques et les partenaires d'affaires locaux (Jenkins, 1992). Ainsi, les États ont-ils joué un rôle dans la formation de cet espace économique continental dirigé par les corporations, bien qu'au moyen de politiques conçues selon des priorités nationales et qui, dans bien des cas, ont été établies et défendues de manière à baliser les chemins de la continentalisation.

## Le mécanisme de l'ALECEU et de l'ALENA et l'imminence d'un second processus de continentalisation

La création de régions de libre-échange entre le Canada et les États-Unis et, par la suite, avec le Mexique a favorisé la mise en place d'un second processus de continentalisation, cette fois défini dans un cadre différent qui a d'abord été celui de l'ALECEU, puis de l'ALENA. La sagesse populaire prétend que ces deux accords représentent le triomphe des marchés sur le nationalisme « économique » qui a prévalu aussi bien au Canada qu'au Mexique jusqu'au milieu des années 1980. Le nationalisme économique était alors défini en référence au rôle de l'État dans la protection et le renforcement d'industries spécifiques au moyen de tarifs douaniers, de subventions et de politiques de gestion commerciale.

On s'entend généralement pour affirmer que la signature de l'ALENA a été le produit d'une volonté politique impliquant les trois pays de l'espace nord-américain. Comme l'a démontré Fritz Mayer (1998), la négociation de l'ALENA s'est déroulée à deux niveaux. Le premier visait à concilier les intérêts diplomatiques des trois pays. Le second concernait les groupes politiques locaux favorables ou défavorables à la négociation trilatérale. Ainsi, l'ALENA a été le produit d'un compromis d'intérêts différents et conflictuels, négocié dans le cadre d'une diplomatie à double tranchants.

En fait, l'ALENA a démontré que les États pouvaient jouer un rôle actif dans l'intégration au niveau national du marché continental, voir mondial. En ce sens, l'ALENA a opéré un changement majeur en Amérique du Nord, marquant le passage entre des politiques financières, commerciales et industrielles d'intérêt national, qui étaient prédominantes surtout au Canada et au Mexique, et des politiques de production et d'échange s'inscrivant dans une perspective de continentalisation. Les marchés ne sont pas seulement des systèmes auto-régulateurs soi-disant neutres et impersonnels, complètement indépendants des politiques publiques ou répondant uniquement à une logique d'intérêt privé.

Comme l'ont suggéré certains auteurs (Gilpin, 1987 ; Strange, 1988 ; North, 1990), les marchés sont, d'abord et avant tout, des institutions qui se conçoivent dans le cadre d'échanges politiques et sociaux. Dans bien des cas, les marchés sont des institutions qui sont créées et soutenues politiquement, comme en a témoigné le premier processus de continentalisation et comme l'a également montré le résultat des négociations de l'ALENA. En définitive, il est à prévoir que la politique d'ouverture régionale de l'ALENA sera maintenu, renforcé et approfondi, si les gouvernements maintiennent leurs engagements dans cette affaire et obtiennent les profits escomptés.

Mais qu'est-ce qui a été négocié finalement ? L'ALENA représente-t-il ce que les Américains appellent un marché concurrentiel ouvert grâce auquel pourra se réaliser dans les prochaines décennies une continentalisation productive ? D'un point de vue mexicain, l'ALENA a surtout signifié le triomphe des stratégies américaines à promouvoir un « régionalisme ouvert », par opposition aux politiques commerciales unilatérales qui ont été suivies depuis le milieu des années 1970, ainsi qu'aux négociations multilatérales menées par le GATT devenues à ce moment-là très complexes (Saborio, 1992). Le « minilatéralisme » que sous-entendait une politique d'ouverture régionale visait à négocier et à appliquer, au niveau continental, le principe établi par Washington d'un commerce concurrentiel régissant la circulation des marchandises, des services et des investissements en Amérique du Nord. Les politiques américaines d'échange unilatéral et multilatéral poursuivaient le même objectif avant l'ouverture des négociations « minilatérales », mais le minilatéralisme s'est avéré plus expéditif et efficace pour inciter les partenaires canadiens et mexicains à adopter les nouvelles règles du jeu.

L'ALENA a mis en place un régime d'échange et d'investissement mené par les États-Unis qui verra le processus de continentalisation s'intensifier au cours des prochaines décennies, incluant aussi cette fois-ci la circulation des services et des investissements. Ce marché concurrentiel se caractérise par les aspects suivants :

- Les tarifs douaniers et les quotas sont supprimés en tant qu'instruments des politiques industrielles des États-nations. Par opposition, le « régionalisme ouvert » est devenu le mécanisme par lequel les économies d'échelle, le commerce et la production spécialisés des biens et services seront poursuivis au niveau continental.
- Les subventions et les mesures « anti-dumping » font toujours l'objet de législations au niveau national, mais tout abus bureaucratique

dans l'application de ces mesures peut être référé à des tribunaux d'arbitrage dont les décisions doivent être strictement observées. Cependant, la réduction des autres barrières non tarifaires demeure floue, comme dans le cas de l'application de mesures phytosanitaires et/ou de mesures standard adoptées au niveau national.

• Aucune performance ou exigence de contenu à caractère national n'est autorisée sur le continent pour les investisseurs. Les politiques nationales d'approvisionnement à ce niveau seront également éliminés. Par contre, les règlements rigides d'origine doivent être renforcés pour permettre de stimuler dans toute la région le ressourcement d'au moins 50 % du coût d'un produit.

• Un seuil de règlements respectant les droits de propriété des investisseurs a été accepté de manière à stimuler la mobilité des investissements sur le continent. Un code mettant en application le respect de ces droits (chapitre 17) a été accepté, tout comme le « traitement national » aux investisseurs de l'ALENA dans les trois pays et quelques garanties minimales en cas d'expropriation (chapitre 11).

• Les pays ont accepté que toute violation de leurs législations sur le travail et sur l'environnement pourrait être contrôlée par des comités spéciaux et ad hoc, de manière à empêcher les compagnies de faire du dumping social ou environnemental.

• Enfin, des mécanismes généraux et plus ponctuels de résolution de conflits ont été établis afin de faire appliquer les règles sur lesquelles se sont entendus les trois pays (Morales, 1999).

Ce que fait l'ALENA en définitive consiste à « continentaliser » un ensemble de principes, de règles, de normes, de procédures et de mécanismes d'application pour faciliter une meilleure intégration des chaînes de production, des échanges commerciaux et la mobilité du capital entre les trois pays. Il s'agit donc d'un tout autre cadre que celui à partir duquel s'est réalisée la première continentalisation, soit avant l'établissement d'une zone de libre-échange (ALE). Cette première continentalisation a été le produit d'un processus de négociation entre des États nationaux et les compagnies multinationales.

La seconde continentalisation a quant à elle été le produit de négociations interétatiques au cours desquelles toutes les parties se sont entendues, bien que pour des raisons différentes, pour construire et maintenir au niveau continental un marché concurrentiel ouvert. Grâce à ce nouveau cadre, les compagnies multinationales et d'autres entreprises ont obtenu les moyens nécessaires à l'intensification du processus de continentalisation. Lors de la première phase, États et entreprises avaient négocié, de manière ponctuelle la plupart du temps, les modalités de cette continentalisation. Cette fois, un nouvel esprit favorable au marché caractérisant les rapports entre les États a davantage donné les moyens aux entreprises d'intensifier ce processus.

Ce processus institué de continentalisation pourrait avoir d'importantes conséquences en Amérique du Nord, tant au niveau économique, social que politique. Sur le plan économique, une restructuration supplémentaire est prévue au cours des prochaines décennies dans les secteurs de l'acier, du textile et du vêtement, de la machinerie, de l'électronique, de l'automobile, des services financiers, de la formation et de l'éducation, ainsi que dans quelques secteurs de l'agriculture et, peut-être aussi, de la pétrochimie et de l'énergie.

Cette seconde continentalisation aura également des conséquences sur la manière de concevoir la souveraineté nationale dans les trois pays. Les États se sont désormais engagés à se soumettre aux règles de l'ALENA dans l'élaboration de toute politique commerciale ou relative aux échanges commerciaux. De plus, les acteurs concernés ont obtenu une représentation juridique de leurs intérêts qui s'étend au-delà des frontières de l'État national. C'est le cas par exemple des investisseurs de l'ALENA et de leur droit d'avoir recours à un tribunal d'arbitrage, afin de contester les décisions ou politiques gouvernementales affectant leurs intérêts.

## L'avenir du processus de continentalisation : les coalitions proactives et réactives

Six ans après l'entrée en vigueur de l'ALENA, il semble que les organisations impliquées et divers groupes d'intérêts construisent de nouvelles coalitions afin de maintenir, voire d'intensifier le mouvement d'intégration en Amérique du Nord. Néanmoins, il existe d'autres groupes semblables qui défendent le point de vue opposé. Leur principal objectif est de faire pression sur le Congrès américain pour qu'il empêche que soit accordé au président le pouvoir de donner rapidement son aval à de nouveaux accords commerciaux ou à leur développement. En parallèle, et fait nouveau, d'autres groupes au sein de la société civile, plus particulièrement aux États-Unis, mais aussi au Canada et au Mexique, s'unissent pour protester contre l'intensification des politiques de marché.

Deux cas de figure illustrent ces deux types de coalition. Le premier concerne le mouvement vers une soi-disant « union monétaire » nord-américaine ou UMNA ; le second, le militantisme des groupes opposés à une trop forte continentalisation.

## Le pour et le contre des unions monétaires

Certains économistes — tel le dernier récipiendaire du prix Nobel, le Canadien Robert Mundell — suggèrent la création d'une UMNA (union monétaire nord-américaine) autour du dollar ou, encore, d'une zone fixe d'échange monétaire dans laquelle les devises canadiennes et mexicaines seraient en parité avec le dollar américain. L'argument à la base de pareille suggestion est que les fluctuations des devises à l'intérieur de zones de libre-échange (RLE) deviennent un facteur de distorsion majeure pour la répartition efficace des investissements et des ressources. En d'autres termes, le statu quo sur cette question au sein de l'ALENA — consistant au maintien des politiques monétaires au niveau national — devient moins efficace que si l'on optait pour une intégration monétaire conti-nentale. Dans une zone de libre-échange, les risques de fluctuation des devises pourraient être réduits par la création de conseils des devises des unions monétaires.

Bien que ce plaidoyer en faveur de la réforme monétaire provienne sur-tout d'universitaires influents, au Mexique elle a été entièrement comman-ditée par la Chaire de l'association des banques mexicaines qui représente la plupart des banques commerciales œuvrant dans le pays. Cependant, les fonctionnaires travaillant pour le ministère du Trésor au Mexique ou pour la Banque du Canada ont fermement refusé de prendre en considération une union monétaire avec les États-Unis. Ils considèrent qu'il est préfé-rable de maintenir un taux de change flottant. Selon Gordon Thiessen, gouverneur de la Banque du Canada, le Canada a encore besoin d'un sys-tème flexible à ce niveau, fonctionnant tel un « amortisseur de choc », afin de composer avec les baisses de prix habituelles des marchandises (Laver, 1999). John McCallum, de la Banque Royale du Canada, a également présenté un argument très convaincant. Il affirme qu'un dollar canadien flexible n'a pas gêné les activités commerciales ni empêché de nouveaux investissements, bien qu'il n'ait pas contribué non plus à augmenter la productivité de la main-d'œuvre canadienne. Dans tous les cas, selon McCallum (1999), il en coûtera davantage au Canada d'opter pour un taux de change fixe, en parité avec le dollar américain, plutôt que de maintenir le statu quo.

Comme on le sait, une union monétaire ou la création d'une région à taux monétaire fixe signifierait que le Canada et le Mexique perdraient une partie de leur souveraineté sur leurs politiques monétaires. Ceci pourrait éventuellement mettre en question les politiques fiscales canadiennes sur lesquelles s'appuie le système de protection sociale de ce pays. D'ailleurs, il existe un débat politique au Canada concernant la menace qu'une autre continentalisation, gérée par les États-Unis, pourrait représenter pour ses politiques sociales. Dans ce pays, l'État-providence a procuré un sens de cohésion et de légitimité au système, il a incarné l'égalité des chances, notamment à travers le soutien à l'éducation et la création de programmes tels que l'assurance-maladie et l'assurance-chômage. On craint déjà que l'ALENA n'entraîne l'harmonisation des programmes sociaux avec ceux existant aux États-Unis ; un « salaire social » élevé jouerait en défaveur de l'amélioration de la compétitivité du Canada à l'égard des États-Unis. Un autre débat sur l'union monétaire pourrait amplifier ces craintes et renforcer des arguments comme ceux de Christopher Merret pour qui les politiques visant l'égalité et l'universalité sont en train d'être remplacées par des politiques qui accentuent la concurrence et l'inégalité[2].

Dans le cas mexicain, l'appui à une réforme monétaire se conçoit en fonction d'un environnement économique et politique plus complexe. Le mouvement vers un conseil des devises ou une union monétaire se justifie également en termes d'efficacité économique, mais il vise aussi, et peut-être en priorité, à restaurer la crédibilité des autorités monétaires mexicaines. Depuis 1982, le Mexique a certainement maintenu une politique de taux de change flexible, grâce à laquelle ont pu être maîtrisées les secousses externes. Mais ces secousses ont provoqué de sévère et récurrentes récessions économiques, des baisses de salaire et la montée en flèche des taux d'intérêts. En dépit de la ligne de conduite observée en matière fiscale et monétaire par l'administration du président actuel, les salaires ne se sont pas remis de la dernière chute financière de 1994, et le crédit est pratiquement inexistant pour la majorité des Mexicains. Au Mexique, le résultat d'une plus grande intégration financière avec les États-Unis mènerait probablement les autorités monétaires mexicaines à l'incapacité de redresser l'économie.

---

2. Christopher D. Merrett, *Free Trade. Neither free nor about trade*, p. 209.

## La coalition entre les environnementalistes et le mouvement syndical

Le consensus de l'ALENA a mené au développement d'ordres du jour concurrents ou alternatifs de la part de partis politiques locaux et de groupes d'intérêts ou d'acteurs non gouvernementaux. Il semble en effet que le mouvement vers la continentalisation ait pu également être conçu en prenant en considération des intérêts et points de vue divergeants par rapport au cadre défini par l'ALENA. Une caractéristique majeure de ces ordres du jour est qu'ils font toujours l'objet de débats sur la scène nationale. Cependant, la continentalisation de la production, des échange et de la mobilité du capital en Amérique du Nord, suivant les principes d'un régionalisme ouvert, renforce également les stratégies et politiques réactives au niveau transfrontalier. C'est pourquoi la nouvelle ligne de partage entre les politiques proactives et réactives à l'égard du contrôle américain de l'intégration de marché est déjà devenue la source de tensions internes et transfrontalières à travers le continent.

Aux États-Unis, les syndicats et autres mouvements de masse se sont traditionnellement opposés à l'ALENA et à une plus grande ouverture de l'économie américaine. Selon eux, l'accès préférentiel au marché américain a pour conséquence la diminution des emplois dans leur pays et la dégradation des conditions sociales et environnementales de leurs partenaires commerciaux. L'impact de ces organisations sur l'opinion publique est telle que le président Clinton a dû négocier des accords relatifs au droit du travail et à la protection de l'environnement de manière à faire accepter l'ALENA par le Congrès américain.

Six ans plus tard, et en dépit de la bonne performance des trois pays en matière de commerce, ces même groupes ont accentué leurs critiques envers l'ALENA et fait pression sur le Congrès pour qu'il empêche le président de recourir à son pouvoir *fast track*. Jusqu'à un certain point, le refus de concéder ce pouvoir a pris la forme d'un « vote de confiance » en faveur de l'ALENA. Les arguments avancés par ces groupes sont entre autres les suivants (School of Real-Life Results, 1998) :

- Jusqu'en février 2000, plus de 232 375 travailleurs américains ont perdu leur emploi, comme conséquence directe de l'ALENA, d'après les données d'une étude spéciale sur l'ALENA. Cependant, cette même étude n'a pu estimer le nombre d'emplois que l'ALENA a directement créé aux États-Unis (Banque de données du Public Citizen).

- L'ALENA a surtout profité aux corporations transnationales, mais non aux petites et moyennes entreprises.
- Les agriculteurs américains et les industries à main-d'œuvre peu qualifiée ne peuvent rivaliser avec les bas salaires qui prédominent au Mexique dans le secteur agricole et celui du maquiladora.
- Les normes environnementales et de santé publique ne sont pas respectées au Mexique, ce qui se traduit par des conséquences négatives pour les consommateurs américains de marchandises mexicaines.
- Les corporations se servent du chapitre 11 de l'Accord pour réduire les effets des législations sur l'environnement et la santé publique qui existent déjà dans les trois pays. Dans tous les cas, les préoccupations liées à l'environnement sont devenues secondaires par rapport à la promotion des investissements dans la région.
- La dégradation de l'environnement et de la situation de la main-d'œuvre se poursuit à la frontière États-Unis–Mexique, alors même que l'ALENA devait en principe remédier à cette situation.
- Les accords sur la main-d'œuvre et l'environnement n'ont pas de réelle emprise. Les commissions relatives à chacun de ces domaines n'ont aucune autorité politique pour faire valoir nombre de plaintes qu'elles reçoivent.
- Le déficit commercial avec le Canada augmente et le surplus mexicain s'est transformé en déficit.
- Enfin, le niveau de vie mexicain s'est sérieusement détérioré depuis 1994.

Certaines de ces affirmations ne correspondent pas à la réalité économique ni aux faits historiques, mais elles se sont avérées politiquement très efficaces pour forger la perception du citoyen américain moyen par rapport à l'ALENA. Selon certains sondages réalisés en 1997, 66 % des Américains croyaient que les accords de libre-échange entre les États-Unis et les autres pays avaient coûté des emplois au pays ; 58 %, que le commerce extérieur avait eu un impact négatif sur l'économie américaine soi-disant en raison de l'effet des importations à bon marché sur les emplois et les salaires ; et 81 %, que le Congrès ne devrait pas accepter des accords commerciaux donnant à d'autres pays les moyens de contourner les lois américaines.

La faiblesse de la coalition qui défend les dossiers de la main-d'œuvre et de l'environnement réside dans l'argument de la perte d'emplois. Avec ou sans accords de libre-échange, les importations de plus en plus volumineuses et concurrentielles qui entrent aux États-Unis supposeront toujours l'exportation d'emplois non compétitifs à l'étranger. De plus, les pertes d'emplois ne sont pas seulement une conséquence du commerce ; les politiques macro-économiques et monétaires peuvent aussi être tenues responsables de la disparition de nombre d'entre eux. Mais, dès que l'économie américaine vit un nouveau cycle de récession, la perte d'emplois reliée au commerce peut devenir un argument puissant pour renforcement des politiques protectionnistes.

Par contre, l'argument fort de la coalition touche aux aspects environnementaux. Les corporations semblent faire une interprétation plutôt large du chapitre 11 de l'ALENA, qui a été pensé pour protéger leurs biens et droits de propriété contre les interventions de l'État. Apparemment, ces corporations sont parvenues à faire changer les lois environnementales à leurs avantages (voir le cas Ethyl *vs* Gouvernement du Canada). Par ailleurs, au Mexique, la dégradation de l'environnement se poursuit et les conditions de travail ne sont pas toujours satisfaisantes.

Une victoire majeure de cette coalition a été la proposition en février 1999 de la loi H.R. 650. Si cette loi est promulguée par le Congrès, le président des États-Unis aura la faculté de certifier chaque année si les pays de l'ALENA se conforment aux accords d'Amérique du Nord sur la coopération environnementale et la main-d'œuvre. L'Agence pour la protection de l'environnement et le Département de la main-d'œuvre assisteront le président durant le processus de certification. Concernant l'environnement, l'administrateur doit prendre en considération les normes de qualité de l'air du pays et de qualité de son eau, ainsi que les normes relatives à l'élimination des déchets dangereux. Concernant les problèmes de la main-d'œuvre, le processus de certification doit prendre en considéreration les principes formulés à cet égard dans le préambule des accords parallèles : la liberté d'association ; le droit aux négociations collectives ; le droit de faire la grève ; l'interdiction du travail forcé ; les restrictions au travail des enfants et des jeunes ; les normes minimales du travail ; l'élimination de la discrimination en emploi ; l'égalité des salaires entre les hommes et les femmes ; la prévention des accidents et des maladies du travail, et la compensation financière lorsqu'ils se produisent (H.R. 650 IH, 1999).

Si cette loi est finalement promulguée et mise en application, cela provoquera certainement une réaction à plusieurs niveaux qui pourrait éventuellement affaiblir les coalitions favorables à l'intégration qui existent en Amérique du Nord et ailleurs. Cette loi ne renforce aucunement les accords parallèles, elle ne fait que soumettre leur mise en application à la décision unilatérale du président des États-Unis. Une procédure similaire concerne le processus annuel de certification de la lutte au commerce de la drogue, auquel se sont opposés plusieurs pays d'Amérique latine, dont le Mexique.

Les nationalistes mexicains et canadiens verront dans cette loi une intrusion sérieuse dans les affaires internes et la rejetteront parce qu'elle constitue une infraction à la mission et au but de l'ALENA. Les militants sociaux, de partout en Amérique du Nord, l'utiliseront pour dénoncer les coûts sociaux et environnementaux engendrés par l'ALENA. De plus, ceci alimentera la désaffectation sociale vis-à-vis des forums multilatéraux, comme on a pu le constater avec le fiasco du sommet de Seattle. Les pays développés s'opposeront à une plus grande ouverture de leurs économies si le gouvernement des États-Unis insiste pour légaliser l'usage de sanctions dans les cas de non-conformité aux lois internes du travail et de l'environnement. Ils évoqueront le Mexique comme exemple d'un pays où les règlements sur l'environnement, la main-d'œuvre et le commerce de la drogue sont imposés par les intérêts américains.

## BIBLIOGRAPHIE

COURCHENE, Thomas J. et Colin R. TELEMER (1998), *From Heartland to North American Region State*, Toronto, University of Toronto.

The Economist (1999), « Holding its Own. A survey of Canada », *The Economist*, London, 24 juillet.

GILPIN, Robert (1987), *The Political Economy of International Relations*, Princeton, Princeton University Press.

HOLMES, John (1996), « Restructuring in a Continental Production System », dans Britton, John N.H. (dir.), *Canada and the Global Economy*, Montréal, McGill-Queen's University Press, p. 230-254.

HORLICK, Gary et Eleanor SHEA (1997), « Alternativas a las leyes nacionales de *antidumping* y de cuotas compesatorias : su viabilidad o su conveniencia en el contexto del TLCAN », dans Beatriz Leycegui *et al.*, *Comercio a Golpes. Las prácticas desleales de comercio internacional bajo el TLCAN*, México, ITAM e Editorial Porrúa, p. 263-290.

H.R. 650 IH (1999), « To assess the impact of the North American Free Trade Agreement on domestic job loss and the environment, and for other purposes », 9 février, http://thomas.loc.gov/.

JENKINS, Barbara (1992), *The Paradox of Continental Production. National Investment Policies in North America*, Ithaca/Londres, Cornell University Press.

KONRAD, Herman (1995), « North American Continental Relationships : Historical Trends and Antecedents », Randall, Stephen et Herman Konrad (dir.), *NAFTA in Transition*, Calgary, University of Calgary Press, p. 15-35.

LAVER, Ross (1999), « A shock to the system », *Maclean's*, 22 février, p. 54.

MAYER, Frederick (1998), *Interpreting NAFTA. The Science and Art of Political Analysis*, New York, Columbia University Press, p. 110-216.

MCCALLUM, John (1999), « Seven issues in the choice of exchange rate regime for Canada », *Current Analysis*, Royal Bank of Canada, février.

MERRETT, Christopher D. (1996), *Free Trade. Neither free nor about trade*, Montréal, Black Rose Books.

MORALES, Isidro (1999), « NAFTA : The Governance of Economic Openness », ANNALS, AAPSS, septembre, p. 35-65.

NORTH, Douglass C. (1990), *Institutions, Institutional Change and Economic Performance*, Cambridge, Cambridge University Press.

SABORIO, Sylvia (1992), « The long and winding road from Anchorage to Patagonia », *The Premise and the Promise : Free Trade in the Americas*, Washington, p. 3-34.

« School of Real-Life Results » (1998), Public Citizens Global Trade Watch, www.citizen.org/.

STRANGE, Susan (1988), *States and Markets*, Londres, Printer Publishers Limited.

# NATIONALISM, LIBERALISM AND THE *AMÉRICANITÉ* OF QUEBECERS: FROM FEAR TO EMBRACE?

*James Csipak and*
*Lise Héroux*

Within the last fifteen years in Quebec, avid interest in the concept of *Américanité* has spawned numerous research studies. Undeniably, the failures of the Meech Lake (1990) and Charlottetown Accords (1992), plus the Free Trade (1989) and NAFTA (1994) agreements were instrumental in creating the interest in the subject. Yvan Lamonde (1996) put forward an hypothesis which resided in the traditional political thinking in Quebec of cultural nationalism versus economic liberalism. With the advent of the NAFTA accord, this dichotomy (cultural nationalism and economic liberalism) became a center of interest for other researchers.

In this present study, based on empirical evidence, we will try to establish that this dichotomy is being absorbed into the concept of *Américanité*. More precisely, we intend to demonstrate the impact of NAFTA on the cultural and economic development of Quebec. We will also attempt to resolve the question posed by Bouchard and Lamonde (1995) as to whether this quite acceptance of all the free trade agreements by Quebecer's has not, while being more economically integrated into North America, developed a stronger sense of identity based on their *Américanité*.

According to Lamonde (1996), the discussion about Quebec and its *Américanité* had already begun by the mid-1950's:

La recherche d'identité de la littérature canadienne-française face à la littérature française donne lieu à une prise de conscience de l'appartenance continentale de la culture Québécoise. [...] Avant Jacques Languirand, Jacques Godbout, et Jacques Poulin, Jean Lemoyne fait franchir une étape cruciale à la réflexion sur la culture québécoise : il la fait passer d'une fixation immobilisante sur l'américanisation à l'exploration risquée de l'américanité[1].

Lamonde (1996) defined both the *Américanisation* and *Américanité* concepts within the framework of a dichotomy. He defined *Américanisation* as an acculturation process by which the culture of the United States influences and dominates Canadian and Quebec cultures as well as culture globally. Lamonde defined *Américanité* as an openness and mobility concept, one which expresses Quebec's consent to belonging to the American continent, which includes both Latin America and Anglo-Saxon America. According to Lamonde (1996), for many of Quebec's intellectual elite, fear of américanisation still acts as an obstacle to assuming their *Américanité*.

## The « nationalism/liberalism » dichotomy

In an earlier attempt to define the concept of *Américanité*, Lamonde (1985) offered the following explanation :

> Penser l'américanité pour un Québécois, c'est donc avoir à l'esprit cette question de la différence et de sa protection, à des degrés et selon des modalités diverses. C'est simultanément avoir à l'esprit la question des ressemblances, du libre partage, de la libre circulation indépendamment de la différence. [...] c'est tout simplement espérer trouver une diagonale acceptable pour tous entre son libéralisme, son adhésion à la thèse du libre-échange et son protectionisme, sa volonté de se maintenir, de maintenir une différence [...] Dans cet obstacle de fond à penser l'américanité, ce qui est en cause, c'est bien l'équation difficile d'un nationalisme culturel qui peut se transposer en nationalisme économique, d'un libéralisme idéologique, souverainiste qui doit trouver le coefficient acceptable de son versant économique[2].

Hence, according to Lamonde, it remained to be seen if the « difficult equation » of transposing cultural nationalism into economic liberalism,

---

1. Yvan Lamonde, *Ni avec eux ni sans eux : le Québec et les États-Unis*, p. 74.
2. Yvan Lamonde, « L'américanité du Québec », p. 55.

historically two conflicting dimensions of Quebec political thought could be accomplished. Interestingly, ten years later, Bouchard and Lamonde (1995) in the conclusion of their book entitled *Québécois et Américains : la culture Québécoise aux XIX^e et XX^e siècles*, again addressed this issue :

> Pensons au consensus tranquille, presque instantané, sur le traité du libre-échange et les extensions qui ont suivi : ce consensus ne recouvre-t-il pas le pari très incertain d'un Québec de plus en plus intégré économiquement à l'Amérique et néanmoins de plus en plus distinct, de plus en plus fort culturellement ? Il y a place ici pour interrogation[3].

At that point in time, the North American Free Trade Agreement (NAFTA) had just been signed a year earlier, and although Quebec's second referendum was won by the « no » (federalist) side, this was accomplished through the slimmest of margins[4] (.06 per cent, or 54,288 votes), and had strongly polarized Quebec society into two camps, federalists and Quebec nationalists.

For Gagnon and Montcalm (1990)[5], the « transposition » of nationalism to economic liberalism had already begun fifteen years earlier with the defeat of « sovereignty-association », Quebec's first (1980) referendum. In the aftermath, the PQ nationalist government, according to them, simply shifted its focus from political to economic nationalism, thus, to the achievement of economic as opposed to political independence.

It is worthwhile to note that what we term Lamonde's « difficult equation » requires that « cultural » nationalism transpose itself into « economic » liberalism. This differs from Gagnon and Montcalm's « political to economic nationalism » transposition. According to Lamonde (1999), political and cultural nationalism have not transposed each other as of yet :

> Se rend-on vraiment compte que l'américanité est une composante aussi bien culturelle que politique de l'identité québécoise, mais que l'alliage culture-politique ne s'est pas fait [...] Cette difficulté en rappelle une autre, qui est sa jumelle et qui est fort âgée : la conjugaison du nationalisme culturel et du nationalisme politique[6].

---

3. Gérald Bouchard et Yvan Lamonde (eds.) (1995), *Québecois et Américains : La culture québécoise aux XIX^e et XX^e siècles*, p. 394.
4. In Cuccioletta (1999), p. 1.
5. In Holland (1995), p. 81.
6. Yvan Lamonde, « Pourquoi penser l'américanité du Québec », p. 96.

Recently, Gagné (1999) has suggested that half of Lamonde's (1985) « difficult equation » had been solved, specifically, that of economic liberalism, this by way of the Quebec government's enthusiastic support of the free trade agreements (FTA, NAFTA), but that the other half, cultural nationalism, which he equates with « sovereignty », had not, yet:

> Alors que la question du libre-échange a été résolue au Québec, celle de la souveraineté ne l'a pas été. Ces deux questions sont liées dans la mesure où le libre-échange est perçu comme un moyen pour le Québec d'accroître son autonomie par rapport à l'État canadien[7].

Gagné suggests that « economic liberalism » as embraced by Quebecers through their strong support of the free trade agreements, a testimony to the increasing acknowledgement of their *Américanité*, could act as leverage, and eventually lead to the ultimate goal of Quebec's nationalist movement, that of « sovereignty ».

In view of Lamonde's (1985) requirement that, for Quebecers to fully acknowledge their *Américanité*, « cultural nationalism » must transpose into « economic liberalism », and Gagné's (1999) contention that a symbiotic relationship between free trade (liberalism) and cultural nationalism is already at work (possibly leading to sovereignty), the present study will attempt to answer the following question: to what extent has cultural nationalism transposed into economic nationalism (liberalism) in Quebec, this as ascertained by empirical evidence?

Hence, whereas economic liberalism and cultural nationalism may have historically been two conflicting dimensions of Quebec political thought, Gagné perceives both dimensions to possess more of what we would call a *symbiotic* relationship. Thus, according the author, Quebecer's *Américanité*, as expressed by their support of free trade (economic liberalism), stems from as well as reinforces their specific cultural identity.

---

7. Gilbert Gagné (1999), « Libre-échange, souveraineté et l'américanité : une nouvelle trinité pour le Québec », p. 103.

To do so, we will report on a subset of the findings of a survey conducted by a consortium of Quebec and the U.S. researchers, the GRAM[8] (Groupe de recherche sur l'américanité). The consortium was formed in 1996 with the distinct goal of conducting an empirical study focusing on *l'Américanité* des Québécois, through surveying the perceptions a large sample (2204 respondents) of Quebecers.

Hence, in the following pages, we wish to « empirically » asses the following: 1) Quebecers cultural identity and cultural nationalism; and 2) Quebecers level of economic nationalism.

We will first present empirical data on Quebecers national identity, and on Quebecers perceptions of NAFTA's impact on Quebec's cultural development. We will then present other data on Quebecers perceptions of NAFTA's impact on Quebec's economic development, as well as on Quebecers level of « consumption ethnocentricity ». Finally, we will discuss the symbiotic nature of nationalism and economic liberalism, and assess the extent to which the transposition of both has occurred.

## The case for cultural nationalism

### National identity

In the GRAM (1997) study, when respondents were asked the question *In general, how would you first identify yourself?* 54 % of the 2204 respondents

---

8. The global study, entitled « L'américanité des Québécois », set out to answer a number of questions, such as: What is l'américanité des Québécois?; Since the advent of both the FTA and NAFTA, has Québec's cultural distinctiveness decreased, remained the same, or increased?; Do Quebecers appear to be more Francophone than American or more American than Francophone?; Is Quebec becoming a « Francité Américaine? A telephone survey was conducted for the GRAM by a research agency, Impact Recherche, from its central telephone lines in Quebec City, between June 12 and July 21, 1997. The response rate was 50.1 %. The error margin was ±2.1 %, 19 times out of 20. The questionnaire consisted of roughly one hundred questions, and interviews lasted twenty-two minutes on the average. Respondent selection was determined through a computerized system containing all telephone numbers of all regions within the province of Quebec. The probability sample was stratified as follows: 1) Island of Montreal, 500 interviews; 2) east suburb, west suburb, Laval and south shore, 500 interviews; 3) metropolitan region of Quebec City, 500 interviews; 4) other regions of Quebec, consisting of 22 telephone directories, 1000 interviews. Both present authors were GRAM members. A series of three articles that summarize the results of the GRAM study appeared in *Le Devoir* on July 14, 15, and 16, 1998. The GRAM has since become the GIRA (Groupe interdisciplinaire de recherche sur les Amériques).

that answered the survey chose « Québécois », 23 % chose « French Canadian », 19 % chose « Canadian » and 2 % chose « English Canadian ». The last response was surprising in view of the fact that English respondents represented 9 % of the study's sample. Interestingly, these results converge with a previous study by Pinard[9] (1992). Pinard found that the number of Quebec francophones who identified themselves as « Québécois » had risen from 21 % in 1970 to 59 % in 1990, whereas the number identifying themselves as Canadian had dropped from 34 % to 9 % during the same period.

Respondents were also asked if, *above and beyond their previous answer, they felt more American, North American, European, or Other (specify)*. They answered as follow : North American (68 %) ; American (12 %) ; European (10 %) ; and Canadian (3 %). Incidentally, when asked *what does it mean to be an « American »* ? 60 % of respondents chose « a citizen of the United States », while 20 % chose « someone who lives on the North American continent » and 18 % chose « a citizen of the Americas »[10].

When asked *in general, do you consider yourself very, somewhat, slightly, or not at all different from American citizens ?*, 27 % and 29 % of respondents respectively answered very and somewhat different, while 26 % and 18 % respectively answered slightly and not at all different. Hence, regrouping the responses yields a total of 56 % of respondents perceiving themselves « different » from American citizens, and a total of 44 % perceiving themselves as « similar ».

Respondents were asked the same question but specifically with respect to *language, food, clothing, holidays, leisure (movies, books, sports), family values,* and *attitude towards work* (table 1, see Annex). When regrouping « very » and « somewhat » different into « different », as well as regrouping « slightly » and « not at all » different into « similar », the responses were as follow : *language,* 74 % different vs. 26 % similar ; *food,* 62 % different vs. 36 % similar ; *clothing,* 49 % different vs. 49 % similar ; *holidays,* 44 % different vs. 48 % **similar** ; *leisure,* 37 % different vs. 58 %

---

9. In Fry (1993), p. 66.
10. We believe it is important to distinguish between the terms America, American and United States. For example, we construe the American market to consist of the markets of the United States, Quebec and other Canadian provinces, Mexico and other South American countries. Hence, the United States is part of America, not its entirety. Therefore, we use « U.S. markets » when referring to markets in the United States rather than « American markets ».

similar; *family values*, 44 % different vs. 47 % similar; and *attitude towards work*, 41 % different vs. 47 % similar.

When asked how much they agreed with the statement *Quebecers are as individualistic as Americans*, 60 % of respondents mostly agreed while 37 % mostly disagreed.

In view of all previous numbers, one would be hard pressed to refute Lamonde's (1999 : 93) contention that after the Second World War, Quebec's culture became highly Americanized, this having previously occurred to its economy, emigration and syndicalism.

But then again, when asked to state if the « *equivalent situation in Quebec* » was better, the same or worse than in the United States, another set of nuances came forth (table 2). For example, 78 % of respondents answered that the *Quebec Health Care System* was better, and 10 % said it was the same. With respect to *Environmental Quality*, 62 % answered it was better, and 29 % the same. In the case of *Poverty*, 44 % thought that the situation was not as bad in Quebec as in the U.S., and 12 % qualified it as worse. With respect to *Racism*, the situation was thought to be better in Quebec by 63 % of respondents. The only item that differed markedly from all others was *Job Opportunities*, for which only 9 % of respondents thought it to be better in Quebec.

The statement that *Quebec and American cultures are similar* resulted in the following response: 61 % of respondents mostly disagreed, while 36 % mostly agreed.

The statement that had the highest level of disagreement was the following: *I would rather live in the United States than in Quebec.* 89 % of respondents « mostly disagreed », while only 10 % « mostly agreed ». Finally, when asked *whom they felt closer to, English Canadians from other provinces or Americans*, 48 % of respondents chose the « English Canadians from other provinces », 33 % chose the « Americans », while 7 % of the respondents stated « both », and 11 % stated « neither ».

To summarize, a strong majority of respondents identified themselves first and foremost as « Québécois ». Undeniably, there are similarities between the lifestyles of Quebecers and that of U.S. citizens, but Quebecers felt that, except for job opportunities, the overall « social » situation is better in Quebec than in the United States. A possible explanation could be that Quebecers realize that their « social safety net » (or generous social welfare system) is much more extensive than that of U.S. citizens. Hence, the majority of respondents perceive their social reality as well as their culture to be distinct from that of the United States.

## NAFTA and its impact on Quebec's cultural development

When asked to characterize the United States general influence on Quebec's cultural development, 51 % of the respondents chose the word beneficial, 33 % chose the word bad, while 8 % stated that it had no influence, and an equal number stated either that they « didn't know » or « couldn't say ». Hence, a majority of the survey's respondents perceived the United States influence on Quebec's cultural development to be positive.

When questions were asked specifically within the context of NAFTA, the responses were also positive. For example, one question asked respondents to indicate their « level of agreement » with the following statement : « *some people think that with NAFTA Quebecers risk losing their cultural uniqueness* ». The responses were as follow : the « disagree » and « strongly disagree » categories were chosen by a total of 63 % of the respondents (36 % + 27 %), while the « strongly agree » and « agree » categories were chosen by a total of 31 % of the respondents (8 % + 23 %). Thus, twice as many respondents were in disagreement with this statement as those who agreed.

The differences between the responses of the different « age » groups were not statistically significant. In view of education, the « most » educated respondents were more in « disagreement » with the above statement (72 %) than the « least » educated respondents (54 %). This was also the case for the « highest » income group, of whom 70 % « disagreed » (versus 55 % for the « lowest » income group).

Specifically, when asked if *NAFTA was a threat to Quebec's social programs*, overall, 61 % of respondents « disagreed » with this statement, while 27 % « agreed », and 12 % « did not know » (table 3). When accounting for age[11], education and income, the « second youngest » group of respondents (29 to 36 years old), as well as the « most » educated

---

11. In view of *age*, we chose to contrast the responses of the GRAM study's oldest of respondents, those born in 1940 or before (hence, 57 years old or older) with the youngest group, those born in 1969 or after (28 years old or less, also known as the baby busters). Both groups equally represented 19 % of the sample, for a total of 38 % of respondents. In the case of *education*, we chose to contrast the responses of respondents with an undergraduate degree or better (16 years of education or more), with respondents possessing some or a high school diploma (8 to 12 years of education). Each group of respondents respectively represented 29 % and 37 % of the sample, for a total of 66 % of all respondents. For *income*, we chose to contrast the responses of respondents whose total household yearly income before taxes were upper middle class ($60,000 or more) with those of middle class households ($30,000 to $39,999). Each group respectively represented 19 % and 16 % of the sample, for a total of 35 % of all respondents.

and both « highest » income groups « disagreed » most with the statement (67 %, 68 % and 74 % respectively).

The overall « high level » of disagreement with this statement would seem to indicate that Quebecers have very little fear of Americanization. But then again, the statement only concerned « social programs ». The survey addressed other cultural dimensions.

For example, when asked if *cultural products should be excluded from NAFTA,* the answers were not as clean-cut as in the case of social programs: overall, 40 % of respondents agreed with this statement, 6 % did not know, while 54 % disagreed (table 4). With respect to age, the results were as follow: the younger the respondent, the more in « disagreement » with the statement: 63 % in the case of the youngest group versus 43 % for the oldest group. The oldest group was almost equally split on the issue: 43 % in disagreement versus 45 % in agreement.

In the case of education, the « most » educated group were very closely « split » on the issue: 49 % in « agreement » vs. 48 % in « disagreement ». The same may be observed of the « least » educated group: 42 % in « disagreement » versus 42 % in « agreement ». The middle-ground educated groups were less of a split: both the 8 to 12 years and 13 to 15 years of education groups had stronger majorities in disagreement (58 % and 55 % respectively).

In view of income, the two lowest groups as well as the $50,000 to $59,999 group had more pronounced majorities in « disagreement », while the $40,000 to $49,999 as well as the $60,000 and more groups were more closely split in view of the statement. The overall picture in view of « cultural products » would seem to indicate that a slight majority of Quebecers are not « protectionist », which slightly mirrors the « social programs » results. Hence, in the case of cultural products, a slight majority of Quebecers would seem not to fear that they be subjected to free trade with the U.S.

On the other hand, the results in view of the following statement were indicative of a certain level of « fear of Americanization »: when respondents were asked if *Quebec should strengthen its relations with francophone countries to offset American culture,* 60 % of respondents mostly agreed with this statement, while 37 % mostly disagreed (table 5). With respect to age, education and income, all groups had a majority of respondents in « agreement » with the statement. Surprisingly, the highest levels of « agreement » were from the « youngest » (63 %), « least » educated (69 %) and « lowest » income groups (65 %). Historically, it was Quebec's old elite that regarded

France with esteem, while the majority of the general population was mostly interested by U.S. culture. Hence, although all groups of respondents were mostly in agreement with the previous statement, Quebec's present elite seems to be slightly less fearful of Americanization.

Into the previous statement, when respondents were asked if *Quebec, without its direct ties to Canada, could become a U.S. state*, overall, 62 % of the respondents « disagreed » with this statement, while 34 % « agreed » (table 6). When accounting for age, education and income, the « youngest », the « most » educated, and « highest » income respondent groups disagreed most with this statement. It may equally be observed that, with the exception of the « least » educated group which was evenly split on the issue, the « oldest » as well as the « lowest » income respondents also disagreed with the statement, but they did so to a slightly lesser extent than the youngest, most educated as well as highest income groups. These results would seem to indicate that Quebecers feel « distinct » from both Canada and the U.S., and that a strong majority of Quebecers are not fearful of Americanization.

But then again, when asked if *Quebec's relations with the United States are more important than those with the rest of Canada*, 60 % of respondents mostly disagreed with this statement, while 36 % mostly agreed. Also, when asked *whom they felt closer to, English Canadians from other provinces or Americans (U.S. citizens)*, 48 % of respondents chose the « English Canadians from other provinces », 33 % chose the « Americans », while 7 % of the respondents stated « both », and 11 % stated « neither ». Hence, it is difficult to see clearly through these differing results.

To summarize, the overall situation in view of NAFTA's impact on Quebec's cultural development would seem to be perceived by a slight majority as being « positive ». Although most Quebecers do not perceive NAFTA as a threat to their social programs, there is some dissension, within age as well as education and income groups, concerning the protection of cultural products. Equally important, a majority of Quebecers agreed that Quebec should strengthen its ties with Francophone countries to offset the influence of U.S. culture, an indication of a certain level of « fear of Americanization ». Most interestingly, tables three through six turn Rocher's (1971) « reconciliation » issue on its head : it would seem that it is Quebec's best educated as well as highest income group that is less fearful of the Americanization process that usually accompanies increased economic integration with the U.S., although, like most other education and income groups, they are not « fearless » of Americanization.

## The case for economic liberalism

### NAFTA and its impact on Quebec's economic development

When asked *what type of effect NAFTA had on Quebec's economic development*, overall 62 % of the respondents perceived its impact as positive, while only half as many respondents, 31 %, perceived the impact as negative (table 7).

When accounting for the age, level of education and income of our respondents, the results were equally revealing. The youngest group of respondents (28 years and younger) perceived NAFTA's impact in a slightly more positive (66 %) way than the oldest (57 years and older) group (61 %). In view of education, the difference between respondents at both ends of the spectrum was greater : the most educated respondents (16 years and more of education) perceived NAFTA's impact in a much more « positive » way than the least educated (7 years or less of education) respondents, 67 % versus 48 %. Similarly, the highest income respondents ($60,000 and more/year) as compared to the lowest income respondents ($20,000 to $29,999) also perceived NAFTA's impact in a much more « positive » way, 69 % versus 58 %. Hence, NAFTA was perceived much more positively than negatively, this in all instances except in the case of the least educated respondents, who were split on the issue (48 % versus 48 %).

The survey was equally interested in assessing Quebecers perceptions in view of NAFTA's future expansion to include South American countries, and its impact on Quebec society. Since an expanded NAFTA represents increased competition for Quebec manufacturers of services and goods, as well as the possibility of a tighter labor market for the workers of « footloose industries » (easily relocated somewhere below the 49th parallel), it was thought to be a more « genuine » measure than the previous question. When asked *what kind of impact NAFTA's expansion would have on Quebec society*, the overall results were similar to the previous question : 57 % of respondents thought NAFTA's expansion would have a positive impact, while 34 % perceived that it would have a negative impact on Quebec society (table 8).

The results when accounting for age, education and income, were also similar to that of the previous question. The youngest group of respondents perceived *the impact of NAFTA's expansion* more positively (64 %) than did the oldest group of respondents (49 %). The most educated group of respondents also perceived the expansion more «positively» (64 %) than the least educated group (43 %). Similarly, the highest income group perceived the expansion more «positively» (64 %) than the lowest income group (58 %). These results would seem to indicate that a large contingent of Quebecers realize NAFTA's «continental» implications, that NAFTA corresponds to something more than simply increasing trade with U.S. markets.

The survey equally asked if, in the future, the movement toward increased North American integration should «be accelerated», «continue at the same rate», or «slow down»? The majority of respondents, 57 %, chose «continue at the same rate», whereas 21 % chose «accelerated», and 19 % chose «slow down».

A 1993 Toronto Star poll found that while 58 % of Canadians were opposed to NAFTA, compared with 39 % who favored it, 51 % of Quebecers favored NAFTA and 43 % opposed it (Holland, 1995). Quebec was the only Canadian province where the majority of its citizens favored NAFTA. The study would seem to suggest that Quebecers perceive NAFTA even more positively than before its adoption (in 1995).

When asked *which of the two markets, Canadian or United States, will be most important for Quebec's exports in the future*, respondents answered as follow: overall, 64 % chose the U.S. market, 22 % chose the Canadian market, while 10 % chose both (table 9).

When accounting for age, education and income, the second «youngest» group, the «most» educated, and «highest» income groups overwhelmingly perceived U.S. markets as most important (72 %, 74 % and 74 % respectively). It may be observed that the «oldest», as well as the «least» educated and «lowest» income respondents also chose U.S. markets as most important for Quebec's exports in the future, although they did so to a much lesser degree(46 %, 44 % and 58 % respectively).

Most interestingly, when respondents were asked if *Quebecers would have a better standard of living if Quebec had closer ties with the United States*, overall, 75 % of respondents «disagreed» with this statement while only 21 % «agreed» (table 10).

Accounting for age, education and income yielded the following answers: a rather strong majority of respondents within all age, education and income groups «disagreed» with this statement. Strongest disagreement came from the most educated group (83 %), while the mildest disagreement came from the least educated group (50 % in disagreement versus 39 % in agreement). Hence, although the respondents seem to well recognize that Quebec's economic future depends on having strong economic ties with the U.S. (as revealed in table 9), the majority of respondents did not perceive that having closer ties with the United States translated into acquiring a better « standard of living ».

This is supported in table 2 where 34 % and 36 % of respondents perceived Quebec's « standard of living » to be better or the same as that of U.S. citizens. Equally, as reported in table 2, « the healthcare system », « quality of life for seniors », « Environmental quality », « poverty », « the educational system », and « racism » were all perceived to be better in Quebec (for example, Quebecers perceived that, overall, there was less poverty and racism in Quebec). Only in the case of « job opportunities » was the situation perceived to be better in the U.S. These results would seem to indicate that although Quebecers perceive NAFTA positively, this does not translate into wholesale acceptance of the « American way of life » (more specifically, the « U.S. way of life ») as « closer ties with the U.S. » could seem to imply.

## Consumer ethnocentricity

The study was also interested in assessing Quebecers' level of consumer ethnocentricity using the Cetscale (consumer ethnocentric tendencies scale), an instrument initially designed to represent beliefs held by U.S. consumers about the appropriateness (morality) of purchasing foreign-made products. The instrument, developed by Shimp and Sharma (1987), measures the following three dimensions: 1) protectionism; 2) socioeconomic conservation; and 3) patriotism. Although the GRAM study used only four of the Cetscale's seventeen questions, the results, as may be observed, were revealing.

When asked if *buying imported products is anti-Quebec?* the following responses (table 11), were given: 62 % of respondents disagreed with this statement, 18 % agreed, and 19 % were undecided. With respect to age differentials, the respondents answered as above: the « oldest »: 61 %; 20 %; and 17 % and the « youngest »: 61 %; 17 %; and 20 %. Hence, both the oldest and youngest respondents were mostly in « disagreement » with the above statement. For education, the results for the most and least educated respondents were: the most educated: 69 %; 12 %; and 18 % and the least educated: 54 %; 29 %; and 15 %. Here, similar results are observed with the exception of a higher percentage of « undecided » within the « less » educated group. The results for income, again, follow a similar pattern to those in education: The « highest » income group answered as follows: 73 %; 10 %; and 15 %. The « lowest » income group: 54 %; 23 %; and 21 %.

When asked if *Quebecers should avoid buying imported products because it undermined Quebec businesses and caused unemployment,* 42 % of respondents disagreed with this statement, 31 % agreed and 27 % were undecided (table 12). With respect to age, the results from the « oldest » respondents were very similar to those from the « youngest » group: The « oldest » answered: 40 %, 32 % and 26 %. The « youngest » answered: 40 %, 32 % and 28 %. For education, the « most » educated group answered as follows: 52 %, 28 % and 27 %, while the « least » educated group answered: 26 %, 50 % and 22 %. Here, it may be observed that the proportion of respondents who « disagreed » with the statement is substantially higher in the case of the « most » educated group (52 % vs. 38 %). In addition, the proportion of respondents who « agreed » with the statement is higher in the case of the « least » educated group of respondents (37 % vs. 28 %). A possible explanation for this observation could be that the « least » educated group feels that their employment is more likely to disappear when foreign competition increases.

In the case of income, the « highest » income group answered as follows: 51 %, 19 % and 29 %, while the « lowest » income group answered: 38 %, 37 % and 25 %. Again, as with the case of the highest educated group (52 % in disagreement), the highest level of disagreement with the statement came from the highest income group (51 %).

One problem with both of the two previous questions concerns the words « imported products ». The questions group different product categories and products from different countries into the words « imported products ». Consumers have different levels of involvement for product categories because they attach different levels of importance to products. The level of involvement for a product varies according to many variables such as product characteristics (brand, price, desirability, etc.), individual characteristics (gender, education, social class, ethnicity, etc.), and a product's country of origin (for example, made in France vs. Japan vs. U.S.). There are interactions between all these variables. Most importantly, for many « imported products », there is no equivalent product manufactured or provided in Quebec. Therefore, the next question was also asked.

When asked if *only products unavailable in Quebec should be imported*, 34 % of respondents disagreed, 43 % agreed, and 23 % were undecided (table 13). When taking age into account, both the oldest and youngest answered very similarly : the « oldest » answered as follows : 28 % ; 47 % ; and 22 %, while the « youngest » answered : 29 %, 45 % and 25 %. Hence, both the old and the young mostly agreed with the statement, which may be characterized as « protectionist ». When accounting for education, the « most » educated group of respondents answered as follows : 45 %, 34 % and 21 %. The « least » educated group of respondents answered : 19 %, 63 % and 17 %. Here, the « least » educated group would seem to be more « protectionist » than the « most » educated group, possibly because of the belief that employment is adversely affected by increased foreign competition. The same pattern is observable for income : the « highest » income group is more in disagreement with the above statement, 48 %, 30 % and 21 %, while the « lowest » income group is more in agreement, 30 %, 49 % and 20 %, hence, like the « lowest » educated group, more « protectionist ».

When asked to « agree » or « disagree » with the statement that *it may cost more, but I prefer to buy Quebec-made products*, the following responses (table 14), were given : 19 % of respondents disagreed, 58 % agreed, and 21 % were undecided. Accounting for age, the following results emerged : both the « oldest » and « youngest » group of respondents mostly « agreed » with the above statement. The « oldest » group responded as follows : 19 % ; 63 % ; and 16 %, while the « youngest » group responded : 17 % ; 57 % ; and 25 %. When accounting for education and income, the responses were equally « ethnocentric » : the « most » educated group of respondents answered as follows : 25 % ; 52 % ; and 21 %. The « least » educated group answered as follows : 10 % ; 70 % ; and 18 %. In the case of income, a similar response pattern was observed. The « highest » income group answered as follows : 21 % ; 57 % ; and 22 %, while the « lower » income group answered : 14 % ; 64 % ; and 20 %.

The overall picture with respect to « consumption ethnocentricity » and the responses to the four previous questions would seem to resemble a split decision. In the case of the first two questions, both highly ethnocentric statements, the answers of majority of respondents were in disagreement (not ethnocentric), and even less so for the more educated and higher income groups. In the case of the third and fourth questions, also highly ethnocentric statements, the majority of respondents were more in agreement (hence, ethnocentric) than in disagreement, more so in the case of the more educated and higher income respondents. These results would seem to indicate that Quebecers are enthusiastic but equally prudent in how they view free trade.


## Conclusion

In a nutshell, the study lends empirical evidence to a high level of transposition between cultural nationalism and economic nationalism as put forth by Lamonde (1985), and as well provides credibility to Gagné's (1999) contention of a symbiotic relationship between free trade and strong cultural identity.

In view of Bouchard and Lamonde's (1995) question of « whether Quebec's quiet, almost instantaneous consensus on the free trade agreement and its following extensions, mask the uncertain gamble of a Quebec that is more and more economically integrated with U.S. markets, but nevertheless increasingly distinct and culturally stronger » (our translation), the empirical data presented in the previous sections suggests that the answer is yes. Proulx (1993, 1999) has demonstrated that Quebec's economy is very much integrated with the U.S. economy, and will increasingly be so.

The data from the GRAM (1997) study shows that, first, Quebecers perceive their own cultural identity as distinct from that of the U.S. culture, and sufficiently strong that the majority do not feel they risk losing their cultural uniqueness with NAFTA, this, again, even more so in the case of those with better education and higher income. The latter we believe, partially explains why Quebec was the only Canadian province to vote majoratively in favor of NAFTA. Secondly, Quebecers perceive U.S. markets as most important to their economic future, and that they perceive this economic integration in a « positive manner », even more so in the case of those with better education and higher income. Quebecers equally view NAFTA's future expansion to include South American countries very positively.

According to Holland (1995), Quebec had more reason than English Canada to oppose a free trade deal with the U.S. since its work force was more unionized and its industrial base had a high percentage of low-wage industries, precisely those most threatened by competition with Mexico under NAFTA. Holland states that what helped explain Quebec's enthusiasm for NAFTA was its continuing constitutional alienation within

Canada. He also offers the explanation that the Quebec government intervened much earlier and more actively in its economy than other Canadian provinces and US states, and that the term « Quebec, Inc. » was coined to describe the close alliance between business, government and organized labor in the management of the economy:

> Both Pequiste and liberal administrations have pursued corporatist arrangements, in which business, organized labor and the government cooperate to achieve policy goals [...] A shared commitment among francophones to nationalism facilitates a business/labor alliance, impossible to achieve in the US or English Canada[12].

The latter argument is also shared by Yanarella (1995):

> Quebec Inc. symbolizes the effort by administrative, corporate, and labor elites to steer the province's economic policies in a direction that overcomes Quebec's subordinate status to Ontario within the Canadian federation and positions Quebec to take advantage of changing developments in the international economic arena... Overall, the evolution of Quebec Inc. has been colored by powerful nationalist values and the twin quest to reverse English Canada's economic hegemony over Quebec and to fortify Quebec's cultural autonomy as a distinct society[13].

An important question to be asked then, is whether « l'américanité des Québécois » requires nationalism that finalizes into a sovereign state? Has Quebec's recognition of its American roots and belonging from a continental perspective, nowhere yet best illustrated than in its openness to trade with the U.S. and other countries of the Americas, required it to first become a sovereign state? Evidently, economic nationalism has occurred first. What is interesting is how economic nationalism, as expressed by Quebec's strong support of the free trade agreements, came about.

According to Langlois (1992), it is the creation of strong institutions by the Quebec government that has contributed to Quebec's strong national identity:

---

12. Kenneth M. Holland, « Quebec's successful role as champion of north american free trade », p. 75.
13. Ernest J. Yanarella, « Quebec and NAFTA: free trade and the future of Sovereignty-Association », p. 87.

Le Québec s'est engagé sur la voie de la construction d'un État d'abord pour assurer la mobilité économique et sociale des francophones à partir des années 1950 [...] La spécificité québécoise s'est affirmée au fil des ans, alors que s'émoussait l'identité canadienne-française, parce qu'elle a su s'appuyer sur un ensemble d'institutions fortes et sur l'existence d'un État qui a assuré la promotion collective de ses citoyens, mais aussi sur des institutions qui reconnaissent et dispensent tous les services à la minorité historique anglophone, des institutions qui affirment le visage français de la société civile québécoise, des institutions qui permettent d'atteindre des objectifs sociaux donnés et des institutions mises en place pour accueillir et intégrer les immigrants à la majorité francophone[14].

Moreover, Langlois (1992) states that the Quebec government created its own political, educational, social, cultural, communication and economic institutions *duplicating* an important number of federal institutions : « Ce développement d'institutions parallèles a eu tendance à toucher un grand nombre de secteurs d'activités. Les grandes associations savantes ont pour la plupart été dédoublées[15] ». As suggested by Bissonnette (1985), since the early 1960's, the Quebec government would seem to have acted much like « a sovereign country without the powers of a sovereign state ».

Gagné (1999) also argues that Quebec's support of free trade was part of its agenda to increase its autonomy and affirm its national identity :

Le fort soutien accordé par le Québec au libre-échange nord-américain ne doit donc pas surprendre ; en fait, il s'inscrit dans sa volonté d'accroître son autonomie et d'affirmer son identité nationale et ses intérêts propres[16].

As suggested by Martin (1994), Quebecers' enthusiasm for free trade is mirrored in Europe by the Catalans in Spain, the Corsicans in France, the Scots in Britain, and the Flems in Belgium, nationalities which view membership in a populous and wealthy common market as a means of maintaining a high standard of living while obtaining more and more autonomy in matters of language, law, education, and the administration of justice[17].

---

14. Simon Langlois (1992), « Deux sociétés globales en conflit », p. 30-31.
15. *Idem*, p. 31.
16. Gilbert Gagné, *op. cit.*, p. 104.
17. In Holland (1995).

« L'américanité des Québécois(es) » as conceptualized by members of the GRAM (now GIRA) corresponds not only to Quebecers's openness to « economic integration » or free trade within and across both American continents, but also to Quebec's language and cultural distinctiveness as well as to Quebecers's adhesion to the idea of a crucial role played by the Quebec government in acting as, promoting and protecting the province's social and welfare safety net. Moreover, these three dimensions do not evolve independently. Whereas Gagné (1999) perceived what we termed as a « symbiotic relationship » between the first two dimensions (economic integration and language/cultural distinctiveness), we believe that the Quebec government played a major role in balancing all three dimensions.

In conclusion therefore, the results obtained by the survey seem to indicate that Quebecer's, especially the more educated and with good incomes, perceive NAFTA in a positive light, while with regards to its cultural impact they seem more prudent. It is possible to conclude that for an important number of Quebecer's, there is a synergy rather than an opposition between cultural nationalism and economic liberalism. The results from the 1997 study also suggests that a large proportion of Quebecers, again those with better education and higher income, are already assuming their *Américanité*, as it pertains to the harmonisation of cultural nationalism and economic liberalism.

# ANNEX : LIST OF TABLES

## TABLE 1

**In view of the following categories, please state to which level you feel different from U.S. citizens (N = 2,204 respondents)**

| Categories | Very | Somewhat | Slightly | Not at all |
|---|---|---|---|---|
| Language | 53% | 21% | 12% | 14% |
| Food | 36% | 26% | 21% | 15% |
| Clothing | 25% | 24% | 29% | 20% |
| Holidays | 20% | 24% | 26% | 22% |
| Leisure (movies, books, sports) | 15% | 22% | 31% | 27% |
| Family values | 19% | 25% | 25% | 22% |
| Attitude towards work | 17% | 24% | 28% | 19% |

## TABLE 2

**For each of the following categories, please state if the situation in Quebec is Better, the Same, or Worse than in the United States**

| Categories | Better | Same | Worse |
|---|---|---|---|
| Health care system | 78% | 10% | 9% |
| Quality of life for seniors | 53% | 23% | 8% |
| Environmental quality | 62% | 29% | 5% |
| Poverty | 44% | 40% | 12% |
| Educational system | 37% | 33% | 17% |
| Racism | 63% | 28% | 7% |
| Standard of living | 34% | 36% | 26% |
| Job opportunities | 9% | 26% | 57% |

## TABLE 3

### NAFTA is a threat to Québec's social programs

| Categories | Age (N = 2,185) | | | | |
|---|---|---|---|---|---|
| | 28 years and - | 29 – 36 | 37 – 44 | 45 – 56 | 57 and + |
| Disagree | 64% | 67% | 58% | 61% | 55% |
| Agree | 26% | 19% | 32% | 29% | 27% |
| Don't know | 9% | 12% | 9% | 9% | 17% |
| | Education (N = 2,203) | | | | |
| | 7 years and less | 8 to 12 years | 13 to 15 years | 16 years and + | |
| Disagree | 39% | 56% | 64% | 68% | |
| Agree | 39% | 29% | 25% | 23% | |
| Don't know | 20% | 14% | 9% | 8% | |
| | Income (N = 2,203) | | | | |
| | $20k to $29,999 | $30k to $39,999 | $40k to $49,999 | $50k to $59,999 | $60,000 and + |
| Disagree | 54% | 60% | 57% | 74% | 74% |
| Agree | 34% | 27% | 33% | 18% | 15% |
| Don't know | 12% | 12% | 9% | 7% | 10% |
| | Overall (N = 2,204) | | | | |
| Disagree | 61% | | | | |
| Agree | 27% | | | | |
| Don't know | 12% Note : N = number of respondents | | | | |

## TABLE 4

## Cultural products should be excluded from NAFTA

| Categories | Age (N = 2,185) | | | | |
|---|---|---|---|---|---|
| | 28 years and - | 29 – 36 | 37 – 44 | 45 – 56 | 57 years and + |
| Disagree | 63% | 59% | 53% | 50% | 43% |
| Agree | 31% | 35% | 43% | 44% | 45% |
| Don't know | 6% | 5% | 4% | 5% | 12% |
| | Education (N = 2,203) | | | | |
| | 7 years and - | 8 to 12 years | 13 to 15 years | 16 years and + | |
| Disagree | 42% | 58% | 55% | 48% | |
| Agree | 42% | 35% | 37% | 49% | |
| Don't know | 17% | 7% | 7% | 3% | |
| | Income (N = 2,203) | | | | |
| | $20k to $29,999 | $30k to $39,999 | $40k to $49,999 | $50k to $59,999 | $60,000 and + |
| Disagree | 56% | 51% | 48% | 57% | 51% |
| Agree | 36% | 42% | 45% | 34% | 47% |
| Don't know | 7% | 6% | 6% | 7% | 1% |
| | Overall (N = 2,204) | | | | |
| Disagree | 54% | | | | |
| Agree | 40% | | | | |
| Don't know | 6% | Note : N = number of respondents | | | |

## TABLE 5

### Quebec should strengthen its relations with Francophone countries to offset the influence of U.S. culture

| Categories | Age (N = 2,185) | | | | |
|---|---|---|---|---|---|
| | 28 years and - | 29 – 36 | 37 – 44 | 45 – 56 | 57 years and + |
| Disagree | 36% | 41% | 36% | 35% | 36% |
| Agree | 63% | 57% | 61% | 62% | 57% |
| Don't know | 1% | 1% | 1% | 3% | 6% |
| | Education (N = 2,203) | | | | |
| | 7 years and - | 8 to 12 years | 13 to 15 years | 16 years and + | |
| Disagree | 23% | 34% | 40% | 38% | |
| Agree | 69% | 62% | 56% | 60% | |
| Don't know | 7% | 3% | 3% | 1% | |
| | Income (N = 2,203) | | | | |
| | $20k to $29,999 | $30k to $39,999 | $40k to $49,999 | $50k to $59,999 | $60,000 and + |
| Disagree | 32% | 37% | 38% | 42% | 43% |
| Agree | 65% | 60% | 59% | 56% | 54% |
| Don't know | 2% | 1% | 2% | 1% | 2% |
| | Overall (N = 2,204) | | | | |
| Disagree | 37% | | | | |
| Agree | 60% | | | | |
| Don't know | 3% | Note : N = number of respondents | | | |

Table 6

## Quebec without its direct ties to Canada could become an U.S. state

| Categories | Age (N = 2,185) | | | | |
|---|---|---|---|---|---|
| | 28 years and - | 29 – 36 | 37 – 44 | 45 – 56 | 57 years and + |
| Disagree | 69% | 67% | 62% | 60% | 54% |
| Agree | 28% | 30% | 36% | 37% | 39% |
| | Education (N = 2,203) | | | | |
| | 7 years and - | 8 to 12 years | 13 to 15 years | 16 years and + | |
| Disagree | 45% | 60% | 60% | 69% | |
| Agree | 45% | 35% | 36% | 29% | |
| | Income (N = 2,203) | | | | |
| | $20k to $29,999 | $30k to $39,999 | $40k to $49,999 | $50k to $59,999 | $60,000 and + |
| Disagree | 62% | 63% | 63% | 63% | 68% |
| Agree | 32% | 35% | 34% | 34% | 31% |
| | Overall (N = 2,204) | | | | |
| Disagree | 62% | | | | |
| Agree | 34% | Note : N = number of respondents | | | |

TABLE 7

**NAFTA's effect on Quebec's economic development**

| Categories | Age (N = 1,728) | | | | |
|---|---|---|---|---|---|
| | 28 years and - | 29 – 36 | 37 – 44 | 45 – 56 | 57 and + |
| Negative | 23% | 28% | 35% | 34% | 30% |
| Positive | 66% | 65% | 58% | 58% | 61% |
| | Education (N = 1,741) | | | | |
| | 7 years and - | 8 to 12 years | 13 to 15 years | 16 years and + | |
| Negative | 48% | 32% | 32% | 26% | |
| Positive | 48% | 61% | 58% | 67% | |
| | Income (N = 1,741) | | | | |
| | $20k to $29,999 | $30k to $39,999 | $40k to $49,999 | $50k to $59,999 | $60,000 and + |
| Negative | 30% | 31% | 31% | 26% | 24% |
| Positive | 58% | 64% | 63% | 63% | 69% |
| | Overall (N = 1,741) | | | | |
| Negative | 31% | | | | |
| Positive | 62% | Note : N = number of respondents | | | |

TABLE 8

**NAFTA's expansion to South American countries
and its impact on Quebec society**

| Categories | Age (N = 2,185) | | | | |
|---|---|---|---|---|---|
| | 28 years and - | 29 – 36 | 37 – 44 | 45 – 56 | 57 years and + |
| Negative | 29% | 31% | 38% | 33% | 38% |
| Positive | 64% | 61% | 53% | 57% | 49% |
| | Education (N = 2,203) | | | | |
| | 7 years and - | 8 to 12 years | 13 to 15 years | 16 years and + | |
| Negative | 40% | 37% | 36% | 27% | |
| Positive | 43% | 53% | 55% | 64% | |
| | Income (N = 2,203) | | | | |
| | $20k to $29,999 | $30k to $39,999 | $40k to $49,999 | $50k to $59,999 | $60,000 and + |
| Negative | 32% | 32% | 36% | 37% | 27% |
| Positive | 58% | 59% | 56% | 54% | 64% |
| | Overall (N = 2,204 | | | | |
| Negative | 34% | | | | |
| Positive | 57% | Note : N = number of respondents | | | |

TABLE 9

## Most important market for the future of Quebec's exports

| Categories | Age (N = 2,185) | | | | |
|---|---|---|---|---|---|
| | 28 years and - | 29 – 36 | 37 – 44 | 45 – 56 | 57 years and + |
| Canadian | 21% | 17% | 17% | 21% | 29% |
| U.S. | 67% | 72% | 70% | 65% | 46% |
| Both | 7% | 7% | 9% | 9% | 17% |
| | Education (N = 2,203) | | | | |
| | 7 years and - | 8 to 12 years | 13 to 15 years | 16 years and + | |
| Canadian | 38% | 26% | 21% | 13% | |
| U.S. | 44% | 57% | 67% | 74% | |
| Both | 11% | 11% | 9% | 9% | |
| | Income (N = 2,203) | | | | |
| | $20k to $29,999 | $30k to $39,999 | $40k to $49,999 | $50k to $59,999 | $60,000 and + |
| Canadian | 26% | 22% | 20% | 14% | 15% |
| U.S. | 58% | 65% | 67% | 71% | 74% |
| Both | 10% | 10% | 8% | 11% | 7% |
| | Overall (N = 2,204) | | | | |
| Canadian | 22% | | | | |
| U.S. | 64% | | | | |
| Both | 10% | Note : N = number of respondents | | | |

## TABLE 10

### Quebec would have a better standard of living if it had closer ties to the U.S.

| Categories | Age (N = 2,185) | | | | |
|---|---|---|---|---|---|
| | 28 years and - | 29 – 36 | 37 – 44 | 45 – 56 | 57 years and + |
| Disagree | 73% | 75% | 76% | 75% | 73% |
| Agree | 23% | 22% | 19% | 22% | 19% |
| | Education (N = 2,203) | | | | |
| | 7 years and less | 8 to 12 years | 13 to 15 years | 16 years and + | |
| Disagree | 50% | 67% | 79% | 83% | |
| Agree | 39% | 27% | 18% | 13% | |
| | Income (N = 2,203) | | | | |
| | $20k to $29,999 | $30k to $39,999 | $40k to $49,999 | $50k to $59,999 | $60,000 and + |
| Disagree | 72% | 75% | 74% | 78% | 82% |
| Agree | 23% | 20% | 22% | 15% | 16% |
| | Overall (N = 2,204) | | | | |
| Disagree | 75% | | | | |
| Agree | 21% | Note : N = number of respondents | | | |

## TABLE 11

### Buying imported products is anti-Quebec

| Categories | Age (N = 2,185) | | | | |
|---|---|---|---|---|---|
| | 28 years and - | 29 – 36 | 37 – 44 | 45 – 56 | 57 years and + |
| Disagree | 61% | 61% | 64% | 65% | 61% |
| Undecided | 20% | 22% | 18% | 17% | 17% |
| Agree | 17% | 16% | 18% | 18% | 20% |
| | Education (N = 2,203) | | | | |
| | 7 years and - | 8 to 12 years | 13 to 15 years | 16 years and + | |
| Disagree | 54% | 58% | 62% | 69% | |
| Undecided | 15% | 19% | 21% | 18% | |
| Agree | 29% | 21% | 16% | 12% | |
| | Income (N = 2,203) | | | | |
| | $20k to $29,999 | $30k to $39,999 | $40k to $49,999 | $50k to $59,999 | $60,000 and + |
| Disagree | 54% | 61% | 66% | 63% | 73% |
| Undecided | 21% | 20% | 15% | 20% | 15% |
| Agree | 23% | 18% | 17% | 16% | 10% |
| | Overall (N = 2,204) | | | | |
| Disagree | 62% | | | | |
| Undecided | 19% | | | | |
| Agree | 18% | Note : N = number of respondents | | | |

## TABLE 12

**Quebecers should avoid buying imported products because it undermines Quebec businesses and causes unemployment**

| Categories | Age (N = 2,186) | | | | |
|---|---|---|---|---|---|
| | 28 years and - | 29 – 36 | 37 – 44 | 45 – 56 | 57 years and + |
| Disagree | 40% | 39% | 40% | 47% | 40% |
| Undecided | 28% | 30% | 28% | 24% | 26% |
| Agree | 32% | 30% | 31% | 27% | 32% |
| | Education (N = 2,203) | | | | |
| | 7 years and - | 8 to 12 years | 13 to 15 years | 16 years and + | |
| Disagree | 26% | 38% | 37% | 52% | |
| Undecided | 22% | 23% | 33% | 27% | |
| Agree | 50% | 37% | 30% | 28% | |
| | Income (N = 2,203) | | | | |
| | $20k to $29,999 | $30k to $39,999 | $40k to $49,999 | $50k to $59,999 | $60,000 and + |
| Disagree | 38% | 45% | 43% | 40% | 51% |
| Undecided | 25% | 25% | 25% | 31% | 29% |
| Agree | 37% | 29% | 31% | 28% | 19% |
| | Overall (N = 2,204) | | | | |
| Disagree | 42% | | | | |
| Undecided | 27% | | | | |
| Agree | 31% | Note : N = number of respondents | | | |

## TABLE 13

### Only products unavailable in Quebec should be imported

| Categories | Age (N = 2,186) | | | | |
|---|---|---|---|---|---|
| | 28 years and - | 29 – 36 | 37 – 44 | 45 – 56 | 57 years and + |
| Disagree | 29 % | 33 % | 35 % | 39 % | 28 % |
| Undecided | 25 % | 22 % | 22 % | 21 % | 22 % |
| Agree | 45 % | 43 % | 42 % | 38 % | 47 % |
| | Education (N = 2,203) | | | | |
| | 7 years and - | 8 to 12 years | 13 to 15 years | 16 years and + | |
| Disagree | 19 % | 28 % | 31 % | 45 % | |
| Undecided | 17 % | 24 % | 23 % | 21 % | |
| Agree | 63 % | 46 % | 45 % | 34 % | |
| | Income (N = 2,203) | | | | |
| | $20k to $29,999 | $30k to $39,999 | $40k to $49,999 | $50k to $59,999 | $60,000 and + |
| Disagree | 30 % | 32 % | 31 % | 38 % | 48 % |
| Undecided | 20 % | 29 % | 20 % | 16 % | 21 % |
| Agree | 49 % | 37 % | 48 % | 45 % | 30 % |
| | Overall (N = 2,204) | | | | |
| Disagree | 34 % | | | | |
| Undecided | 23 % | | | | |
| Agree | 43 % | Note : N = number of respondents | | | |

TABLE 14

**It may cost more but I prefer to buy Québec-made products**

| Categories | Age (N = 2,185) | | | | |
|---|---|---|---|---|---|
| | 28 years and - | 29 – 36 | 37 – 44 | 45 – 56 | 57 years and + |
| Disagree | 17% | 18% | 21% | 20% | 19% |
| Undecided | 25% | 23% | 22% | 22% | 16% |
| Agree | 57% | 58% | 56% | 56% | 63% |
| | Education (N = 2,203) | | | | |
| | 7 years and - | 8 to 12 years | 13 to 15 years | 16 years and + | |
| Disagree | 10% | 16% | 19% | 25% | |
| Undecided | 18% | 19% | 25% | 21% | |
| Agree | 70% | 63% | 55% | 52% | |
| | Income (N = 2,203) | | | | |
| | $20k to $29,999 | $30k to $39,999 | $40k to $49,999 | $50k to $59,999 | $60,000 and + |
| Disagree | 14% | 25% | 22% | 21% | 21% |
| Undecided | 20% | 21% | 24% | 25% | 22% |
| Agree | 64% | 53% | 53% | 52% | 57% |
| | Overall (N = 2,204) | | | | |
| Disagree | 19% | | | | |
| Undecided | 21% | | | | |
| Agree | 58% | Note : N = number of respondents | | | |

# BIBLIOGRAPHY

BALTHAZAR, Louis (1987), « Québec Nationalism : After Twenty-Five Years », *Québec Studies*, no. 5, p. 29-38.

BOUCHARD, Gérald and Yvan LAMONDE (eds.) (1995), *Québécois et Américains : La culture québécoise aux XIX^e et XX^e siècles*, Montréal, Fides, 420 p.

BERNIER, Luc (1999), « Les États-Unis : à la fois trop près et trop loin », *Politique et Sociétés*, vol. 18, no. 1, p. 109-127.

BISSONNETTE, Lise (1985), « Québec Today : Sovereignty without the Powers of a Sovereign State », *Québec Studies*, no. 3, p. 1-11.

CUCCIOLETTA, Donald (1999), *Redefining Canada's Symbols, Myths and Identity*, Occasional Paper, No. 20, Center for the Study of Canada, State University of New York at Plattsburgh.

DUPONT, Louis (1991), « L'américanité québécoise ou la possibilité d'être ailleurs », in Louder, Dean (ed.), *Le Québec et les Francophones de la Nou-velle-Angleterre*, Sainte-Foy, Les Presses de l'Université Laval, p. 187-200.

FRY, Earl (1993), « The Future Political Status of Québec : Implications for U.S.-Québec Economic Relations », *Québec Studies*, no. 16, p. 49-67.

GAGNÉ, Gilbert (1999), « Libre-échange, souveraineté et l'américanité : une nou-velle trinité pour le Québec », *Politique et Sociétés*, vol. 18, no. 1, p. 99-107.

GAGNON, Alain-G. and Mary Beth MONTCALM (1990), *Quebec beyond the quiet revolution*, Scarborough (Ont.), Nelson.

GRAM (1998), « Entre l'ambiguïté et la dualité », *Le Devoir*, 14 juillet.

—, (1998), « L'assurance identitaire se conjugue avec l'ouverture sur le monde », *Le Devoir*, 15 juillet.

—, (1998), « Un Québec juste dans une Amérique prospère », *Le Devoir*, 16 juillet.

HOLLAND, Kenneth M. (1995), « Quebec's successful role as champion of north american free trade », *Québec Studies*, no. 19, p. 71-84.

LAMONDE, Yvan (1985), « L'américanité du Québec », *Le Devoir Économique*, vol. 1, no. 2, p. 54-55.

—, (1996), *Ni avec eux ni sans eux : Le Québec et les États-Unis*, Montréal, Édition Nuit Blanche, 125 p.

—, (1999), « Pourquoi penser l'américanité du Québec », *Politique et Sociétés*, vol. 18, no. 1, p. 93-98.

LANGLOIS, Simon (1992), « Deux sociétés globales en conflit », in Hamel, Jacques and J. Yvon Thériault (eds.), *Les Identités, Actes du colloque de l'ACSALF*, Méridien.

LEVINE, Marc V., Louis BALTHAZAR and Kenneth MCROBERTS (1989), «Symposium: Nationalism in Québec: Past, Present, and Future», *Québec Studies*, no. 8, p. 119-129.

MARTIN, Pierre (1994), «Free Trade and Party Politics in Quebec», in Marchildon, Gregory P. and Charles F. Doran (eds.), *The Political Party and Trade Policy in North America*.

PROULX, Pierre-Paul (1993), «Québec in North America: from a Borderlands to a Borderless Economy», *Québec Studies*, no. 16, p. 23-37.

—, (1999), «L'intégration économique dans les Amériques: quelles stratégies pour tenter d'assurer l'américanité plutôt que l'américanisation du Québec?», *Politique et Sociétés*, vol. 18, no. 1, p. 129-150.

ROCHER, Guy (1971), «Les conditions d'une francophonie nord-américaine originale», in Rocher, Guy, *Le Québec en mutation*, Montréal, Hurtubise, p. 89-107.

SHIMP, T.A. and S. SHARMA (1987), «The role of products as social stimuli: construction and ideation of the CETSCALE», *Journal of Marketing Research*, 52 (July), p. 84-94.

YANARELLA, Ernest J. (1995), «Quebec and NAFTA: free trade and the future of Sovereignty-Association», *Québec Studies*, no. 19, p. 85-98.

# L'AMÉRICANITÉ DES QUÉBÉCOIS : LE RÔLE DE L'ÉTAT-PROVIDENCE DANS L'EXPRESSION DE LEUR IDENTITÉ

*Frédéric Lesemann*

Le sondage mené en automne 1997 par le Groupe de recherche sur l'américanité [1] tentait de cerner les principaux déterminants et composantes de l'« américanité » des Québécois : jusqu'où les Québécois se perçoivent-ils comme des Nord-Américains ? En quoi partagent-ils les valeurs perçues comme nord-américaines ou s'en différencient-ils ? Quelles perceptions ont-ils des États-Unis et quels rapports culturels et symboliques entretiennent-ils avec les États-Unis comme société. Comment leur identité s'exprime-t-elle dans ses rapports à une appartenance continentale ?

Dans ce sondage, les répondants francophones (90 % de l'échantillon) manifestent une identité duale : ils sont certes des francophones, mais des francophones d'Amérique. Cette dualité est une des composantes essentielles de la définition de leur américanité. L'identité des francophones est suffisamment forte pour être à la fois ouverte au continent (au libre-échange économique), sans être pour autant soumise aux valeurs des États-Unis. La sécurité de cet enracinement multiple semble s'appuyer sur trois pôles majeurs : celui de l'ouverture économique continentale, manifestée par la conviction que les échanges commerciaux vont se développer toujours davantage en direction du Sud, et que cela est bénéfique pour le Québec, dans le cadre de l'Accord de libre-échange (ALENA) ; celui de la langue et de la culture distinctes ; enfin, celui de la protection

---

1. Groupe devenu depuis le Groupe interdisciplinaire de recherche sur les Amériques (GIRA).

offerte par un État-providence à l'égard duquel le sondage témoigne d'une forte adhésion.

Les répondants se montrent « stratégiques » dans l'articulation d'une conscience identitaire « différente » qui permet d'affirmer tout à la fois une spécificité linguistique et culturelle et une ouverture continentale sans craindre que cette dernière porte atteinte à la première. L'assurance « tranquille » d'une identité « différente » dont témoigne le sondage repose, par déduction, sur une adhésion affirmée à un État pourvoyeur de services (santé, qualité de vie des personnes âgées, éducation), de cohésion sociale et de sécurité (niveau de vie, protection contre le racisme et la discrimination, protection de l'environnement), définition même d'un État-providence au large spectre d'intervention, du moins selon les normes d'une tradition libérale nord-américaine. L'intervention de l'État dans ces divers domaines est justement ce qui, dans la perception des répondants, distingue le Québec des États-Unis et contribue à édifier une société où l'on vit « bien ».

C'est à l'analyse de cette adhésion à l'État-providence qu'est consacré cet article. Outre les données du sondage du GRAM, nous évoquerons brièvement celles de deux autres sondages menés en 1999[2] dont les résultats bruts semblent conforter ceux de 1997. Comme nous le verrons, l'analyse de l'appui accordé à l'État-providence permet également aux répondants anglophones du sondage de manifester très clairement le caractère distinct de leur appartenance au Québec vis-à-vis de l'influence étatsunienne. La référence active à l'État-providence est le moyen pour tous, et tout particulièrement pour les anglophones, d'affirmer une identité distincte de celle des États-Unis.

## Les résultats

Les réponses apportées aux questions du sondage relatives à la situation au Québec comparativement à celle des États-Unis en matière de services et de qualité de vie en général (annexe 1, questions 1 à 8) montrent qu'une évaluation positive en faveur du Québec prévaut dans pratiquement tous les domaines, à l'exception des opportunités d'emploi (annexe 1, tableau 1).

---

2. Sondage CROP-Radio-Canada (1999) sur les valeurs des Québécois francophones à l'aube de l'an 2000 et Sondage *Le Devoir* (1999), « Qui êtes-vous ? ».

La différence entre les réponses favorables à la situation au Québec et celles favorables à la situation aux États-Unis est frappante, à commencer bien sûr par la question de la santé (78 % jugent la situation meilleure par rapport à 9 % qui la trouvent moins bonne qu'aux États-Unis) — mais en tenant compte aussi de celle du racisme (63 % trouvent meilleure à cet égard la situation au Québec, 7 % la croient moins bonne), de l'environnement (62 % meilleure — 5 % moins bonne) et même de la qualité de vie des personnes âgées (53 % — 8 %), ces derniers pourcentages s'inversant complètement sur la question des opportunités d'emploi.

Par ailleurs, la préférence exprimée pour « vivre au Québec, plutôt qu'aux États-Unis » (89 % par rapport à 10 %), ainsi que le refus marqué de croire qu'on vivrait mieux si on était davantage intégré aux États-Unis au plan économique (75 % par rapport à 21 %) semble parfaitement cohérente avec les choix qui précèdent (annexe 1, questions 9 et 10).

Enfin, soulignons que 61 % des répondants (contre 27 %) ne considèrent pas que l'ALENA constitue un danger pour les programmes sociaux au Canada (question 11).

Après avoir mis en évidence l'adhésion globale à la légitimité de l'intervention de l'État-providence et à ses principaux programmes de services à la population comme éléments constitutifs de l'identité des Québécois, et d'un sentiment de sécurité attaché à cette identité, examinons plus en détail le rôle de quelques variables importantes, telles que la scolarité, le revenu, les groupes d'âge, le sexe et la langue (annexe 2).

## Les principales variables

Sans conteste, la variable la plus déterminante est celle de la *scolarité* (tableau 2A). Tant au plan économique, qu'à celui du rapport à l'État-providence, plus on est scolarisé, plus on se considère différent des État-suniens, mais aussi plus on juge nécessaire et positive l'ouverture et l'expansion continentales, voire mondiales, des marchés, et plus on juge également que l'ALENA a un impact économique favorable et qu'il ne menace pas les programmes sociaux que, par ailleurs, on soutient d'autant plus qu'on est plus scolarisé. Ainsi, au plan des politiques et des programmes sociaux, plus spécifiquement, l'appui déjà nettement affirmé par une majorité de répondants s'accroît encore en rapport direct avec la scolarité, de même d'ailleurs que le jugement favorable à la situation prévalant aux États-Unis concernant les opportunités d'emploi.

Une seule exception à cette tendance systématique à une appréciation positive croissant avec la scolarité : la question relative au « niveau de vie » pour laquelle les 16 ans et plus de scolarité obtiennent un score inférieur à la moyenne.

On remarquera par ailleurs que les 12 ans et moins de scolarité se distinguent nettement du groupe des 13-15 ans et 16 ans et plus, l'écart de pourcentages entre ces deux groupes étant plus grand que celui existant entre les moyennement scolarisés et les très scolarisés. C'est donc dire que les personnes les moins scolarisées sont celles qui estiment le moins fortement que, sur ces diverses questions, la situation qui prévaut au Québec est différente de celle des États-Unis. On devra recouper plus loin ces données avec celles concernant les comportements des personnes à bas revenus (moins de 20 000 $) et le groupe des personnes les plus âgées (55 ans et plus), deux groupes qui eux aussi affirment le moins fortement l'existence d'une grande différence entre le Québec et les États-Unis. On remarquera également que c'est dans chacun de ces trois groupes (les moins scolarisés, les plus pauvres, les plus âgés) qu'on retrouve le pourcentage le plus élevé de « ne sait pas » ou de réponse « intermédiaire », c'est-à-dire ni positive, ni négative, donc moins discriminantes[3].

Comme on peut s'y attendre, la variable du revenu (tableau 2B) a tendance à se comporter essentiellement comme celle de la scolarité, quoique de manière plus nuancée, même si la tendance de fond demeure : le soutien apporté aux programmes publics croît avec le revenu, même si, sur plusieurs questions les hauts revenus accentuent de beaucoup la tendance.

On notera la cohésion des positions des catégories 20 000 $ et plus sur la santé, la qualité de vie des personnes âgées, l'environnement, le niveau de vie, la préférence pour vivre au Québec, alors que le groupe des 60 000 $ et plus se détache nettement, en *accentuant* la tendance sur les questions de la pauvreté, de l'éducation, du racisme, de l'emploi, du mieux vivre au Québec et du non-danger que représente l'ALENA pour les programmes sociaux.

Le groupe des moins de 20 000 $ marque corollairement une distance accrue par rapport aux autres groupes en ce qui concerne particulièrement la santé, les conditions de vie des personnes âgées, le racisme, le niveau de vie, la préférence pour une vie menée au Québec, un mieux-vivre au Québec et le non-danger que représente l'ALENA pour les

---

3. Voir Leslie S. Laczko, « Inégalités et État-providence : le Québec, le Canada et le monde », p. 329.

programmes sociaux. Dans tous ces domaines l'appréciation positive est nettement moindre, à l'exception notable des questions relatives à l'éducation et à l'emploi. Cette situation manifeste probablement la complexité de la composition du groupe des bas revenus qui peut, par exemple, comprendre à la fois des gens peu scolarisés et des étudiants, ou encore une surreprésentation de personnes âgées.

En effet, dans notre échantillon, le pourcentage des personnes peu scolarisées est de 32 % parmi les 18-34 ans, de 42 % parmi les 35-44 ans, de 43 % parmi les 45-54 ans et de 60 % chez les 55 ans et plus. Soixante-cinq pour cent (65 %) des personnes gagnant moins de 20 000 $ ont une scolarité faible, alors que c'est le cas de 17 % de celles qui ont une scolarité élevée (16 ans et plus). Or, dans le groupe des 18-34 ans, gagnant moins de 20 000 $, le pourcentage des très scolarisés atteint 28 %, alors qu'il n'est que de 4 % parmi les personnes de 55 ans et plus. À l'inverse, il est intéressant de noter que 52 % des personnes gagnant plus de 60 000 $ ont une scolarité forte, alors que c'est le cas de 18 % de celles qui ont une scolarité faible (0-12 ans). Or, dans le groupe des 18-34 ans gagnant plus de 60 000 $, le pourcentage des peu scolarisés est de 16 %, alors qu'il est de 12 % parmi les personnes de 55 ans et plus.

Pour l'essentiel, l'appréciation positive décroît avec l'avancée en âge (tableau 2C), en particulier pour la santé, l'environnement, la pauvreté et le niveau de vie. Cette décroissance connaît une chute très marquée chez les 55 ans et plus, en particulier pour la santé, la qualité de vie des personnes âgées, l'environnement, la pauvreté, le racisme, le niveau de vie, la préférence pour vivre au Québec, ce qui revient à dire que l'appréciation positive à l'égard des programmes publics est la moins forte chez les 55 ans et plus, à l'exception de l'éducation. L'appréciation négative à l'égard des opportunités d'emploi va dans le même sens, de même que l'évaluation des risques que l'ALENA ferait courir aux programmes sociaux.

À l'inverse, c'est dans le groupe des 18-34 ans qu'on retrouve le soutien le plus actif pour les programmes gouvernementaux, en particulier pour les questions relatives à l'environnement, à la pauvreté, à l'éducation, au niveau de vie, ainsi que l'appréciation la plus inquiète — quoique toujours minoritaire — concernant l'impact de l'ALENA sur les programmes sociaux. On peut noter, en outre, que les 18-44 ans fonctionnent comme un bloc sur les questions relatives à la santé, à l'environnement, à la pauvreté, ainsi que sur l'appréciation positive de la vie au Québec. Par ailleurs, un bloc 35-54 ans apparaît concernant les questions relatives à la qualité de vie des personnes âgées, le racisme et l'emploi. Une fois encore, le désaccord à la question « *je préférerais vivre aux États-Unis que de vivre au Québec* » est si répandu qu'il ne permet pas de discriminer les réponses en fonction de la scolarité, du revenu ou de l'âge, même si, on l'a vu, les personnes dont le revenu est inférieur à 20 000 $ et, maintenant, celles de 55 ans et plus atteignent un pourcentage un peu inférieur aux autres groupes.

En ce qui a trait au sexe (tableau 2D), les femmes expriment une appréciation systématiquement moindre que celle des hommes à l'égard des programmes et des services publics, avec des différences très notables (dix points ou plus de pourcentage) en ce qui concerne la qualité de vie des personnes âgées, l'environnement et l'emploi. Par contre, encore plus que les hommes, elles préfèrent vivre au Québec et elles pensent encore moins que les hommes qu'elles vivraient mieux si le Québec était plus intégré économiquement aux États-Unis.

Finalement, pour ce qui est de la distinction selon la langue (tableau 2E), on remarque que l'appréciation des anglophones à l'égard des programmes et services est globalement supérieure à celle des francophones. Cela vaut pour la santé, la qualité de vie des personnes âgées, la pauvreté, l'éducation, le niveau de vie, auxquels s'ajoute un désaccord encore accru en ce qui concerne les questions « *si le Québec était plus intégré aux États-Unis, on vivrait mieux* » et « *l'ALENA constitue un danger pour nos programmes sociaux* ». Par contre, l'appréciation des anglophones est un peu moins positive que celle des francophones en ce qui concerne les questions de l'environnement et du racisme. La situation de l'emploi est pour eux encore pire, et de beaucoup, que pour les francophones quand on la compare à la situation qui prévaut aux États-Unis. Enfin, ils sont un peu moins en désaccord que les francophones en ce qui concerne leur préférence de vivre aux États-Unis plutôt qu'au Québec, mais ce désaccord demeure néanmoins massif (83 %).

## Des croisements significatifs

Nous analysons plus spécifiquement dans cette section quelques croisements de variables (annexe 3) afin de tracer un portrait plus nuancé des facteurs en cause.

## L'importance de la scolarité et du revenu

Un premier croisement entre le revenu et la scolarité (tableau 3A) s'avère particulièrement significatif chez les faiblement scolarisés, ainsi que chez les fortement scolarisés. C'est dire que sur les principales questions (à l'exception de celle relative à la pauvreté) être faiblement scolarisé et avoir un revenu faible ou élevé produit une intensité d'adhésion significativement différente.

Ainsi, chez les faiblement scolarisés, l'adhésion aux programmes et services est globalement plus faible que chez les moyennement ou fortement scolarisés ; elle croît avec le revenu pour les questions relatives à la santé, au racisme, à la préférence pour vivre au Québec, à « mieux vivre » au Québec et au non-danger que représente l'ALENA pour les programmes sociaux. Par contre, l'adhésion décroît pour l'éducation, l'emploi. Elle est à peu près stable pour la qualité de vie des personnes âgées et l'environnement.

Faible scolarité et faible revenu se conjuguent donc dans un pourcentage d'adhésion nettement moindre (quoique toujours majoritaire) que la moyenne pour la santé, le racisme, la préférence pour vivre au Québec, le « mieux-vivre » au Québec, la non-menace de l'ALENA pour les programmes sociaux. Par contre, une forte scolarité et un faible revenu entraînent une appréciation très différenciée de celle des personnes peu scolarisées et à faible revenu en ce qui concerne la santé, le racisme et l'ALENA, mais à l'inverse, une faible différence en ce qui a trait à l'emploi.

Par ailleurs, au-delà du constat que l'adhésion croît (ou décroît) pour les questions identifiées auparavant, il faut souligner qu'une forte scolarité et un revenu élevé se combinent pour constituer un groupe qui adhère moins intensément que le groupe des revenus moyens à la santé, mais par contre plus intensément à la question de l'emploi et au rôle de l'ALENA, ce qui rejoint le constat antérieur que le groupe des revenus élevés est davantage ouvert aux échanges économiques (ALENA) et les plus critique à l'égard de la situation de l'emploi. Ce groupe, revenu et scolarité élevés combinés, se comporte de manière nettement distincte dans son adhésion aux programmes (qui est un peu moins forte), dans sa critique de l'emploi et de la crainte de l'ALENA. Sommairement dit, c'est un groupe qui compte un peu moins sur l'État-providence et est un peu plus orienté vers une régulation par le marché.

On peut maintenant se demander quels sont les effets des groupes d'âge, du sexe et de la langue sur ces diverses dynamiques.

## L'âge, un facteur assez peu discriminant

En croisant les groupes d'âge avec les variables du revenu et de la scolarité (tableau 3B), les résultats les plus marquants concernent encore une fois les personnes faiblement scolarisées et les personnes fortement scolarisées. On ne commentera ici que les réponses statistiquement significatives de ces deux groupes.

Ainsi, chez les 18-34 ans faiblement scolarisés, le soutien apporté à la santé *croît* beaucoup et régulièrement avec le revenu : il est nettement inférieur à la moyenne globale (78 %) pour les bas revenus et nettement supérieur pour les hauts revenus.

Chez les 18-34 ans fortement scolarisés, le soutien à la santé *décroît* en fonction du revenu, de même que pour l'appréciation de la qualité de vie des personnes âgées, sauf pour les hauts revenus, pour l'environnement, sauf pour les hauts revenus, pour la pauvreté (légère décroissance, avec toutefois un « trou » pour les 40-59 000 $), en notant que le soutien se trouve au-dessus de la moyenne (44 %) pour le racisme, sauf pour les hauts revenus. Par contre, il croît pour l'emploi (désaccord), et de beaucoup. Concernant l'ALENA (désaccord), les réponses ne varient pas avec le revenu mais elles sont supérieures à la moyenne (61 %), sauf pour le groupe des 20-39 000 $ qui est exactement dans la moyenne.

Dans le groupe des 35-44 ans faiblement scolarisés, le soutien accordé à la santé *croît* avec le revenu, sauf pour les hauts revenus, très en-dessous de la moyenne (78 %) ; il croît également pour la question du racisme et pour l'ALENA. Par contre, il *décroît* avec le revenu pour la qualité de vie des personnes âgées et l'éducation.

Dans le groupe des 35-44 ans fortement scolarisés, le soutien accordé à la qualité de vie des personnes âgées *décroît* avec le revenu ; il en va de même pour la pauvreté, en notant toutefois que dans ce groupe le soutien se maintient bien au-dessus de la moyenne (44 %) dans toutes les catégories de revenu ; il décroît également légèrement en ce qui concerne la question « si le Québec était plus intégré aux États-Unis, on vivrait mieux » (désaccord) ; par contre, le soutien croît, et de beaucoup, avec le revenu en ce qui a trait à l'ALENA.

Chez les 45-54 ans faiblement scolarisés, le soutien apporté à l'éducation *décroît*, surtout chez les hauts revenus ; il décroît également en ce qui concerne le racisme, sauf chez les hauts revenus, en ce qui concerne la préférence de vivre au Québec, surtout chez les hauts revenus ; par contre, le soutien à l'ALENA (désaccord) croît régulièrement avec le revenu.

Chez les 45-54 ans fortement scolarisés, le soutien à la question relative à la qualité de vie des personnes âgées *croît* avec le revenu, ainsi que celle relative au racisme (à part un résultat très élevé chez les bas revenus).

Dans le groupe des 55 ans et plus faiblement scolarisés, le soutien à la santé *croît* avec le revenu ; il en est de même pour la qualité de vie des personnes âgées.

On mentionnera exceptionnellement pour ce groupe des 55 ans et plus la catégorie des « moyennement scolarisés 13-15 ans ». Celle-ci apporte un soutien *croissant* avec le revenu à la santé (sauf pour les hauts revenus), à l'environnement (sauf pour les hauts revenus), à l'éducation (sauf pour les hauts revenus), à la question relative au racisme (avec un « trou » pour les 40-59 000 $ qui correspond toutefois à la moyenne (63 %)), à l'emploi (désaccord) et à l'ALENA (désaccord).

Dans le groupe des 55 ans et plus fortement scolarisés, le soutien *décroît* avec le revenu en ce qui a trait à l'environnement ; mais il croît avec le revenu en ce qui touche à l'éducation, avec des sommets pour les catégories de revenus élevés.

Les catégories d'âge croisées avec le revenu et la scolarité permettent-elles de discriminer certains groupes en fonction des diverses questions ?

Il est certain que, sur la plupart des questions, la catégorie des 55 ans et plus répond dans une direction différente de celles des 18-54 ans : appui croissant avec le revenu (55 ans et plus) par rapport à appui décroissant avec le revenu (18-54 ans), à l'intérieur toutefois d'un appui global, rappelons-le. Cela se produit indépendamment de la scolarité.

Certaines questions, telles que la santé, les personnes âgées, l'environnement, la pauvreté, l'éducation, réagissent toutefois de façon complexe lorsqu'elles sont croisées avec l'âge, le revenu et la scolarité. D'autres, par contre, sont beaucoup plus homogènes et donc moins discriminantes, telles que le racisme, l'emploi, la préférence de vivre au Québec, le lien entre niveau de vie et intégration aux États-Unis, et la question de l'ALENA.

On peut avancer que, d'une manière générale, les catégories d'âge sont moins discriminantes que la scolarité et le revenu. Ainsi, ce sont surtout les hauts revenus (60 000 $ et plus) qui se comportent de façon distinctive chez les 18-34 ans fortement scolarisés, en ce qui concerne la pauvreté, l'environnement, le racisme ; chez les 35-44 aussi faiblement scolarisés, en ce qui a trait à la santé et à la préférence de vivre au Québec ; chez les 45-54 ans faiblement scolarisés, pour ce qui touche l'éducation, le racisme et la préférence de vivre au Québec ; chez les 55 ans et plus moyennement scolarisés en ce qui a trait à la santé, à l'environnement et à l'éducation.

En ce qui concerne l'influence de la scolarité, elle est considérable sur les choix de comportement parmi les faibles revenus dans toutes les catégories d'âge où la comparaison est possible entre les faiblement et les fortement scolarisés. Ces derniers soutiennent beaucoup plus massivement les questions concernées. Ainsi, pour la santé, chez les 18-34 ans ; pour les personnes âgées chez les 55 ans et plus ; le racisme, chez les 45-54 ans, etc.

### Des différences entre les hommes et les femmes

Les différences entre les hommes et les femmes (tableau 2D) se confirment lorsque ce facteur est examiné en relation avec le revenu et la scolarité.

Ainsi, au niveau du revenu, les données font état de perceptions significativement différentes entre les hommes et les femmes (tableau 3C). On retrouve dans ce tableau la tendance globale fondamentale soulignée par ce sondage : l'appui croît avec le revenu, autant pour les hommes que pour les femmes, pour toutes les questions. Toutefois, il faut souligner à quel point la catégorie des 60 000 $ et plus se distingue sur pratiquement tous les points par une forte hausse de pourcentage de l'appui chez les hommes (pour la qualité de vie des personnes âgées, l'environnement, la pauvreté, l'éducation, le racisme, l'emploi) (désaccord), l'ALENA (désaccord), alors que la réponse des femmes de la catégorie des 60 000 $ et plus se distingue systématiquement aussi, mais parfois à la hausse (comme pour les hommes : emploi, lien entre hausse du niveau de vie et plus grande intégration aux États-Unis (désaccord), la question de l'ALENA (désaccord), mais surtout à la baisse, ce qui les distingue radicalement des hommes (pour la santé, l'environnement, l'éducation, le racisme).

Il est par ailleurs intéressant de souligner que si l'appui des hommes aussi bien que celui des femmes croît avec le revenu, l'écart de pourcentage entre hommes et femmes est considérable et systématique, sauf pour la question relative au racisme. L'écart est bien sûr significatif en termes statistiques sur toutes les questions, à l'exception de la qualité de vie des personnes âgées, de la pauvreté et de la question de la préférence de vivre au Québec.

Les femmes apportent certes leur appui sur chaque question, mais de façon beaucoup plus pondérée que les hommes, sauf sur la question « on vivrait mieux si le Québec était plus intégré aux États-Unis » où leur désaccord est encore beaucoup plus marqué que celui des hommes.

Par ailleurs, le croisement des données relatives au sexe et à la scolarité (tableau 3D) confirment la relation très étroite entre ce dernier facteur et l'appui accordé aux programmes et services. En effet, l'appui croît systématiquement en fonction de l'augmentation de la scolarité, tant pour les hommes que pour les femmes. Par contre, l'écart d'appréciation demeure systématique entre les hommes et les femmes. Tant chez les hommes que chez les femmes, une faible scolarité correspond à un appui nettement inférieur à une scolarité moyenne ou élevée. Alors que pour la santé, la qualité de vie des personnes âgées, l'éducation, le racisme (hommes), le lien entre une meilleure vie et une intégration plus grande aux États-Unis (femmes) et l'ALENA (femmes) ces deux dernières catégories de scolarité apportent une intensité d'appui très comparable, une forte scolarité se détache nettement des autres catégories pour ce qui est de la pauvreté, du racisme (femmes), de l'emploi (hommes), du lien entre une meilleure vie et une intégration plus grande aux États-Unis (hommes) et de l'ALENA (hommes).

L'écart entre les hommes et les femmes en ce qui concerne la scolarité et le revenu n'explique que partiellement les comportements distinctifs respectifs des hommes et des femmes dans le sondage. Il n'y a en effet d'écart que pour les bas revenus (moins de 20 000 $) qui constituent 17 % de l'échantillon masculin et 21 % de l'échantillon féminin et les très hauts revenus (60 000 $ et plus) : 22 % chez les hommes, 17 % chez les femmes. Quant à la scolarité, elle est basse pour 42 % des hommes et 43 % des femmes et élevée pour 31 % des hommes et 28 % des femmes.

## Des appuis contrastés chez les francophones et les anglophones

La langue est un autre facteur qui a été croisé avec le revenu et la scolarité. Au niveau du revenu (tableau 3E), une première remarque s'impose. Alors que chez les francophones l'appui à chaque question *croît* régulièrement en fonction du revenu, cet appui *décroît* chez les anglophones sur une majorité de questions : la santé, la pauvreté (sauf pour les

60 000 $ et plus), la préférence de vivre au Québec, le lien entre une meilleure vie et une intégration plus grande aux États-Unis ; il est stable sur les questions d'éducation et d'emploi (sauf pour les moins de 20 000 $) ; il croît sur les questions de l'environnement (sauf pour les moins de 20 000 $), du racisme, de l'ALENA.

L'impact de la variable revenu est significativement différent chez les anglophones que chez les francophones, à l'exception des questions relatives au racisme et à l'ALENA. Il est aussi intéressant de noter que, dans la catégorie des moins de 20 000 $, l'appui des anglophones aux questions posées est systématiquement plus élevé que celui des francophones, et souvent de beaucoup, sauf pour les questions du racisme et de l'emploi ; il faut sans doute voir là l'effet de la scolarité, l'échantillon des anglophones dans cette catégorie de revenu étant nettement plus scolarisé que celui des francophones ; dans la catégorie des 60 000 $ et plus, l'appui est également généralement plus élevé de la part des anglophones, sauf pour la santé, le racisme, la préférence de vivre au Québec, et la question du lien entre une meilleure vie et une intégration plus grande aux États-Unis.

En ce qui concerne la scolarité (tableau 3F), chez les francophones, l'appui croît directement avec la scolarité sur toutes les questions. Il en va de même chez les anglophones, sauf pour trois questions : l'éducation, l'emploi et la préférence de vivre au Québec où les plus scolarisés manifestent un appui moindre que les catégories de moindre scolarité (pour l'emploi, moindre que les 13-15 ans).

Ici encore, les moins scolarisés se comportent très différemment selon la langue : les anglophones apportent un appui de beaucoup supérieur à celui des francophones sauf sur les questions du racisme et de la préférence de vivre au Québec. Les écarts sont également très marqués pour les plus scolarisés en ce qui concerne la santé, la pauvreté, l'emploi ; mais les francophones très scolarisés se distinguent des anglophones de cette catégorie en appuyant davantage la question du racisme (plus de protection à cet égard qu'aux États-Unis) et celle de la préférence de vivre au Québec.

Enfin, le croisement avec la variable des « groupes d'âge » (tableau 3G) montre que les francophones accordent un appui qui *croît* avec l'âge sur les questions relatives à la santé, à la qualité de vie des personnes âgées, au racisme, au lien entre une meilleure vie et une intégration plus grande aux États-Unis, et un appui qui *décroît* avec l'âge (incluant les 55 ans et plus) sur les questions relatives à l'environnement, la pauvreté, l'éducation, l'emploi (quasi-stabilité) et l'ALENA.

Le groupe des francophones de 55 et plus marque une nette rupture avec la croissance relative à l'avancée en âge sur les questions de la santé, des personnes âgées, du racisme, du lien entre une meilleure vie et une intégration plus grande aux États-Unis. Puisque, comme on l'a vu, ce groupe manifeste les taux d'appui les plus bas pour toutes les questions dont l'appui décroît avec l'âge, on doit souligner que ce groupe est celui qui apporte le soutien le plus faible aux programmes et services sur toutes les questions.

Les anglophones accordent un appui qui croît avec l'âge sur les questions relatives à la santé (sauf les 55 ans et plus), au racisme (sauf les 55 ans et plus), à l'emploi (quasi stable), et un appui qui *décroît* avec l'âge (sauf pour les 18-34 ans) sur les questions relatives aux personnes âgées, à l'environnement, à la pauvreté, à l'éducation, au lien entre une meilleure vie et une intégration plus grande aux États-Unis (désaccord) (sauf pour les 55 ans et plus), à l'ALENA (désaccord) (sauf pour les 55 ans et plus).

Le groupe des anglophones de 55 ans et plus se distingue donc par un appui particulièrement faible sur la santé, la qualité de vie des personnes âgées, l'environnement, la pauvreté, le racisme, mais par contre nettement plus fort sur l'emploi, la question du lien entre une meilleure vie et une intégration plus grande aux États-Unis et l'ALENA.

De manière générale, et à l'exception du comportement des 55 ans et plus sur les questions mentionnées et du comportement de tous les groupes d'âge sur la question du racisme, les anglophones font preuve, à toutes les autres questions et dans pratiquement toutes les catégories d'âge, d'un appui plus élevé — et souvent beaucoup plus élevé — que les francophones. C'est donc dire qu'ils appuient davantage les programmes et les services, mais aussi qu'ils marquent davantage leur désaccord relativement aux opportunités d'emplois, à la question du lien entre une meilleure vie et une intégration plus grande aux États-Unis et à l'affirmation selon laquelle « l'ALENA constitue un danger pour nos programmes sociaux ».

Cet appui plus élevé quasi généralisé des anglophones doit probablement être compris, en partie, comme un effet de la composition de l'échantillon des anglophones dans ce sondage (annexe 4). Dix pour cent (10 %) des répondants se sont déclarés anglophones et 90 % francophones (n = 2204).

Au plan de la scolarité, on retrouve chez les anglophones proportionnellement moins de « peu scolarisés » et davantage de « très scolarisés » que chez les francophones, ce qui peut expliquer une partie du soutien accru aux questions posées ; au plan du revenu, la proportion des revenus de moins de 20 000 $ à 59 999 $ est nettement favorable aux anglophones, ce qui explique également une partie du soutien puisque, on l'a vu, celui-ci s'accroît généralement pour les trois premiers groupes de revenus ; enfin les anglophones tendent à être plus âgés, alors que les 18-44 ans sont sous-représentés et que les 55 et plus sont surreprésentés par rapport aux francophones, ce qui là aussi peut expliquer une partie de l'orientation des réponses des anglophones, comme on le verra plus loin.

## Des données en perspective

De l'analyse qui précède, on retiendra les éléments suivants :
*   Une très forte adhésion aux programmes et activités caractéristiques d'un État-providence, adhésion qui croît directement avec la scolarité, le sexe (les hommes soutiennent plus que les femmes les activités de l'État-providence), le revenu (les groupes de revenu 20-54 000 $, c'est-à-dire les « classes moyennes » de revenus, soutiennent le plus activement programmes et mesures), les classes d'âge (le soutien croît avec l'âge de 18 à 54 ans, mais décroît à 55 ans et plus), la langue (les anglophones soutiennent encore plus activement que les francophones les activités de l'État-providence, sauf chez les 55 ans et plus).
*   La plupart des questions discriminent peu, c'est-à-dire que les diverses variables (scolarité, revenu, classes d'âge, sexe, langue) produisent des résultats relativement intégrés : la santé, la pauvreté, le racisme (à l'exception des anglophones), l'emploi, la préférence de vivre au Québec plutôt qu'aux États-Unis, la conviction qu'« on ne vivrait pas mieux au Québec si le Québec était plus intégré aux États-Unis », enfin la conviction que « l'ALENA ne constitue pas un danger pour les programmes sociaux ». Par contre, les questions relatives aux personnes âgées, à l'environnement et à l'éducation suscitent des réponses plus diversifiées qui rendent par conséquent la compréhension des comportements plus complexes.
*   De ces réponses se dégage une très nette adhésion (majoritaire dans toutes les catégories) aux programmes et aux services de l'État-providence, à l'exception très importante de l'emploi qui, elle aussi, dans son appréciation négative est toujours cohérente et peu discriminante ; toutes les catégories s'entendent : les opportunités d'emploi au Québec sont nettement moins bonnes qu'aux États-Unis. À cette adhésion massive

fait écho la déclaration la moins discriminante de toutes (puisque les scores varient, suivant les catégories, de 79 % à 94 %) et donc celle qui suscite l'adhésion la plus forte et partagée par toutes les catégories : « je préfère vivre au Québec plutôt qu'aux États-Unis ». Cette question est elle-même confortée par la réponse à la question : « En général, diriez-vous que vous êtes tout à fait satisfait, plutôt satisfait, plutôt insatisfait ou pas du tout satisfait de votre vie ? » (question de R. Inglehart, incluse dans le sondage, question E1) qui obtient 35 % de « tout à fait satisfait » et 58 % de « plutôt satisfait » pour un total de 93 % de satisfaction, score parmi les plus élevés des enquêtes comparatives internationales de R. Inglehart.

- Ce très haut degré de satisfaction va de pair avec l'adhésion massive aux programmes de l'État-providence dans ses fonctions de pourvoyeur de services, de cohésion sociale et de sécurité. Comme on l'a mentionné en introduction, cette adhésion est indissociable de l'ouverture continentale manifestée par les répondants et de l'affirmation de leur différence linguistique et culturelle (qui apparaît dans d'autres parties du sondage). L'identification de cette « trilogie » (État-providence, ouverture continentale, spécificité de l'identité linguistique et culturelle) qui fonctionne bien (haut taux global de satisfaction) et qui permet donc de dégager une « assurance tranquille » chez les répondants est, à notre avis, un des points forts qui se dégagent de ce sondage quant aux caractéristiques et à la « composition » de l'américanité des Québécois. La réponse à la question relative à l'impact de l'ALENA sur les progammes sociaux synthétise cette « assurance tranquille ». L'impact économique de l'ALENA est perçu positivement et d'autant plus positivement qu'on est plus scolarisé et qu'on bénéficie d'un revenu moyen ou élevé. Cet accord consacre une tendance de fond reconnue et approuvée par 3 répondants sur 5 vers une intégration continentale accrue. Pour 21 % des répondants, cette tendance devrait même être accélérée. Pour 3 répondants sur 5, ce processus d'intégration continentale ne menace pas l'identité culturelle des Québécois ni ne met en danger les programmes sociaux du Québec.

On mettra ces résultats en rapport avec ceux de deux sondages de 1999 (Radio-Canada et *Le Devoir*) mentionnés précédemment (voir note 2), qui témoignent tous deux d'une forte adhésion des Québécois à un État pourvoyeur de services, à condition toutefois que l'État se montre responsable dans sa gestion. Ainsi, 77 % des répondants prévoient que l'intervention de l'État dans l'avenir sera aussi importante ou plus importante qu'actuellement (Radio-Canada) et 89 % estiment que les impôts sont une nécessité (*Le Devoir*). Le soutien apporté aux « pauvres » est jugé insuffisant par 76 % (*Le Devoir*) alors que 85 % estiment que l'État devrait encourager le retour des assistés sociaux au travail (Radio-Canada). L'augmentation des crédits d'impôt aux familles est favorisée par 81 % (*Le Devoir*), alors que l'instauration d'un revenu minimum garanti recueille l'appui de 57 % des répondants (Radio-Canada). Ce soutien massif à l'État-providence, particulièrement dans une fonction de redistribution économique et de justice sociale, est remarquable dans un contexte nord-américain.

En ce qui concerne le haut niveau de satisfaction exprimé par les répondants de notre sondage, il est confirmé par les résultats du sondage CROP–Radio-Canada (1999) dans lequel 53 % des répondants estiment que « le présent est mieux que le passé » et 50 % que « le futur sera mieux que le présent ». Quatre-vingt-huit pour cent (88 %) se disent optimistes quant aux « progrès de la science » ; 83 % pensent que l'avenir financier sera stable ou meilleur ; 94 % se déclarent très ou assez satisfaits de leur travail et 86 % « s'épanouissent dans leur travail ».

Soixante-dix-sept pour cent (77 %) des répondants croient que l'État aura autant d'importance ou en prendra davantage dans l'avenir, la thèse de l'augmentation du rôle de l'État étant la plus répandue parmi les personnes les moins scolarisées, celle d'une réduction de son rôle surtout présente parmi les plus scolarisés et les plus fortunés. Ces résultats vont dans le même sens que ceux de notre propre sondage.

Il est intéressant d'ajouter ici les commentaires de Jennifer M. Welsh (2000) qui, dans un article intitulé « Is a North-American Generation Emerging ? », constate une convergence de comportements culturels des jeunes adultes de la génération « Nexus », c'est-à-dire des Canadiens et des Américains nés dans les années 1960 et 1970, à l'exception toutefois, et c'est ce qui nous intéresse ici, de leur rapport à la religion et au rôle du gouvernement. Sur ce dernier point, l'auteure met en évidence que les Canadiens de cette génération, comparativement aux Américains, continuent de croire que les gouvernements peuvent et doivent prendre une part active dans le développement de certains « biens sociaux ». Ils sont en faveur de la redistribution de la richesse. Elle cite un sondage *Environics* de 1998 qui souligne que les Canadiens de 18 à 34 ans représentent, en 1998, le groupe d'âge le plus susceptible de favoriser l'utilisation des surplus du gouvernement fédéral pour le financement des programmes et services (dont la santé, l'éducation, les prêts étudiants, les chômeurs et les bas-salariés (*working poor*)) plutôt que pour une réduction des impôts. Enfin, cette orientation, note Welsh, est particulièrement prévalante parmi les jeunes Québécois qui sont explicitement enclins à choisir des solutions collectives plutôt qu'individuelles pour faire face aux risques sociaux, à l'inverse des jeunes Américains du même groupe d'âge qui sont préoccupés d'économiser pour s'acheter des polices d'assurance individuelles.

Dans un contexte nord-américain où l'État-providence a subi, depuis vingt ans, les foudres des tenants de l'économie de marché et de la réduction drastique de son rôle, les Canadiens, et plus encore les Québécois, semblent peu séduits par cette orientation vers le «tout au marché». Ils affirment clairement la supériorité, à leurs yeux, de l'intervention publique, en matière de protection sociale et de cohésion sociale, sur celle de l'entreprise marchande. En d'autres termes, ils croient majoritairement à la nécessité d'une intervention du politique sur l'économique dans les domaines mentionnés, mais à l'exclusion de l'emploi[4]. Le soutien apporté à l'intervention publique n'apparaît pas contradictoire avec l'affirmation, qui augmente elle aussi avec la scolarité, de la nécessité de la croissance économique. Ce phénomène est intéressant dans le contexte de la prégnance des idéologies néolibérales qui affirment l'incompatibilité d'une protection sociale étendue et d'une croissance économique soutenue, ou encore de la désaffection des catégories de revenus élevés à l'égard des programmes universels et à visée redistributive, comme on le constate aux États-Unis.

## L'État et l'américanité des Québécois

Gérard Bouchard et Yvan Lamonde (1995) soulignent combien jusqu'à la Révolution tranquille les élites québécoises francophones ont été tournées vers la France et combien «la grande majorité des intellectuels québécois ont entretenu des relations beaucoup plus difficiles avec la culture étatsunienne que la classe des travailleurs manuels et urbains, l'américanisation se poursuivant sans heurt, d'une manière ininterrompue, dans la culture populaire et la culture de masse[5]». En conclusion, les auteurs soutiennent que :

---

4. À ce sujet, voir F. Lesemann (2000).
5. Gérard Bouchard et Yvan Lamonde (dir.), *Québécois et Américains, la culture québécoise aux XIX^e et XX^e siècles*, p. 9.

[...] les États-Unis ou l'Amérique en général ne sont pas perçus de la même façon par les élites ou les milieux populaires. [...] [Il existe] un clivage *social* fondamental dans la culture *nationale* du Québec. [...] La culture des élites acquise dans les collèges classiques et construite sur la langue, l'éloquence et l'écrit demeure aimantée [...] par la France, tandis que la culture des milieux populaires urbains [...] est tournée vers ce qui vient des États-Unis ; de surcroît, les élites décrivent *leur* culture comme étant celle du Québec, désavouant ainsi la culture états-unienne et du même coup, la culture populaire québécoise. Une minorité culturellement et politiquement puissante nie la réalité culturelle d'une majorité sociale[6].

Bouchard (1999a, 1999b) a récemment repris ces idées déjà formulées par Yvan Lamonde (1991) et Guy Rocher[7].

Les années 1960 ont amené une disqualification et une élimination progressive de ces élites culturelles, religieuses et politiques autant par l'arrivée au pouvoir d'une nouvelle classe politique, par la réforme de l'éducation, l'élimination des collèges classiques que par l'explosion culturelle et la valorisation de la langue québécoise.

L'édification d'une importante bureaucratie publique a autorisé l'émergence d'une classe moyenne de professionnels et de techniciens des services, à large composante féminine. Ainsi, l'État a directement contribué à la naissance d'une « nation » québécoise moderne, d'une identité, d'une appartenance nouvelles et d'un sens de la solidarité fondé sur des droits universels. La nouvelle élite qui a présidé à ce processus de modernisation a été non seulement largement supportée par les Québécois, mais le soutien à ce modèle perdure indéniablement en 1997 et 1999 comme le montrent notre sondage, ainsi que les sondages que nous avons cités.

C'est en effet un autre constat majeur (au-delà de celui de la « trilogie » État-providence–ouverture continentale–langue et culture distinctes, comme fondement de l'identité québécoise contemporaine) que permet d'effectuer notre sondage : la Révolution tranquille et les institutions éducatives, linguistiques (Loi 101), sociales et de santé, en particulier, ont atteint leurs objectifs : non seulement permettre à tous et toutes d'accéder à des services de qualité, mais construire, entre autres grâce à ces services, une identité collective capable de prendre pleinement en compte, au contraire des élites francophones antérieures aux années 1960, la réalité d'une

---

6. *Idem*, p. 391-392.
7. Guy Rocher (1973), *Le Québec en mutation*, p. 89-108, mentionné par Bouchard 1999b, p. 138.

culture de masse tournée vers le continent, capable d'y participer pleinement tout en y articulant sa spécificité culturelle et linguistique.

Le fait qu'en moins de quarante ans, le niveau de scolarisation des
Québécois ait rattrapé et dépassé le niveau moyen de scolarité du continent et, surtout, que le sondage établisse explicitement une forte relation
entre le niveau de scolarité et la capacité d'adhérer et de soutenir cet État
partenaire de l'identité spécifique des Québécois, est remarquable. La scolarité, on l'a dit, est la variable la plus déterminante du sondage sur les
questions analysées. Plus s'élève le niveau de scolarité, plus fort est l'appui
à cet État producteur de cohésion et de sécurité.

Au-delà de cette référence à la constitution de l'État de la Révolution
tranquille et de son impact, près de quarante ans plus tard, on introduira
brièvement ici les réflexions de Laczko (1996, 1998). Cet auteur, se référant à Jacek (1993), note que dans les relations cycliques entre certaines
petites sociétés et leurs voisins plus puissants, le partenaire minoritaire
manifeste : a) une identité nationale plus marquée ; b) une préférence
pour des solutions collectives plutôt qu'individuelles ; c) un appui plus
nuancé à l'intervention de l'État.

Dans cette perspective, on établira un lien entre les principaux résultats de notre sondage et ceux d'une étude internationale comparative sur
la perception des inégalités menée en 1992 (Laczko, 1996, 1998). Cette
étude met en évidence qu'en 1992, le Québec manifestait un niveau de
préoccupation pour les inégalités au-dessus de la moyenne canadienne :
« les Québécois sont non seulement plus portés que les autres Canadiens
à voir les inégalités comme graves, mais également plus enclins à préco-
niser une intervention de l'État pour les réduire[8] ». Il faut toutefois rappeler avec l'auteur que même si le Québec appuie nettement plus que la
moyenne canadienne l'intervention de l'État en vue de réduire les inégalités sociales, il s'avère que ce score demeure, dans la perspective d'une
comparaison internationale, nettement inférieur à la moyenne des pays
européens, mais par contre clairement supérieur à celui des États-Unis.

Dans un autre texte analysant d'autres aspects du même sondage,
Laczko (1996) souligne que les Québécois sont beaucoup plus sensibles
aux inégalités de revenu et aux inégalités sociales de « groupe » autant que
de « classe » que les répondants des autres provinces canadiennes. Les
Québécois sont aussi les plus concernés par les inégalités subies par les
femmes. Ils jugent que les écarts de revenus sont trop grands au Canada

---

8. Leslie S. Laczko, « Inégalités et État-providence : le Québec, le Canada et le monde », p. 332.

et qu'il est de la responsabilité des gouvernements de les réduire, de créer des emplois et d'offrir un revenu de base. L'intérêt de cette analyse est de mettre en évidence combien la forte sensibilité aux inégalités sociales s'articule à une représentation collective largement partagée par les francophones d'avoir expérimenté ou d'expérimenter encore un rapport d'inégalité collective. Ce que les répondants anglophones du reste du Canada leur rendent bien puisqu'ils dénient, dans ce sondage, toute spécificité de ce type aux Québécois francophones, jugeant à leur tour la minorité anglophone du Québec comme beaucoup plus objet d'inégalités que ne le sont les Québécois eux-mêmes à l'intérieur du Canada.

Cette superposition, d'une part, d'une expérience subjective collective, ou d'une représentation collective, partagée par une nette majorité de Québécois francophones, d'un rapport politique inégalitaire qui s'enracine dans la culture politique historique du Québec et, d'autre part, d'une critique des inégalités sociales, permet sans doute d'éclairer la source, la force et la persistance de l'adhésion d'une large majorité des Québécois à un État investi d'un imaginaire de défense collective (inégalités politiques et culturelles — langue et culture minoritaires) et individuelle (droits individuels et protection contre les inégalités économiques et sociales).

Cette attitude collective donne tout à la fois prise et accès à une culture égalitariste dominante dans la société québécoise, profondément ancrée dans les comportements des générations qui ont accédé au secteur public syndiqué dans les années 1960, 1970 et jusqu'au début des années 1980, et largement disséminée dans la population au titre d'une « culture des droits ». Le sentiment de « solidarité » universelle, le refus des inégalités, en particulier concernant les femmes, la volonté de faire échec à la violence, font tous appel à une intervention protectrice structurante de l'État dans la proximité duquel les Québécois puisent sans doute l'une des dimensions de leur identité contemporaine.

La référence à l'État de la Révolution tranquille pour analyser la portée symbolique et politique de ce sondage ne doit toutefois pas conduire à penser que la dynamique de la société québécoise n'ait pas changé en presque 40 ans ! Une nouvelle élite économique a émergé de la Révolution tranquille, on le sait. Elle s'exprime dans le sondage dans le fait que les répondants qui détiennent les revenus les plus élevés, tout en affirmant leur fidélité aux principales interventions de l'État, ont tendance à nuancer leur appui, en matière de santé, de qualité de vie des personnes âgées, d'éducation et à soutenir plus nettement encore que la situation de l'emploi est bien meilleure aux États-Unis, dans un pays où l'emploi est une affaire de relation entre un individu et une entreprise. Ils sont, plus que les autres catégories de revenus, plus confiants que l'ALENA ne menace pas les programmes sociaux et que l'ouverture continentale devrait être accélérée. En un mot, ils sont plus « libéraux » en matière économique, mais aussi politique en ce sens qu'ils ont des attentes un peu moins fortes à l'égard des programmes et des services publics.

Enfin, un trait spécifique du Québec de l'an 2000 doit être mentionné ici, même s'il ne ressort pas spécifiquement des résultats du sondage — parce que celui-ci n'était pas orienté vers ces questions. Ce trait apparaît par contre de manière explicite dans le sondage de Radio-Canada : il s'agit de l'émergence croissante, comme dans toutes les sociétés développées, d'une conscience aiguë chez les répondants jeunes et scolarisés de leur individualité propre, de leur capacité de « réflexivité ». Ce trait doit être pris en compte pour apprécier à sa juste valeur l'appui accordé aujourd'hui aux institutions de l'État-providence.

Touraine (1992) montre combien le passage d'une société industrielle à une société « postindustrielle » ébranle partout la centralité des institutions politiques, culturelles, juridiques qui ont contribué à édifier l'ordre industriel. La transition vers une société postindustrielle crée un nouvel espace pour la société civile et suscite l'émergence d'un individu qui s'affirme comme sujet « réflexif », c'est-à-dire capable de mener une réflexion sur sa propre identité, de choisir son style de vie, auto-déterminé, apte à diriger son comportement à partir de la conscience qu'il en prend, animé d'une volonté de transformation réfléchie de lui-même et de son environnement.

Une telle attitude apparaît explicitement dans certains résultats du sondage de Radio-Canada (1999) lorsque les répondants se révèlent très critiques à l'égard des institutions (75 % ne font pas confiance aux institutions politiques, 84 % à la justice, 65 % à l'Église), mais aussi lorsqu'ils affirment à 56 % se sentir maîtres de leur destin (69 % pour les plus scolarisés, 68 % pour les professionnels, 60 % pour les femmes) et lorsqu'ils associent le bonheur d'abord avec une famille heureuse (53 %), avec l'accomplissement de soi (33 %), avec l'amour ou l'amitié (27 %), alors que l'argent ou le travail ne récoltent chacun que 2 %.

Cette « réflexivité » des individus, cette individualité croissantes sont certainement aussi importantes aujourd'hui que l'expression d'une identité collective, construite sur les trois pôles que nous avons vu apparaître dans notre sondage, pour comprendre, dans sa complexité contemporaine, l'américanité des Québécois et la nature de leur rapport à l'État-providence.

## ANNEXE 1

## Appréciation de la situation au Québec en comparaison des États-Unis

### Questions

Pourriez-vous me dire, pour chacun des aspects suivants, si vous estimez que la situation au Québec est meilleure, semblable ou moins bonne qu'aux États-Unis :

1. *le système de santé ;*
2. *la qualité de vie des personnes âgées ;*
3. *la qualité de l'environnement ;*
4. *la pauvreté ;*
5. *le système d'éducation ;*
6. *le racisme ;*
7. *le niveau de vie ;*
8. *les opportunités d'emplois.*

Êtes-vous plutôt d'accord ou plutôt en désaccord avec l'énoncé suivant :

9. *« je préférerais vivre aux États-Unis que de vivre au Québec... ».*

Êtes-vous plutôt d'accord ou plutôt en désaccord avec les énoncés suivants :

10. *« si le Québec était plus intégré aux États-Unis, on vivrait mieux » ;*
11. *« l'accord de l'ALENA constitue un danger pour nos programmes sociaux ».*

TABLEAU 1

**La situation est-elle meilleure, semblable ou
moins bonne qu'aux États-Unis ?**

| | Meilleure (en faveur de la situation au Qc) | Semblable | Moins bonne (en faveur de la situation aux É.-U.) |
|---|---|---|---|
| Santé | 78 % | 10 % | 9 % |
| Personnes âgées | 53 % | 23 % | 8 % |
| Environnement | 62 % | 29 % | 5 % |
| Pauvreté | 44 % | 40 % | 12 % |
| Éducation | 37 % | 33 % | 17 % |
| Racisme | 63 % | 28 % | 7 % |
| Niveau de vie | 34 % | 36 % | 25 % |
| Emploi | 9 % | 26 % | 57 % |

# ANNEXE 2

## Les principales variables :
## scolarité, revenu, groupes d'âge, sexe et langue

### TABLEAU 2A

#### Choix de questions et Scolarité :
#### « L'appréciation positive croît avec la scolarité »

|  | 0-12 ans | 13-15 ans | 16 ans et + | Moyenne |
|---|---|---|---|---|
| 1. Santé | 72 % | 82 % | 82 % | 78 % |
| 2. Personnes âgées | 47 % | 56 % | 58 % | 53 % |
| 3. Environnement | 59 % | 64 % | 54 % | 52 % |
| 4. Pauvreté | 35 % | 46 % | 54 % | 44 % |
| 5. Éducation | 30 % | 40 % | 43 % | 37 % |
| 6. Racisme | 52 % | 67 % | 74 % | 63 % |
| 7. Niveau de vie | 33 % | 38 % | 33 % | 34 % |
| 8. Emploi (moins bonne) | 51 % | 59 % | 65 % | 57 % |
| 9. Préfère vivre (désaccord) | 88 % | 89 % | 90 % | 89 % |
| 10. Vivrait mieux (désaccord) | 65 % | 80 % | 83 % | 75 % |
| 11. ALENA (désaccord) | 54 % | 64 % | 69 % | 61 % |

## TABLEAU 2B

### Choix de questions et Revenu :
*« L'appréciation positive croît avec le revenu »*

|  | – 20 000$ | 20 – 39 000 | 40 – 59 000 | 60 000$ + | Moyenne |
|---|---|---|---|---|---|
| 1. Santé | 70 % | 79 % | 83 % | 79 % | 78 % |
| 2. Personnes âgées | 49 % | 55 % | 51 % | 55 % | 53 % |
| 3. Environnement | 60 % | 63 % | 61 % | 63 % | 62 % |
| 4. Pauvreté | 39 % | 41 % | 42 % | 49 % | 44 % |
| 5. Éducation | 36 % | 34 % | 37 % | 42 % | 37 % |
| 6. Racisme | 53 % | 61 % | 64 % | 79 % | 63 % |
| 7. Niveau de vie | 32 % | 36 % | 36 % | 35 % | 34 % |
| 8. Emploi (moins bonne) | 54 % | 55 % | 54 % | 68 % | 57 % |
| 9. Préfère vivre (désaccord) | 85 % | 90 % | 89 % | 90 % | 89 % |
| 10. Vivrait mieux (désaccord) | 65 % | 74 % | 76 % | 82 % | 75 % |
| 11. ALENA (désaccord) | 52 % | 58 % | 65 % | 74 % | 61 % |

TABLEAU 2C

**Choix de questions et Groupes d'âge :**
*« Une certaine décroissance de l'appréciation positive
avec l'avancée en âge »*

|                              | 18-34 ans | 35-44 ans | 45-54 ans | 55 ans et + | Moyenne |
|------------------------------|-----------|-----------|-----------|-------------|---------|
| 1. Santé                     | 79 %      | 78 %      | 83 %      | 70 %        | 78 %    |
| 2. Personnes âgées           | 53 %      | 57 %      | 56 %      | 45 %        | 53 %    |
| 3. Environnement             | 66 %      | 67 %      | 58 %      | 51 %        | 62 %    |
| 4. Pauvreté                  | 51 %      | 49 %      | 39 %      | 32 %        | 44 %    |
| 5. Éducation                 | 42 %      | 35 %      | 32 %      | 35 %        | 37 %    |
| 6. Racisme                   | 60 %      | 67 %      | 68 %      | 57 %        | 63 %    |
| 7. Niveau de vie             | 39 %      | 36 %      | 33 %      | 26 %        | 34 %    |
| 8. Emploi (moins bonne)      | 55 %      | 58 %      | 57 %      | 60 %        | 57 %    |
| 9. Préfère vivre (désaccord) | 89 %      | 90 %      | 89 %      | 85 %        | 89 %    |
| 10. Vivrait mieux (désaccord)| 76 %      | 77 %      | 74 %      | 72 %        | 75 %    |
| 11. ALENA (désaccord)        | 52 %      | 58 %      | 65 %      | 74 %        | 61 %    |

TABLEAU 2D

**Choix de questions et Sexe:**
*« Une appréciation moins positive par les femmes*
*que par les hommes »*

|  | Hommes | Femmes | Moyenne |
|---|---|---|---|
| 1. Santé | 82 % | 74 % | 78 % |
| 2. Personnes âgées | 60 % | 46 % | 53 % |
| 3. Environnement | 68 % | 55 % | 62 % |
| 4. Pauvreté | 47 % | 41 % | 44 % |
| 5. Éducation | 40 % | 33 % | 37 % |
| 6. Racisme | 66 % | 60 % | 63 % |
| 7. Niveau de vie | 37 % | 31 % | 34 % |
| 8. Emploi (moins bonne) | 62 % | 52 % | 57 % |
| 9. Préfère vivre (désaccord) | 87 % | 90 % | 89 % |
| 10. Vivrait mieux (désaccord) | 73 % | 77 % | 75 % |
| 11. ALENA (désaccord) | 64 % | 59 % | 61 % |

## TABLEAU 2E

**Choix de questions et Langue :**
*« De la part des anglophones,*
*une appréciation positive encore plus marquée »*

|  | Francophones | Anglophones | Moyenne |
|---|---|---|---|
| 1. Santé | 77 % | 84 % | 78 % |
| 2. Personnes âgées | 52 % | 59 % | 53 % |
| 3. Environnement | 62 % | 59 % | 62 % |
| 4. Pauvreté | 42 % | 52 % | 44 % |
| 5. Éducation | 35 % | 47 % | 37 % |
| 6. Racisme | 64 % | 52 % | 63 % |
| 7. Niveau de vie | 33 % | 46 % | 34 % |
| 8. Emploi (moins bonne) | 54 % | 76 % | 57 % |
| 9. Préfère vivre (désaccord) | 90 % | 83 % | 89 % |
| 10. Vivrait mieux (désaccord) | 74 % | 77 % | 75 % |
| 11. ALENA (désaccord) | 60 % | 71 % | 61 % |

## ANNEXE 3

## Croisements de variables : quelques données significatives (p ≤ 0,05)[9]

### TABLEAU 3A

### Revenu et scolarité

| | Scolarité | – 20 000 $ | 20 – 39 000 $ | 40 – 59 000 $ | 60 000 $ |
|---|---|---|---|---|---|
| 1. Santé | 0 – 12 | 62 % | 78 | 82 | 77 |
| | 13 – 15 | 78 % | 79 | 86 | 85 |
| | 16 et + | 92 % | 79 | 81 | 77 |
| 2. Personnes âgées | 0 – 12 | 46 % | 51 | 46 | 44 |
| 3. Environnement | 0 – 12 | 58 % | 61 | 61 | 60 |
| 4. Pauvreté | | | | | |
| 5. Éducation | 0 – 12 | 33 % | 31 | 31 | 24 |
| | 13 – 15 | 41 % | 35 | 44 | 42 |
| 6. Racisme | 0 – 12 | 44 % | 56 | 59 | 65 |
| | 16 et + | 76 % | 69 | 64 | 84 |
| 7. Emploi (moins bonne) | 0 – 12 | 53 % | 50 | 44 | 62 |
| | 16 et + | 51 % | 62 | 64 | 73 |
| 8. Préfère vivre (désaccord) | 0 – 12 | 84 % | 90 | 91 | 90 |
| 9. Vivrait mieux (désaccord) | 0 – 12 | 58 % | 68 | 67 | 77 |
| 10. ALENA (désaccord) | 0 – 12 | 46 % | 56 | 59 | 69 |
| | 16 et + | 66 % | 61 | 68 | 78 |

---

9. Les tableaux qui suivent ne mentionnent que les données significatives, ce qui explique qu'ils ne sont pas toujours complets.

TABLEAU 3B

**Revenu, scolarité et groupes d'âge**

| | Âge | Scolarité | –20 000 $ | 20–39 000 $ | 40-59 000 $ | 60 000 $ et + |
|---|---|---|---|---|---|---|
| 1. Santé | 18–34 ans | 0–12 | 54 % | 76 | 84 | 100 |
| | | 16 et + | 94 % | 78 | 86 | 76 |
| | 35–44 ans | 0–12 | 62 % | 83 | 82 | 60 |
| | 55 et + | 0–12 | 64 % | 78 | 83 | 83 |
| | | 13–15 | 82 % | 77 | 84 | 69 |
| 2. Personnes âgées | 18–34 ans | 16+ | 60 | 62 | 39 | 66 |
| | 35–44 | 0-12 | 50 | 51 | 46 | 41 |
| | | 16 et + | 67 | 76 | 62 | 57 |
| | 45–54 | 16 et + | 43 | 68 | 65 | 73 |
| | 55 et + | 0–12 | 44 | 56 | 61 | 80 |
| | | 16 et + | 100 | 35 | 42 | 38 |
| 3. Environnement | 18–34 ans | 16+ | 75 | 69 | 55 | 71 |
| | 55 et + | 13–15 | 27 | 32 | 70 | 25 |
| | | 16 et + | 50 | 62 | 47 | 44 |
| 4. Pauvreté | 18–34 ans | 16+ | 71 | 71 | 39 | 68 |
| | 35-44 | 16 et + | 58 | 69 | 57 | 57 |
| 5. Éducation | 18–34 ans | 0–12 | 39 | 36 | 29 | 33 |
| | 35–44 | 0–12 | 35 | 26 | 27 | 26 |
| | 45–54 | 0–12 | 23 | 26 | 24 | 13 |
| | 55 et + | 13–15 | 30 | 35 | 64 | 20 |
| | | 16 et + | 40 | 27 | 78 | 59 |
| 6. Racisme | 18–34 ans | 16 et + | 79 | 77 | 56 | 79 |
| | 35–44 | 0–12 | 40 | 60 | 58 | 73 |
| | | 13–15 | 67 | 80 | 70 | 88 |
| | 45–54 | 0–12 | 72 | 59 | 58 | 86 |
| | | 16 et + | 100 | 44 | 76 | 91 |
| | 55 et + | 0–12 | 42 | 56 | 64 | 67 |
| | | 13-15 | 45 | 83 | 60 | 94 |
| 7. Emploi (moins bonne) | 18–34 ans | 13–15 | 58 | 59 | 49 | 66 |
| | | 16 et + | 45 | 61 | 62 | 66 |
| | 55 et + | 0–12 | 54 | 49 | 60 | 67 |
| | | 13–15 | 33 | 73 | 65 | 69 |
| 8. Préfère vivre (désaccord) | 45–54 | 0–12 | 87 | 90 | 90 | 80 |

TABLEAU 3B (suite)

### Revenu, scolarité et groupes d'âge

| 9. Vivrait mieux (désaccord) | 35–44 | 16 et + | 85 | 76 | 82 | 75 |
|---|---|---|---|---|---|---|
| 10. ALENA (désaccord) | 18–34 | 16 et + | 81 | 61 | 79 | 80 |
| | 35–44 | 0–12 | 50 | 63 | 61 | 57 |
| | 45–54 | 13–15 | 67 | 53 | 74 | 67 |
| | | 16 et + | 33 | 52 | 58 | 79 |
| | 55 et + | 0–12 | 41 | 49 | 56 | 70 |
| | | 13–15 | 42 | 50 | 79 | 94 |

TABLEAU 3C

### Revenu et sexe

| | | – 20 000 $ | 20 – 39 000 $ | 49 – 59 000 $ | 60 000 $ et + |
|---|---|---|---|---|---|
| 1. Santé | Hommes | 76 | 79 | 87 | 84 |
| | Femmes | 66 | 78 | 78 | 73 |
| 2. Personnes âgées | Hommes | 55 | 61 | 54 | 55 |
| 3. Environnement | Hommes | 69 | 72 | 64 | 70 |
| | Femmes | 52 | 54 | 59 | 55 |
| 4. Pauvreté | Hommes | 39 | 54 | 42 | 52 |
| 5. Éducation | Hommes | 46 | 36 | 35 | 49 |
| | Femmes | 28 | 32 | 38 | 34 |
| 6. Racisme | Hommes | 53 | 66 | 65 | 78 |
| | Femmes | 51 | 55 | 62 | 79 |
| 7. Emploi (moins bonne) | Hommes | 59 | 60 | 59 | 72 |
| | Femmes | 50 | 51 | 49 | 63 |
| 8. Préfère vivre (désaccord) | Hommes | 79 | 91 | 88 | 89 |
| 9. Vivrait mieux (désaccord) | Hommes | 56 | 75 | 76 | 79 |
| | Femmes | 72 | 74 | 77 | 86 |
| 10. ALENA (désaccord) | Hommes | 47 | 59 | 69 | 77 |
| | Femmes | 55 | 56 | 61 | 70 |

## TABLEAU 3D

### Scolarité et sexe

|  |  | 0-12 ans | 13-15 ans | 16 ans et + |
|---|---|---|---|---|
| 1. Santé | Hommes | 78 | 84 | 85 |
|  | Femmes | 67 | 80 | 78 |
| 2. Personnes âgées | Hommes | 53 | 63 | 64 |
|  | Femmes | 40 | 51 | 52 |
| 3. Environnement |  |  |  |  |
| 4. Pauvreté | Hommes | 40 | 46 | 59 |
|  | Femmes | 31 | 46 | 49 |
| 5. Éducation | Hommes | 32 | 46 | 47 |
|  | Femmes | 28 | 36 | 39 |
| 6. Racisme | Hommes | 56 | 72 | 73 |
|  | Femmes | 48 | 62 | 76 |
| 7. Emploi (moins bonne) | Hommes | 53 | 64 | 74 |
| 8. Préfère vivre (désaccord) |  |  |  |  |
| 9. Vivrait mieux (désaccord) | Hommes | 63 | 77 | 83 |
|  | Femmes | 68 | 82 | 84 |
| 10. ALENA (désaccord) | Hommes | 57 | 64 | 72 |
|  | Femmes | 51 | 64 | 65 |

TABLEAU 3E

**Revenu et langue**

| | | – 20 000 $ | 20–39 000 $ | 40–59 000 $ | 60 000 $ et + |
|---|---|---|---|---|---|
| 1. Santé | Francophones | 67 % | 77 | 82 | 83 |
| | Anglophones | 89 % | 90 | 81 | 81 |
| 2. Personnes âgées | Francophones | 47 % | 53 | 50 | 57 |
| 3. Environnement | Anglophones | 72 % | 50 | 64 | 66 |
| 4. Pauvreté | Francophones | 36 % | 44 | 41 | 50 |
| | Anglophones | 58 % | 53 | 47 | 58 |
| 5. Éducation | Francophones | 34 % | 33 | 35 | 41 |
| | Anglophones | 44 % | 44 | 52 | 43 |
| 6. Racisme | Francophones | 52 % | 60 | 67 | 79 |
| | Anglophones | 47 % | 53 | 50 | 69 |
| 7. Emploi (moins bonne) | Francophones | 54 % | 52 | 49 | 64 |
| | Anglophones | 43 % | 86 | 86 | 83 |
| 8. Préfère vivre (désaccord) | Francophones | 85 % | 92 | 92 | 90 |
| | Anglophones | 94 % | 90 | 73 | 86 |
| 9. Vivrait mieux (désaccord) | Francophones | 63 % | 74 | 75 | 84 |
| | Anglophones | 84 % | 74 | 81 | 61 |
| 10. ALENA (désaccord) | Francophones | 51 % | 57 | 63 | 74 |
| | Anglophones | 56 % | 63 | 76 | 83 |

## TABLEAU 3F

### Scolarité et langue

|  |  | 0 – 12 | 13 – 15 | 16 et + |
|---|---|---|---|---|
| 1. Santé | Francophones | 72 % | 82 | 81 |
|  | Anglophones | 80 % | 81 | 88 |
| 2. Personnes âgées | Francophones | 46 % | 56 | 58 |
| 3. Environnement | Francophones | 58 % | 64 | 66 |
| 4. Pauvreté | Francophones | 33 % | 48 | 52 |
|  | Anglophones | 47 % | 33 | 68 |
| 5. Éducation | Francophones | 28 % | 39 | 42 |
|  | Anglophones | 52 % | 52 | 41 |
| 6. Racisme | Francophones | 52 % | 68 | 78 |
|  | Anglophones | 41 % | 58 | 57 |
| 7. Emploi | Francophones | 50 % | 54 | 61 |
|  | Anglophones | 64 % | 83 | 80 |
| 8. Préfère vivre | Francophones | 88 % | 89 | 93 |
|  | Anglophones | 87 % | 93 | 73 |
| 9. Vivrait mieux | Francophones | 63 % | 79 | 86 |
| 10. ALENA | Francophones | 54 % | 63 | 66 |

TABLEAU 3G

## Langue et groupes d'âge

| | | 18 – 34 ans | 35 – 44 ans | 45 – 54 ans | 55 ans et + |
|---|---|---|---|---|---|
| 1. Santé | Francophones | 77 | 78 | 81 | 72 |
| | Anglophones | 89 | 95 | 97 | 66 |
| 2. Personnes âgées | Francophones | 52 | 53 | 54 | 47 |
| | Anglophones | 68 | 78 | 69 | 38 |
| 3. Environnement | Francophones | 67 | 65 | 56 | 54 |
| | Anglophones | 60 | 78 | 76 | 40 |
| 4. Pauvreté | Francophones | 49 | 45 | 35 | 34 |
| | Anglophones | 61 | 78 | 60 | 26 |
| 5. Éducation | Francophones | 42 | 33 | 29 | 30 |
| | Anglophones | 47 | 54 | 49 | 44 |
| 6. Racisme | Francophones | 61 | 67 | 70 | 55 |
| | Anglophones | 53 | 49 | 54 | 56 |
| 7. Emploi | Francophones | 54 | 53 | 55 | 53 |
| | Anglophones | 53 | 84 | 76 | 87 |
| 8. Préfère vivre | | | | | |
| 9. Vivrait mieux | Francophones | 73 | 77 | 77 | 70 |
| | Anglophones | 83 | 68 | 65 | 83 |
| 10. ALENA | Francophones | 64 | 61 | 59 | 53 |
| | Anglophones | 69 | 68 | 62 | 80 |

## ANNEXE 4

## Composition de l'échantillon selon la langue

### Scolarité et Langue

|  | 0 – 12 années | 13 – 15 années | 16 années et + |
|---|---|---|---|
| Francophones | 44 % | 28 | 27 |
| Anglophones | 29 % | 29 | 41 |

### Revenu et Langue

|  | – 20 000 $ | 20 – 39 000 $ | 40 – 59 000 $ | 60 000 $ et + | Refus |
|---|---|---|---|---|---|
| Francophones | 20 % | 30 | 21 | 19 | 10 |
| Anglophones | 17 % | 25 | 31 | 18 | 10 |

### Groupes d'âge et Langue

|  | 18 – 34 ans | 35-44 ans | 45-54 ans | 55 ans et + |
|---|---|---|---|---|
| Francophones | 34 % | 26 | 19 | 21 |
| Anglophones | 29 % | 18 | 18 | 35 |

## BIBLIOGRAPHIE

BOUCHARD, Gérard (1999a), *La nation québécoise au futur et au passé*, Montréal, VLB.

BOUCHARD, Gérard et Michel LACOMBE (1999b), *Dialogue sur les pays neufs*, Montréal, Boréal.

BOUCHARD, Gérard et Yvan LAMONDE (dir.) (1995), *Québécois et Américains, la culture québécoise aux XIXe et XXe siècles*, Montréal, Fides.

JACEK, Henry J. (1993), « Unequal partners... Canadian-US dyads », dans Riekhoff, H. von et H. Neubold (dir.) *Unequal partners...*, Boulder, Westview Press, p. 27-45.

LACZKO, Leslie S. (1996), « Language, Region, Race, Gender and Income : Perceptions of Inequalities in Quebec and English Canada », dans Frizzell, A. et J.H. Pammett (dir.), *Social Inequality in Canada*, Ottawa/Carleton, University Press.

LACZKO, Leslie S. (1998), « Inégalités et État-providence : le Québec, le Canada et le monde », *Recherches sociographiques*, vol. XXXIX, n[os] 2-3, p. 317-340.

LAMONDE, Yvan (1991), *Territoires de la culture québécoise*, Sainte-Foy, Les Presses de l'Université Laval.

LESEMANN, Frédéric (2000), « De l'État-providence à l'État partenaire », dans Giroux, G. (dir.), *L'État, la société civile et l'économie. Turbulences en période de décroissance*, Sainte-Foy, Les Presses de l'Université Laval.

TOURAINE, Alain (1992), *Critique de la modernité*, Paris, Fayard.

WELSH, Jennifer M. (2000), « Is a Nor th-American Generation Emerging ? », *ISUMA, Canadian Journal of Policy Research*, vol. 1, n° 1, printemps, p. 86-92.

# TROISIÈME PARTIE

# IDENTITÉS CULTURELLES AMÉRICAINES

# L'AMÉRICANITÉ OU LA RENCONTRE DE L'ALTÉRITÉ ET DE L'IDENTITÉ

*Léon Bernier*

Les questions qui, comme celle de l'américanité des Québécois, relèvent du sentiment d'appartenance et de l'identité, sont particulièrement difficiles à cerner de manière empirique. Si l'on peut affirmer que depuis quelques années le thème de l'américanité s'est imposé comme dimension importante des débats entourant l'évolution des dynamiques identitaires de la société québécoise, une large part d'ombre demeure sur la présence et l'expression de ces « références américaines » au sein de la population québécoise.

C'est à combler en partie cette lacune que visait le sondage sur l'américanité des Québécois réalisé il y a quelques années. Pour des raisons qui tiennent à l'ambivalence du concept d'américanité autant qu'à la difficulté de le traduire de façon opératoire, les résultats de ce sondage nous renseignent davantage sur les perceptions des Québécois à l'égard des États-Unis et des Étatsuniens qu'ils ne clarifient vraiment le sens et la portée du terme « américanité des Québécois ». Aurait-il pu d'ailleurs en être autrement ? Tout en voulant contester l'appropriation historique de l'étiquette « Américain » par les citoyens des États-Unis d'Amérique, les auteurs de l'enquête ne pouvaient passer outre au fait que, pour un Québécois, l'« Américain » est d'abord un autre face auquel il n'a pas le choix de se situer pour être en mesure de se définir lui-même en tant qu'Américain. À une question de l'enquête où l'on cherchait à savoir ce que signifiait pour les répondants être un Américain ou une Américaine, 60 % ont, de fait, répondu « un citoyen des États-Unis » (annexe 1, question B3).

Si l'on ne peut donc échapper à cette nécessaire mise en perspective étatsunienne de l'américanité des Québécois, on ne peut pas non plus aborder la question sans tenir compte des rapports entretenus par les

Québécois avec leur identité canadienne. Il est théoriquement pensable que chez un même individu les identités québécoise, canadienne et nord-américaine puissent s'emboîter sans problème à la manière de poupées gigognes. Le Québec n'est-il pas dans le Canada et le Canada dans l'Amérique du Nord? Mais, dans les faits, ces différentes identifications spatio-symboliques risquent de s'agencer suivant d'autres logiques que celle des cercles concentriques en faisant intervenir des rapports d'exclusion et non pas seulement d'inclusion.

Comme nous l'enseignent les historiens, pendant de nombreuses années, les Québécois, du moins la classe la plus instruite, ont ignoré leur américanité (Bouchard, 1995, 1998; Lamonde, 1995). C'était aussi l'époque où les francophones du Québec ne voyaient pas d'objection à se désigner comme Canadiens français. Sans qu'on puisse y voir une relation de cause à effet, le développement d'une conscience continentale parmi les Québécois, notamment les francophones, semble contemporain de l'adoption du terme « Québécois » pour désigner leur appartenance sociétale et identitaire. Comme si le fait de se définir non plus tant par leur origine ethno-historique que par leur ancrage sociétal actuel sur le territoire avait permis aux Québécois de revoir de façon plus globale l'ensemble de leur inscription dans l'espace.

Cette autonomisation socio-symbolique du Québec à l'égard du Canada devient par ailleurs elle-même source de différenciation à l'intérieur de la société Québécoise. Malgré l'apparente neutralité ethnique du terme Québécois, celui-ci reste connoté Québec français, avec le sentiment d'exclusion ou d'auto-exclusion que cela est de nature à induire chez certains, pour qui l'appellation Canadien perd à son tour son caractère de neutralité pour devenir en quelque sorte l'objet d'un choix affectif ou idéologique. Dans ce contexte, c'est moins l'image des cercles concentriques que celle des relations triangulaires qui semble pouvoir rendre le mieux compte des rapports entretenus par les Québécois avec les divers espaces identificatoires que représentent le Québec, le Canada et l'Amérique du Nord.

On ne saurait par ailleurs saisir adéquatement la nature des relations entre ces différents espaces identitaires en les considérant sur un seul et même plan. L'enquête sur l'américanité des Québécois indique à cet égard que très peu de citoyens du Québec se considèrent *en premier lieu* comme Nord-Américains (annexe 1, question B4) mais qu'une majorité adhère à l'idée d'une appartenance nord-américaine à titre d'identification seconde, surtout parmi ceux qui s'identifient d'abord et avant tout comme *Québécois* par opposition à ceux qui s'identifient d'abord comme *Canadiens ou Canadiens anglais* (annexe 1, tableau 1). Le croisement des identifications premières et secondes montre aussi qu'une identification première au Québec s'accompagne assez rarement d'une identification seconde au Canada, alors que ceux qui choisissent le Canada comme identification première ont aussi souvent tendance à le choisir comme identification seconde (annexe 1, tableau 1), ce qui nous a fait dire ailleurs (Bernier et Bédard, 2000) que pour les citoyens du Québec qui se disent d'abord *Canadiens*, cette identification première aurait tendance à faire écran au sentiment d'appartenance plus large à l'Amérique du Nord tandis que pour ceux qui se sentent d'abord *Québécois*, l'identification au Canada semblerait facilement court-circuitée au profit d'un sentiment d'appartenance continentale. Comme si la distance à l'égard du Canada que représente l'adhésion explicite à l'identité de *Québécois* était de nature à favoriser chez ses porteurs un dédoublement identitaire sous forme d'un emboîtement des identités québécoise et nord-américaine, alors qu'un sentiment d'aliénation face à l'identité québécoise de la part de citoyens du Québec induisait chez plusieurs d'entre eux une sorte de repli identitaire à l'intérieur de l'espace canadien.

L'expression repli identitaire peut sans doute s'appliquer aussi pour la minorité qui, en dehors d'être *Québécois*, ne se reconnaissent pas d'autre identification seconde, hormis une appartenance à leur région ou leur localité. Si, dans l'ensemble, près du tiers ont dit s'identifier d'abord à leur région ou leur localité (annexe 1, question B4, réponses 1 et 2), moins de 5 % seulement peuvent cependant être classés dans la catégorie des Québécois localistes, correspondant à ceux d'entre eux qui ne se reconnaissent aucune autre identification collective plus large que celle d'être *Québécois*.

Parmi les « identifications secondes » que l'analyse des résultats du sondage aura fait apparaître, se dégagent non pas une mais deux catégories qui traduisent, chacune à leur façon, la présence chez les Québécois, d'un sentiment d'appartenance à l'Amérique. Si la première de ces catégories renvoie, comme on l'a signalé plus haut, à l'expression d'un sentiment d'appartenance continentale à l'Amérique en tant qu'espace d'inclusion dans lequel le Québec aussi bien que le Canada et le Mexique viennent s'emboîter, la seconde paraît davantage faire référence à une sorte de commun dénominateur identitaire auquel certains se sentent participer du fait de vivre en contexte nord-américain. Pour des raisons qui vont se clarifier davantage dans le reste du texte, nous avons choisi de désigner cette catégorie en parlant d'une identification aux États-Unis ou, plus précisément, à un certain stéréotype de la réalité étatsunienne. Près de 8 % du total des répondants de l'enquête et plus de 10 % de ceux qui se sont dits d'abord *Québécois* peuvent y être classés (annexe 1, tableau 1).

Pour bien saisir ce qu'un tel résultat peut vouloir dire, il faudrait pouvoir disposer, comme pour l'analyse du sentiment d'appartenance continentale, de données plus sensibles que celles produites à l'aide d'un questionnaire. Mais comme nous avons tenté de le montrer dans l'article précité (Bernier et Bédard, 2000) et comme nous chercherons à le préciser encore davantage plus loin, la distinction que les réponses au sondage permettent d'apporter entre ceux, beaucoup plus nombreux, qui se disent Nord-américains et ceux qui se considèrent *comme des Étatsuniens*, n'est pas sans fournir un certain substrat empirique à l'opposition théorique entre américanité et américanisation des Québécois.

Il existe par ailleurs une assez forte minorité de Québécois qui, plutôt qu'à l'Amérique, tendent à s'identifier à l'Europe ou encore au Monde dans son ensemble. Sans nous attarder à creuser la signification d'une telle expression d'appartenance, au sujet de laquelle nous disposons d'ailleurs de peu de données, nous y trouverons un point de comparaison pour tenter de mieux comprendre l'intensité que semble prendre aujourd'hui la conscience d'une appartenance continentale à l'Amérique au sein de la population québécoise.

## Identification étasunienne et appartenance continentale

Nonobstant la préséance donnée *a priori* aux appartenances larges sur les appartenances restreintes pour la construction de la variable *d'identification seconde* (annexe 1), avec pour conséquence une possible surévaluation des premières et une possible sous-évaluation des secondes, les résultats du sondage sur l'américanité des québécois tendent à montrer que le sentiment d'américanité, comme expression d'appartenance distinctive au continent nord-américain, fait désormais partie de l'espace identitaire d'une forte proportion de Québécois. Présent davantage chez les francophones que chez les anglophones (tableau 2A), ce sentiment d'américanité tendrait à s'accroître dans les nouvelles générations (tableau 2B) et à progresser avec le niveau de scolarité (tableau 2C). Il semblerait également se manifester tout autant sinon même davantage dans le reste du Québec qu'à Montréal (tableau 2D).

Il serait hasardeux de prétendre que ce sentiment d'appartenance nord-américaine, tel que saisi au moyen de repères empiriques somme toute assez minces, veut dire chaque fois la même chose pour tous ceux auxquels il est possible de l'attribuer. Mais la polysémie probable du construit statistique qui nous sert ici d'indicateur ne constitue pas un obstacle incontournable à la poursuite de l'analyse. Faute d'autres précisions directes sur le sens (les sens) et les contenus d'expériences qu'est susceptible de recouvrir le terme américanité, c'est par la multiplication d'indices indirects et notamment par l'examen des caractéristiques comparatives des diverses catégories de la variable d'identification seconde qu'on peut tenter de faire progresser un peu la compréhension.

Une première piste nous est fournie à travers la comparaison déjà amorcée entre ceux dont l'appartenance américaine apparaît largement assimilable à une identification aux *États-Unis* et ceux chez lesquels la revendication d'appartenance à l'*Amérique du Nord* apparaît précisément se construire sur une distinction entre américanité et « étasunianité ».

Précisons d'abord que les individus classés comme ayant un sentiment d'appartenance seconde à une Amérique étatsunienne sont aussi, de par la logique retenue pour la construction de la variable d'identification seconde (annexe1), des individus dont les rapports symboliques au territoire sont de type localistes. Ces individus ne sont pas très différents à cet égard des Québécois qui paraissent se satisfaire d'une identification symbolique à leur province, leur région ou leur localité, sinon qu'ils se considèrent en plus comme « américains ». Ces deux groupes ont aussi en commun d'être majoritairement composés d'individus faiblement scolarisés (annexe 3, tableau 3). À cela sont associées d'autres caractéristiques également communes à ces deux groupes, dont une plus faible tendance que dans les autres groupes à se tenir informés (Bernier et Bédard, 1999), mais aussi et surtout un moindre niveau de contact (sous forme de liens personnels ou de visites pour les vacances) avec la réalité étatsunienne (tableau 3B).

On verra plus loin que *Québécois localistes* et *Québécois étatsuniens* se distinguent les uns des autres par certaines de leurs préférences et pratiques en matière de consommation culturelle, les derniers s'avouant davantage consommateurs de produits culturels étatsuniens alors que les premiers se caractérisent par une tendance, en matière de culture, à consommer québécois. Ce qui caractérise en outre plus spécifiquement les Québécois que nous appelons *étatsuniens*, et qui vient préciser le sens de leur identification américaine, est leur façon très différente des autres Québécois de lire la réalité québécoise en regard de la société étasunienne. Cette lecture contrastée apparaît nettement dans les résultats de l'annexe 4.

Alors que, majoritairement, les Québécois, qu'ils soient localistes ou globalistes quant à leur identification seconde, aiment à se percevoir différents de leurs voisins du sud, ceux que nous appelons *étasuniens* ont plutôt tendance à percevoir les deux sociétés comme semblables en ce qui concerne différents aspects de leurs modes de vie respectifs, tels les pratiques alimentaires, l'habillement, ou les habitudes de vacances (tableau 4A). Ils se distinguent aussi des autres Québécois par une plus forte propension à considérer non seulement que « les cultures québécoise et américaine (étasunienne) se ressemblent », mais que « l'influence des États-Unis est bénéfique pour le développement culturel du Québec » ; pour plusieurs d'entre eux, les Québécois sont à toutes fins utiles « des Américains (Étatsuniens) parlant français » (tableau 4B).

Sans exclure qu'une partie de ce groupe puisse s'attribuer l'étiquette étasunienne de manière cynique et ironique, l'hypothèse la plus plausible est toutefois qu'il s'agit là de Québécois qui assument non seulement leur américanité, c'est-à-dire leur appartenance à une culture du Nouveau Monde (Nepveu, 1998), mais leur américanisation, soit leur assimilation à l'*American way of life* identifié à une certaine culture de consommation étasunienne. La présence de ce groupe minoritaire qui, pourrait-on dire, paraît se plaire d'une participation à l'américanité étasunienne, fait d'autant mieux ressortir le fait qu'un beaucoup plus grand nombre de Québécois évoquent leur américanité comme dimension de leur identité propre.

## L'américanité comme dimension d'une spécificité québécoise

Comme les résultats de l'annexe 4 permettent de l'entrevoir, la présence d'une certaine conscience continentale, parmi les Québécois, ne se traduit pas nécessairement par l'effacement du sentiment d'appartenance à un espace culturel distinct. Placés, sous ce rapport, entre les Québécois localistes, les Québécois qui préfèrent se nommer Canadiens et ceux, enfin, qui aiment à se rattacher à l'Europe ou au Monde dans son ensemble, ceux qui se reconnaissent à titre d'identification seconde comme Nord-Américains n'apparaissent pas, loin de là, les moins soucieux d'affirmer l'existence d'une spécificité culturelle du Québec par rapport aux États-Unis. On peut essayer de voir si ces différentes façons d'appartenir à la société québécoise ne sont pas associées à des modalités également différentes d'aborder cette question de la spécificité culturelle du Québec.

Nous avons utilisé plus haut l'expression « repli identitaire » à propos tant de la minorité classée dans la catégorie des Québécois localistes que de celle, plus nombreuse, des Québécois qui choisissent de s'appeler Canadiens. À ces deux positions de repli correspondent cependant des expériences de relation très différentes avec la réalité étatsunienne et cela mérite qu'on s'y attarde un peu.

On a vu plus haut que les Québécois localistes sont ceux qui entretiennent le moins de contacts directs avec les États-Unis, ce qui les oppose directement aux Québécois qui se disent Canadiens et qui, au contraire, fréquentent le plus les États-Unis et surtout y ont le plus de liens personnels de type ancestral, familial ou amical (tableau 3B). Les différences entre les deux groupes ne s'arrêtent pas là. Les Québécois qui se disent Canadiens sont aussi, de tous le Québécois, ceux qui, très nettement, lisent le plus de revues américaines et écoutent le plus la télévision américaine (tableaux 5A et 5B) alors qu'à l'inverse, les Québécois localistes sont ceux qui restent le plus à l'écart de ces sources d'information et d'influence en provenance des États-Unis.

À ces niveaux de fréquentation différents des médias étatsuniens correspondent aussi des préférences culturelles distinctes, tout particulièrement au plan des choix musicaux (tableau 5D). Si les Québécois localistes préfèrent le plus souvent la musique québécoise, ceux qui se disent Canadiens sont, de tous les Québécois, les plus nombreux à avouer une préférence pour la musique américaine. Donc, si l'on peut se permettre de parler, pour ces deux groupes, de repli identitaire en regard d'une appartenance plus large à l'Amérique, il s'agit dans un cas d'un repli qui trouve à s'actualiser dans l'attachement et la participation à une communauté culturelle locale, tandis que dans l'autre il s'agit plutôt d'un repli sous forme d'affirmation d'une différence de la part d'un groupe qui se sait hétéronome dans ses pratiques et habitudes culturelles. À cet égard, il n'est pas inutile de rappeler que l'identification seconde au Canada caractérise beaucoup plus les anglophones que les francophones du Québec (tableau 2A), ce qui n'est cependant pas le cas pour l'identification à l'Amérique du Nord.

En ce qui concerne la consommation des produits culturels étasuniens de même que l'intensité des contacts avec les États-Unis (tableau 3B), les Québécois qui expriment un sentiment d'appartenance continentale occupent une position intermédiaire entre les deux groupes précédents.

Moindres lecteurs de périodiques américains que les Québécois qui se disent Canadiens, ils écoutent cependant plus souvent la télé étasunienne que les Québécois localistes (tableaux 5A et 5B). Leurs préférences en matière de culture traduisent par ailleurs une pluralité d'appartenances et d'intérêts. Au plan musical, leurs préférences sont québécoises (tableau 5D) mais elles sont américaines en matière de cinéma (tableau 5C). Par contre, en tant que lecteurs d'ouvrages de fiction, ils sont parmi ceux qui, en pourcentage, lisent le moins de romans d'auteurs américains (tableau 5E). Par comparaison, les Québécois qui expriment une identification à l'Europe ou au monde dans son ensemble se révèlent, dans leurs préférences culturelles, à la fois moins « étasuniens » et moins « québécois » que ceux qui s'affirment Nord-Américains, leurs choix musicaux et cinématographiques allant plus nettement vers des productions culturelles d'« autres provenances » (tableaux 5C et 5D).

Les résultats de l'annexe 4 nous rappellent par ailleurs que ce sont ces deux groupes, soit celui qui exprime une appartenance continentale à l'Amérique et celui qui se reconnaît une composante identitaire européenne ou mondiale, qui ont le plus fortement tendance à percevoir le Québec comme société culturellement distincte de la société étasunienne, comme si la distanciation que favorise ce type d'identification globale avait pour effet d'accroître et non de réduire la sensibilité aux différences culturelles.

Cela tend à montrer non seulement qu'américanité n'est pas synonyme d'acculturation étasunienne, mais que la reconnaissance, par les Québécois, de *leur* américanité pourrait bien venir prendre le relais de la référence européenne à titre de contre-offensive implicite à l'«américanisation» entendue comme processus de *dé*différenciation culturelle par effet de mondialisation de l'industrie culturelle étasunienne.

Il y a, chez les historiens, une tendance à percevoir la référence américaine et l'héritage européen comme antinomiques et à les associer à une opposition culturelle de classes populaires spontanément plus «américaines» et de milieux lettrés scolairement plus «européens». Si des distinctions de classe continuent de départager les références identitaires des Québécois, elles jouent cependant moins sur l'axe historique Ancien Monde/Nouveau Monde que sur le continuum géographique local-global. Les références à l'Europe et au Monde dans son ensemble restent caractéristiques des milieux plutôt scolarisés, mais les résultats de l'enquête montrent que la référence à l'Amérique, en tant qu'elle se distingue d'une identification étasunienne, l'est tout autant (tableau 3A). De fait, ces orientations globalistes, qu'elles soient axées vers le Nouveau Monde ou l'Ancien Monde se retrouvent assez bien réparties dans les différentes catégories sociales ; ce qui ressort davantage est bien plutôt l'association, déjà soulignée, entre faible scolarité et identifications localistes, lesquelles se subdivisent, comme on l'a vu, en une double façon de se représenter la culture québécoise locale et de s'y identifier, comme culture que l'on s'attribue en propre d'une part, comme variante de ce que l'on valorise dans la culture étasunienne d'autre part.

Dans cette perspective, que laissent entrevoir les résultats du sondage mais qui demanderait de plus amples et d'autres types d'approfondissements, les identifications globalistes, qu'elles prennent comme référence l'Europe ou l'Amérique, apparaissent avoir pour effet de rompre avec ce que les visions localistes ont de réducteur et d'uniformisant, en introduisant une dimension d'altérité au sein même de la construction identitaire québécoise. Ce que cela suggère aussi est que ces deux références d'orientation globalistes ne sont pas, l'une (l'européenne) tournée vers le passé, l'autre (l'américaine) orientée vers l'avenir, mais que les deux s'inscrivent dans l'actualité historique du Québec, tout comme sont susceptibles de s'y inscrire aussi des références plus diverses et plus spécifiques (amérindiennes ; latino-américaines ; arabes ; asiatiques, etc.) introduites soit du fait d'une immigration de plus en plus diversifiée, soit de la multiplication des destinations de voyage, soit d'une circulation en rapide progression dans le cyberespace.

Que ces références multiples, et au premier chef l'idée d'américanité, aient pour conséquence la remise en question des anciennes bases ethno-historiques de l'identité québécoise est assez évident. Cela ne signifie aucunement cependant qu'il y a ou qu'il y aura diminution, chez les Québécois, du sentiment d'appartenir à une société distincte. C'est ce que montrent les résultats que nous venons d'analyser.

## ANNEXE 1

### Identifications premières et secondes des Québécois

B1. (Variable *identification première*) De manière générale, diriez-vous que vous vous identifiez **d'abord et avant tout** comme...
1. Québécois          54 %
2. Canadien           19 %
3. Canadien français  23 %
4. Canadien anglais   2 %

B2. **Au-delà de cette identité** (déterminé en B1), vous sentez-vous davantage...

| | |
|---|---|
| Américain | 12 % |
| **Nord-Américain** | **68 %** |
| Européen | 10 % |
| Autres | 3 % |
| Ne sait pas | 5 % |

B3. Qu'est-ce que c'est pour vous être un « Américain » ou une « Américaine » ?
1. Un citoyen des États-Unis                              60 %
2. Une personne qui habite le continent nord-américain    20 %
3. Un citoyen des deux Amériques                          18 %
4. Ne sait pas                                             2 %

B4. Parmi les choix suivants, à quelle région géographique diriez-vous que vous appartenez **d'abord et avant tout** ?
1. la localité ou la municipalité où vous habitez    13 %
2. votre région                                      16 %
3. la province où vous vivez                         40 %
4. le Canada dans son ensemble                       20 %
5. **l'Amérique du Nord**                            **4 %**
6. le Monde dans son ensemble                        7 %

Variable *identification seconde (locale-globale)*
1. États-Unis                  7,9 %
2. Localité, région, province  4,6 %
3. Canada                      20,5 %
4. Amérique                    53,6 %
5. Europe-Monde                13,4 %

Logique de construction de la variable *identification seconde*. Cette variable résulte d'un croisement des réponses aux questions B2 et B4 et procède d'une logique de construction qui tend à maximiser les appartenances à des ensembles larges, si bien que les individus qui y sont classés dans la catégorie 2, *Localité, région, province*, sont ceux qui, d'une part, ont répondu 1, 2 ou 3 à la question B4 et ne se sont reconnus aucune autre appartenance plus large en B2. Cette catégorie est donc tout à fait exclusive et restrictive ; elle regroupe la minorité de ceux qui affichent une appartenance très *localiste* à la société québécoise.

La catégorie 1, *États-Unis*, regroupe tous ceux qui ont répondu « Américain » à la question B2 et n'ont pas répondu « le Canada dans son ensemble », « l'Amérique du Nord » ou « le Monde dans son ensemble » à la question B4. Elle regroupe donc des Québécois dont l'identification spatio-symbolique est aussi très localiste.

La catégorie 3, *Canada*, regroupe ceux qui ont répondu « le Canada dans son ensemble » à la question B4 ou « Canadien » à la question B2.

La catégorie 4, *Amérique du Nord*, regroupe tous ceux qui ont répondu « Nord-Américain » à la question B2 ou « Amérique du Nord » à la question B4.

La catégorie 5, *Europe-Monde*, regroupe ceux qui ont répondu « Européen » à la question B2 ou « le Monde dans son ensemble » à la question B4.

### TABLEAU 1
### Croisement des identifications premières et secondes

| Identification seconde (locale-globale) | Identification première | | | | |
|---|---|---|---|---|---|
| | Québécois n = 1188 (53,9 %) | Canadien français n = 506 (23 %) | Canadien ou Can. anglais n = 469 (21,3 %) | Autre ou ne sait pas n = 40 (1,8 %) | Total n = 2203 (100 %) |
| États-Unis n = 173 | 10,4 % | 5,1 % | 4,9 % | – | 7,9 % |
| Localité (région ; province) n = 102 | 5,0 % | 4,5 % | 2,8 % | 17,5 % | 4,6 % |
| Canada n = 452 | 8,2 % | 30,8 % | 41,4 % | 12,5 % | 20,5 % |
| Amérique du Nord n = 1181 | 62,6 % | 50,4 % | 34,8 % | 47,5 % | 53,6 % |
| Europe-Monde n = 295 | 13,8 % | 9,1 % | 16,2 % | 22,5 % | 13,4 % |
| Total | 100 % | 100 % | 100 % | 100 % | 100 % |

## Annexe 2

## Croisement de la variable *identification seconde* (locale-globale) et des variables *groupe linguistique, âge, scolarité* et *région*

### TABLEAU 2A

**Identifications secondes et groupe linguistique (langue maternelle)**

| Identifications secondes (locale-globale) | Francophones n = 1863 | Anglophones n = 203 | Échantillon total n =2203 |
|---|---|---|---|
| États-Unis | 8,8 % | 2,4 % | 7,8 % |
| Localité (région ; prov.) | 5,0 % | 4,2 % | 4,6 % |
| Canada | 16,8 % | 42,0 % | 20,5 % |
| Amérique du Nord | 57,0 % | 39,4 % | 53,6 % |
| Europe-Monde | 12,4 % | 12,0 % | 13,4 % |

### TABLEAU 2B

**Identifications secondes et groupe d'âge**

| Identifications secondes (locale-globale) | 18-34 ans n = 733 | 35-44 ans n = 574 | 45-54 ans n = 397 | 55 ans et + n = 481 |
|---|---|---|---|---|
| États-Unis | 9,1 % | 8,8 % | 7,7 % | 5,2 % |
| Localité (région, prov.) | 3,6 % | 5,1 % | 4,6 % | 5,7 % |
| Canada | 14,9 % | 18,1 % | 17,2 % | 34,9 % |
| Amérique du Nord | 59,5 % | 54,4 % | 56,6 % | 40,7 % |
| Europe-Monde | 12,9 % | 13,7 % | 13,9 % | 13,6 % |

TABLEAU 2C

### Identifications secondes et scolarité

| Identifications secondes (locale-globale) | 8 à 12 ans n = 820 | 13 à 15 ans n = 619 | 16 ans et + n = 646 |
|---|---|---|---|
| États-Unis | 11,9 % | 7,4 % | 2,7 % |
| Localité (région, prov.) | 6,6 % | 2,4 % | 2,7 % |
| Canada | 21,0 % | 19,4 % | 18,7 % |
| Amérique du Nord | 50,3 % | 54,5 % | 60,5 % |
| Europe-Monde | 10,2 % | 16,3 % | 15,4 % |

TABLEAU 2D

### Identifications secondes et région

| Identifications secondes (locale-globale) | Île de Montréal n = 548 | Québec n = 198 | Reste du Québec n = 1456 |
|---|---|---|---|
| États-Unis | 6,4 % | 8,1 % | 8,3 % |
| Localité (région, prov.) | 3,1 % | 4,0 % | 5,3 % |
| Canada | 23,4 % | 19,7 % | 19,6 % |
| Amérique du Nord | 49,5 % | 56,6 % | 54,8 % |
| Europe-Monde | 17,7 % | 11,6 % | 12,0 % |

## ANNEXE 3

### TABLEAU 3A

**Niveaux de scolarité suivant les catégories de la variable**
***identification seconde* (locale-globale)**

| Scolarité | Identification seconde (locale-globale) | | | | | |
|---|---|---|---|---|---|---|
| | États-Unis | Localité, région, prov. | Canada | Amérique du Nord | Europe-Monde | Total n = 2200 |
| Moins de 12 ans | 63,4% | 68,4% | 46,5% | 38,4% | 31,9% | 42,5% |
| 13 à 15 ans | 26,7% | 14,9% | 26,6% | 28,5% | 34,2% | 28,1% |
| 16 ans et plus | 9,9% | 16,8% | 26,8% | 33,1% | 33,9% | 29,4% |
| Total | 100% | 100% | 100% | 100% | 100% | 100% |

### TABLEAU 3B

**Contacts avec les États-Unis suivant les catégories de la variable**
***identification seconde* (locale-globale)**

| Contacts avec É.-U. | Identification seconde (locale-globale) | | | | | |
|---|---|---|---|---|---|---|
| | États-Unis | Localité, région, prov. | Canada | Amérique du Nord | Europe-Monde | Total n = 1705 |
| Contacs personnels | 28,4% | 27,7% | 49,4% | 36,9% | 38,3% | 38,5% |
| Vacances | 30,6% | 21,7% | 25,0% | 33,0% | 35,2% | 30,9% |
| Pas de contact | 41,0% | 50,6% | 25,6% | 30,1% | 26,5% | 30,6% |
| Total | 100% | 100% | 100% | 100% | 100% | 100% |

## ANNEXE 4

### Identifications secondes et perceptions d'une spécificité culturelle du Québec par rapport aux États-Unis

TABLEAU 4A

**Perceptions de la ressemblance/différence des modes de vie des Québecois et des Étatsuniens suivant les catégories de la variable *identification seconde* (locale-globale)**

| Ress./diff. des modes de vie* | Identification seconde (locale-globale) | | | | |
|---|---|---|---|---|---|
| | États-Unis | Localité | Canada | Am. du N. | Eur.-Monde |
| Différents | 28,9% | 32,4% | 32,9% | 41,8% | 46,6% |
| Perception partagée | 23,1% | 17,6% | 18,7% | 21,0% | 16,9% |
| Semblables | 42,2% | 26,5% | 34,2% | 29,1% | 25,7% |
| (Ne sait pas) | 5,8% | 23,5% | 14,2% | 8,1% | 10,8% |

\*   Cette variable est le résultat du croisement des réponses aux questions suivantes du sondage :
B5. De manière générale, vous considérez-vous beaucoup, assez, peu ou pas du tout différent des citoyens des États-Unis ?
B6. Par rapport aux éléments suivants, dites si vous vous sentez beaucoup, assez, peu ou pas du tout différent des citoyens des États-Unis : b) l'alimentation ; c) l'habillement ; d) les vacances ?

TABLEAU 4B

**Perceptions de la proximité/distance culturelle Québec–États-Unis suivant les catégories de la variable *identification seconde* (locale-globale)**

| Prox./distance culturelle* | Identification seconde (locale-globale) | | | | |
|---|---|---|---|---|---|
| | États-Unis | Localité | Canada | Am. du N. | Eur.-Monde |
| Proximité | 62,8% | 31,1% | 33,9% | 32,7% | 26,4% |
| Perception partagée | 2,9% | 11,7% | 8,4% | 6,9% | 7,8% |
| Distance | 34,3% | 51,4% | 57,4% | 60,1% | 65,4% |
| (Ne sait pas) | 0,0% | 3,9% | 0,2% | 0,3% | 0,3% |

\*   Cette variable est le résultat du croisement des réponses aux questions suivantes du sondage :
C2. L'influence générale que les États-Unis ont sur le développement culturel du Québec est bénéfique ; C5 b) les cultures québécoises et américaine se ressemblent ; C5 d) les Québécois sont des Américains parlant français.

## ANNEXE 5

### Pratiques culturelles et catégories de la variable *identification seconde* (locale-globale)

TABLEAU 5A

#### Lecture de revues américaines

|  | États-Unis | Localité | Canada | Amérique du Nord | Europe-Monde | Total |
|---|---|---|---|---|---|---|
| Lecture de revues améric. | 12,9 % | 10,9 % | 28,5 % | 15,6 % | 20,1 % | 18,3 % |

TABLEAU 5B

#### Écoute de la télévision américaine

|  | États-Unis | Localité | Canada | Amérique du Nord | Europe-Monde | Total |
|---|---|---|---|---|---|---|
| Écoutent la télé améric. | 62,6 % | 45,1 % | 72,2 % | 64,6 % | 58,2 % | 51,0 % |

TABLEAU 5C

#### Préférence pour le cinéma américain ou le cinéma d'autre provenance

|  | États-Unis | Localité | Canada | Amérique du Nord | Europe-Monde | Total |
|---|---|---|---|---|---|---|
| Préférence pour films américains | 82,0 % | 65,8 % | 75,6 % | 75,7 % | 58,3 % | 73,4 % |
| Préférence pour films d'autre prov. | 14,3 % | 26,0 % | 17,0 % | 21,6 % | 39,4 % | 22,7 % |

TABLEAU 5D

**Préférences musicales**

|  | États-Unis | Localité | Canada | Amérique du Nord | Europe-Monde | Total |
|---|---|---|---|---|---|---|
| Musique améric. | 37,0 % | 21,3 % | 40,7 % | 29,2 % | 24,8 % | 31,2 % |
| Musique québ. | 34,4 % | 43,8 % | 16,7 % | 39,2 % | 26,8 % | 32,8 % |
| Musique d'autre prov. | 26,3 % | 27,2 % | 40,5 % | 29,2 % | 44,0 % | 33,2 % |
| Ne sait pas | 2,2 % | 7,7 % | 2,2 % | 2,5 % | 4,3 % | 2,9 % |

TABLEAU 5E

**Lecture de romans américains (parmi les romans lus)**

|  | États-Unis | Localité | Canada | Amérique du Nord | Europe-Monde | Total |
|---|---|---|---|---|---|---|
| Lit moins de 50 % de romans améric. | 56,9 % | 47,2 % | 50,0 % | 63,8 % | 69,5 % | 60,8 % |

# BIBLIOGRAPHIE

BERNIER, Léon et Guy Bédard (1999), *Américanité et pratiques culturelles des Québécois*, Rapport de recherche au MCCQ, Montréal, INRS-Culture et Société et Groupe interdisciplinaire de recherche sur les Amériques (GIRA), 65 p.

BERNIER, Léon (avec la collaboration de Guy Bédard) (2000), « Américanité-américanisation des Québécois ; quelques éclairages empiriques », *Quebec Studies*, décembre.

BOUCHARD, Gérard (1995), « Le Québec comme collectivité neuve. Le refus de l'américanité dans le discours de la survivance », dans Bouchard, G. et Y. Lamonde (dir.), *Québécois et Américains. La culture québécoise aux XIX<sup>e</sup> et XX<sup>e</sup> siècles*, Montréal, Fides, p. 15-60.

BOUCHARD, Gérard (1998), « Le Québec et le Canada comme collectivités neuves. Esquisse d'étude comparée », *Recherches sociographiques*, vol. XXXIX, n[os] 2-3, p. 219-248.

LAMONDE, Yvan (1995), « L'ambivalence historique du Québec à l'égard de sa continentalité : circonstances, raisons et significations », dans Bouchard, G. et Y. Lamonde (dir.), *Québécois et Américains. La culture québécoise aux XIX<sup>e</sup> et XX<sup>e</sup> siècles*, Montréal, Fides, p. 61-84.

NEPVEU, Pierre (1998), *Intérieurs du Nouveau Monde. Essais sur les littératures du Québec et des Amériques*, Montréal, Boréal.

# UNE AMÉRICANITÉ DE LA FRANCOPHONIE ?
# LES PERCEPTIONS DE MIGRANTS QUÉBÉCOIS

## Nicolas van Schendel

La francophonie est une réalité tangible en Amérique. On estime en effet à quinze millions le nombre de locuteurs du français sur ce continent, dont environ neuf en Amérique du Nord[1] surtout concentrés au Québec.

Au-delà de ce constat, la question qui se pose est de savoir si à cette francophonie des Amériques correspond une américanité de la francophonie, c'est-à-dire une identité produite au sein de l'espace continental américain au moyen de la langue française et à partir d'une représentation de la fonction que remplit ou que pourrait remplir à l'intérieur de cet espace l'outil de la francophonie ; à partir également d'un travail réalisé sur celui-ci au contact de l'anglophonie nord-américaine principalement et, éventuellement, de l'hispanophonie et la lusophonie latino-américaines.

Dans ce texte, nous nous servirons du cas québécois pour tâcher de mieux circonscrire cette idée d'américanité de la francophonie. Dans un premier temps, nous proposerons certains repères susceptibles de contribuer à la définition d'un cadre d'analyse. Puis, nous ferons état de quelques données d'une enquête menée à Montréal auprès de migrants et relatives à la représentation de la francophonie et de l'identité francophone au Québec.

---

1. Observatoire régional du français en Amérique du Nord (ORAN), synthèse régionale, août 1999, Agence universitaire de la francophonie.

## La francophonie québécoise : un cas de figure

«Noyau dur» de la francophonie nord-américaine (Tétu, 1993), le Québec est aussi le seul endroit en dehors de la francophonie européenne où le français est la langue maternelle de la majorité de la population (un peu plus de 80 %). Par contre, dans la grande région de Montréal où vit près de la moitié de tous les Québécois, se concentre environ les trois quart des anglophones de la province. Dans cette ville, les langues française et anglaise se mesurent constamment l'une à l'autre.

À propos de la dynamique des rapports linguistiques à Montréal, Baier (1997) écrit ceci :

> Maintenant déjà et un peu partout, on peut entendre à Montréal les accords d'un concert de langues auquel les oreilles des habitants des États-Nations d'Europe sont loin d'être habitués : dans le métro, des collègues de bureau peuvent mener une conversation (et nullement au ralenti) où *l'un questionne en anglais et l'autre répond en français* sans que cela intrigue les autres, et sans qu'aucun d'eux ne perde des plumes du panache superflu de son identité[2].

Cette observation ne saurait mieux traduire, à la fois la réalité de certains comportements linguistiques dans une ville comme Montréal et l'un des enjeux qu'elle sous-tend peut-être, à savoir que parmi les fonctions de l'utilisation du français dans un contexte comme celui de la société québécoise, le fait de *répondre* dans cette langue à quelqu'un d'autre (en l'occurrence un anglophone) est par la même occasion une manière de lui signifier que l'on veut bien *répondre* d'une identité qui le concerne tout autant. Deux ordres de facteurs sont à retenir pour comprendre cette attitude : l'un concerne les repères narratifs de cette identité, l'autre, le rôle qu'y remplit la langue elle-même.

### La production de l'identité

La production de l'identité linguistique au Québec emprunte de moins en moins aux vieux mythes clinquants d'empire perdu et de survivance française en Amérique, pour faire de la francophonie «en contact» avec une anglophonie majoritaire, le thème d'un récit plus sobre répondant mieux aux exigences de la modernité. Ce récit débute à la fin du siècle

---

2. L. Baier (1997), *À la croisée des langues : du métissage culturel d'est en ouest* (p. 47, souligné par nous).

dernier avec la lente émigration des Canadiens français vers les villes. Elle se poursuit avec l'implantation plus marquée de ces « anciennes couches rurales dans la nouvelle société urbaine d'après-guerre, autrefois dominée par les élites anglophones, [où elles] ont su faire émerger une expression francophone [...] et l'adapter aux nécessités du développement[3] ».

Dans le cadre de ce nouvel épisode de l'histoire, parures de conquête imposées par les « Anglais » et autres artifices de résistance glorieuse étalés par les « Français d'Amérique » participent désormais de la production d'une identité québécoise archaïque. Mais en son sens moderne, le rapport à l'anglophonie et, en particulier, à la langue anglaise, demeure très important, sinon encore plus déterminant (Gauthier, 1995 ; Maurais, 1991).

Depuis les années 1960, notamment, « ce rapport s'établit autant sur le mode de la fascination — la prospérité matérielle de l'Amérique — que du rejet[4] » ; un rejet « positif », cependant, dans la mesure où il se sera moins traduit par une attitude défensive (la survivance) que par une offensive généralisée de francisation des divers secteurs d'activité, en même temps que par une tendance au renforcement de la norme linguistique concernant l'usage de mots d'origine anglaise (Maurais, 1991). Cette réaction positive peut être interprétée comme une sorte de refus de converger systématiquement vers l'anglais et non comme un rejet de la langue anglaise elle-même ou de la communauté anglophone ; bref, comme une réponse donnée poliment en français à une question posée non moins civilement en anglais au cours d'un échange entre collègues !

Cet aspect touche au rôle présumé que joue la langue française dans la production de l'identité québécoise, notamment depuis la Révolution tranquille. Depuis lors, en effet, cette identité semble moins signifier le besoin d'exprimer pour soi-même une variété de langue, à la manière d'un ornement que l'on expose fièrement (les plumes du panache), que celui d'affirmer une singularité de parole face à une autre qui tend à s'imposer toujours plus, en Amérique du Nord comme dans le reste du monde. Le rôle du français, compte tenu de sa position minoritaire, consisterait donc à agir comme instrument de prise de parole pour marquer un point de vue ou prendre une place, et non simplement à montrer un caractère différent ou à exprimer une essence : « Nous n'avons pas besoin

---

3. D. Baggioni et J.-M. Kasbarian (1996), « La production de l'identité dans les situations de francophonie en contact », p. 866.
4. J. Maurais, « Le rôle de la langue dans l'identité québécoise », *Cahiers francophones d'Europe centre-orientale*, p. 23.

de parler français, nous avons besoin du français pour parler », écrivait à ce propos l'essayiste québécois André Belleau[5].

## La conscience linguistique

Cette conception trouve un écho dans l'affirmation selon laquelle « le Québec [aurait] accédé à la parole » (Tétu, 1993) et, du même coup, jeté les bases d'une nouvelle conscience linguistique (Gendron, 1990) au moment de la Révolution tranquille. Une conscience qui aura eu comme double conséquence :

> [...] d'une part, la saisie de soi-même comme communauté linguistique autonome et de sa langue, comme d'un bien propre et un tout organique, d'autre part, le début d'une ouverture sur les autres [...] et la nécessité, comme groupe majoritaire, *d'établir des ponts*, d'abord linguistiques, avec les diverses communautés ethniques habitant le Québec[6].

La première conséquence concerne ce que l'auteur appelle le développement d'une conception autonomiste de la langue, en rupture avec l'état ou le sentiment antérieur de culpabilité linguistique vis-à-vis de « la langue de Paris » et de sa norme standard (Cajolet-Laganière et Martel, 1995 ; Martel, 1991 ; Martel et Cajolet-Laganière, 1996 ; Maurais, 1993). Ainsi, se serait produit une sorte de « rapatriement du jugement linguistique » français donnant lieu progressivement à ce qui apparaît de plus en plus au Québec comme « un large consensus [...] pour promouvoir un français standard d'ici[7] » (Martel, p. 12).

Cette variété de français est déjà marquée dans son développement de quatre influences majeures (Martel et Cajolet-Laganière, 1996) : le français de cour et les divers patois parlés en Nouvelle-France, ainsi que la *lingua franca* des commerçants et voyageurs provenant des villes portuaires de la métropole ; quelques traces de langues amérindiennes ; des néologismes forgés à même l'influence du milieu physique ; enfin, « un grand nombre d'emprunts à l'anglais et des québécisme d'adaptation [liés] à l'évolution des milieux politique, culturel et économique ». Ce français québécois standard, assure toutefois Martel (1991), « proposé comme norme québé-

---

5. Cité par Baier, *op. cit.*, p. 43.
6. J.-D. Gendron, « La conscience linguistique des Franco-Québécois depuis la Révolution tranquille », p. 54.
7. P. Martel, « L'identité linguistique du Québec : des caractéristiques uniques résultant de son histoire et de sa situation », p. 12.

coise, ne saurait être pour autant une langue différente du français international ; il s'agit au contraire d'enraciner ce dernier en terre québécoise, de l'illustrer par les paroles de ceux et de celles qui ont bâti ce pays[8] », et qui le bâtissent encore aujourd'hui, est-on tenté d'ajouter. À cet égard, Martin (1994) souligne qu'il importe de tenir compte :

> [de] l'importance nouvelle du rôle que joue une immigration francophone africaine, européenne, et asiatique [...] dans la diffusion de variétés de français au sein de la communauté linguistique montréalaise. L'impact de la diffusion de ces sociolectes concourt à modifier la dynamique des relations existantes entre les diverses variétés traditionnellement en présence et aussi les attitudes des locuteurs à l'égard de ces variétés[9].

La francophonie québécoise serait dans les faits, sinon potentiellement, une francophonie ouverte et polyphonique, sujette à un constant réaménagement.

Quant à la seconde conséquence évoquée par Gendron en termes de l'évolution de la conscience linguistique au Québec, elle relève de ce que l'auteur appelle le « rôle sociologique et social de la langue française ». Ce rôle est crucial puisqu'il concerne le statut du français, soit sa capacité à fonctionner en tant qu'instrument « de prestige et d'utilité », nécessaire à la prise de parole des francophones comme des non-francophones ainsi qu'à leurs interactions.

## Une francophonie plurielle

La loi 101, adoptée en 1977, a permis non seulement de renforcer le statut de la langue française mais aussi d'en faire un référent universel, irréductible à la culture canadienne-française ou à la mémoire historique des descendants de colons français. Dès lors en effet, « les résidents, natifs et immigrés, de toutes origines ethnoculturelles, [pouvaient être] conviés à former une collectivité francophone plurielle[10] ».

Depuis l'adoption de la loi 101, des politiques d'intégration et de gestion du pluralisme culturel ont été implantées afin de favoriser le rapprochement de la majorité linguistique et des minorités issues de l'immigration

---

8. *Idem*, p. 13.
9. A. Martin, « L'aménagement linguistique et la langue comme objet social », p. 191-192.
10. D. Helly, *Le Québec face à la pluralité culturelle : 1977-1994*, p. 29.

(Helly, 1996). La dernière de ces politiques, dont l'énoncé a été rendu public en 1990, a marqué une évolution majeure en établissant clairement les grands axes de développement en matière d'immigration et d'intégration, tout en réaffirmant les principes censés être à la base d'un «contrat moral» entre les nouveaux arrivants et la société d'accueil (MCCI, 1990). Ces principes, ou valeurs fondamentales, sont : le français, langue commune de la vie publique (Charte de la langue française), les valeurs démocratiques d'égalité des chances et de justice sociale (Charte québécoise des droits et libertés), et l'ouverture à la pluralité culturelle.

Dans son esprit, cette politique consacrait une tendance amorcée depuis les années 1970 et reflétait, dans une certaine mesure, la volonté exprimée depuis par la majorité francophone de se redéfinir suivant les paramètres d'une nouvelle citoyenneté québécoise (Balthazar, 1995) et, dans cette perspective, de se concevoir en tant que «population neuve» (Bouchard, 1996). Il importait, à ce dernier titre, de pouvoir se situer «au carrefour de ses vieilles allégeances européennes et de son inscription continentale (afin d'y) projeter son destin en termes de recommencement[11]» et d'émergence francophone, et non plus en termes de survivance française[12].

Dans ces conditions, la francophonie québécoise apparaît, non pas comme un espace majoritaire d'intégration des immigrés, mais plutôt comme un objet de réappropriation (Van Schendel et Helly, 1999) et de production identitaire.

## Émergence et polyphonies

Recommencement et émergence (population neuve), d'une part, «francopolyphonie[13]» de la parole (affirmation de la condition minori-

---

11. G. Bouchard (1996), «L'avenir de la nation comme "paradigme" de la société québécoise», p. 163.

12. Un point de vue fort différent, et reflétant une vision selon nous dépassée de la francophonie québécoise, est celui exprimé par Jean-Marc Léger dans Le Devoir du 28 janvier 1998 : «Nous ne sommes pas que francophones, nous sommes Québécois d'origine française, ou plutôt nous le sommes parce que, d'abord, nous sommes Français, issus de Français, que le Québec est un espace français avant d'être un espace francophone [...] Le Québec ne peut être réellement et durablement francophone que s'il reste très majoritairement français. Aussi, une politique familiale et une politique nataliste vigoureuse sont-elles les impératifs les plus pressants au Québec aujourd'hui.»

13. L'expression est de Stélio Farandjis — secrétaire général du Haut Conseil de la francophonie. Nous la concevons pour notre part (Van Schendel, 1999) en tant qu'elle se réfère à la pluralité des voies francophones — ou des variétés de français — en contact avec un ou plusieurs autres univers linguistiques et culturels (anglophonie, hispanophonie, etc.).

taire), d'autre part, tels sont deux des critères permettant de préciser ce que nous entendons par américanité de la francophonie.

L'idée de recommencement, on le sait, est partie prenante du mythe américain de la terre d'accueil ; une terre réputée plus libre et moins étouffante (les grands espaces), moins contraignante également en termes de possibilités d'avancement ou d'amélioration de son sort que sont censées favoriser une hiérarchie sociale moins prononcée et la souplesse des codes régissant les conduites en général (Helly et Van Schendel, 1997).

Pour notre propos, le rapport qu'établit Bouchard entre cette idée de recommencement et celle d'une émergence francophone en Amérique permet d'entrevoir la production d'une identité francopolyphonique dans laquelle se conjuguent passé et présent d'une langue française sans cesse réaménagée au gré de ses contacts avec d'autres langues et, de plus en plus, avec d'autres variétés de français. Sous ce rapport, l'américanité de la francophonie se caractériserait par la perméabilité relative de la langue française et, en ce qui concerne plus spécifiquement le Québec, par la possibilité d'accueillir et d'intégrer progressivement, grâce à l'immigration, d'autres sociolectes ; elle se définirait également par la possibilité d'innover au niveau de la terminologie et de certains usages mieux adaptés au mode de vie et à la culture nord-américaine.

La parole francopolyphonique est une autre dimension possible de cette américanité dont nous parlons, en ce qu'elle témoigne, à travers l'expression métissée de son langage, d'une pluralité de points de vue et, surtout, dans la mesure où l'américanité est vue comme incarnant une autre expérience que celle véhiculée par l'américanisation, d'un besoin de dire les choses autrement (« avoir besoin du français pour parler »), à la marge de tous les consensus, dont celui globalisant de l'anglophonie, en toute affinité d'intérêt avec d'autres paroles minoritaires.

Considéré sous cet angle, la langue française apparaît comme instrument privilégié d'une parole médiatrice (De Beaucé, 1988 ; Roy, 1995), en particulier au Québec où elle se trouve pour ainsi dire en position de concilier les rapports entre la majorité d'ascendance canadienne-française, les minorités issues de l'immigration et une anglophonie québécoise, canadienne et nord-américaine fortement majoritaire. Comme l'ont d'ailleurs déjà suggéré Caccia et Tassinari (1987) : « La destinée du français sur ce continent dominé par la langue et la puissance économique anglo-américaines peut être celle *d'orchestrer* les rapports et les langues minoritaires, non seulement à la grandeur du Québec, mais à la grandeur de l'Amérique[14] ».

De manière moins abstraite, la parole francopolyphonique paraît déjà se manifester en milieu montréalais chez nombre de migrants trilingues, souvent d'ailleurs des jeunes de deuxième génération formés à l'école de la loi 101 (Norris, 1997). Du moins, le trilinguisme se présente-t-il comme une condition susceptible de favoriser l'émergence d'une telle parole. Cela étant posé, une autre condition serait une relative affinité et une certaine préférence d'usage à l'égard du français.

Au moins une étude à notre connaissance, menée auprès d'immigrés et de natifs trilingues (français-anglais-portugais) d'origine portugaise (Lanca *et al.*, 1994) à Montréal, semble appuyer l'hypothèse d'un lien entre, d'une part, une francophonie librement choisie et assumé et, d'autre part, une identification culturelle multipolaire et polyphonique, nord-américaine autant qu'européenne. Les résultats montrent en effet que ceux dont la préférence va spontanément au français pour répondre à un questionnaire tendent à s'identifier à la fois aux communautés franco-phone et anglophone tout en préservant un sens très développé de leur « héritage portugais », tandis que ceux ayant choisi de répondre en anglais s'identifient principalement à la culture anglophone/nord-américaine, et ceux ayant préféré le portugais ne s'identifient le plus souvent qu'au groupe d'origine.

## Des migrants au Québec et la francophonie

Dans le cadre d'une enquête qualitative récemment complétée[15], des don-nées ont été recueillies qui illustrent certaines des dimensions que nous croyons caractéristiques d'une américanité de la francophonie. L'objectif de cette étude consistait à explorer les conditions de production de la francophonie au Québec par des migrants trilingues de première et de deuxième générations originaires de pays francophones ou reconnus tels (France, Haïti, Liban, Viêt-nam) et aussi de pays non francophones

---

14. F. Caccia et L. Tassinari, « Soyons francs », p. 52.
15. Nicolas van Schendel, *Les migrants du Québec et la production « ordinaire » de francophonie*, Rap-port déposé à la Direction de la Planification stratégique du ministère des Relations avec les citoyens et de l'Immigration, Montréal, juillet 2000, 202 p. — Étude financée par le ministère des Relations avec les citoyens et de l'Immigration (Québec) ainsi que par le ministère des Rela-tions internationales (Québec).

(Chili, Portugal). Ont également participé des natifs d'ascendance canadienne-française.

Nous ferons d'abord état de quelques-uns des traits associés à la francophonie québécoise par les répondants, avant de décrire sommairement la place tenue à leurs yeux par la langue française au contact d'autres langues, et de conclure en évoquant les avantages de la francophonie dans ces conditions.

## La spécificité nord-américaine

Les personnes rencontrées considèrent la francophonie québécoise sous deux aspects : le cadre nord-américain dans lequel elle évolue et sa dimension proprement linguistique.

### Un cadre « naturel »

Une informatrice d'origine française (1<sup>re</sup> génération) affirme l'existence dans le monde de deux francophonies bien distinctes, l'une s'étant « naturellement » constituée et l'autre ayant été imposée à travers les visées expansionnistes de la France :

> Pour moi, il y a deux francophonies. Il y a la francophonie outre-mer, internationale, et la francophonie dans le contexte nord-américain ; pour moi ce sont deux choses distinctes. [...] Les origines déjà ne sont pas les mêmes, le français ici, c'est une communauté qui parlait français qui s'est retrouvée, bon il faudrait nuancer ça aussi, parce que parmi les premiers arrivants tous ne parlaient pas français à ce moment-là, il y a eu unification à un moment donné, [...] donc c'est à partir de cette réalité-là qu'on va commencer à parler de francophonie [nord-américaine]. [Cette francophonie] n'a pas le même sens que la francophonie qui s'est imposée d'une autre manière ailleurs dans le monde je dirais. [...] Ça correspond à une expansion économique et militaire de la puissance française à l'époque et comme d'autres puissances ailleurs, je ne focalise pas sur la France, elle a [eu] sa langue qui s'est imposée de fait, alors qu'ici c'était un bagage naturel, [...] elle est le produit de la colonisation, mais disons qu'elle a un côté plus naturel.

Cette francophonie « naturelle » serait « l'expression de ce qu'on peut produire ici, en tant que nord-américain, et dans les conversations soit en anglais ou en français, souvent on va plus rejoindre l'Américain que le

Français, ça c'est une chose que j'ai pu remarquer » (jeune Canadien français). Un commentaire auquel ne peut que souscrire une autre informatrice française :

> [Quand on arrive ici] on pense qu'on va trouver nos frères du Canada et en fait c'est plus des cousins d'Amérique, c'est pas particulièrement bien analysé depuis l'Hexagone. [...] Bon moi je connais plusieurs personnes qui sont reparties justement, ayant été un peu perdues dans cette univers nord-américain où l'on parle français et où l'identité de chacun est très différente de notre identité française (1$^{re}$ gén.).

En fait, non seulement la francophonie québécoise se distingue-t-elle de la francophonie française, elle se détache également de toutes les autres à travers celle-ci. Elle coïncide avec un mode de vie nord-américain, bien différent de celui véhiculé depuis l'autre pôle de la francophonie internationale :

> La francophonie au Québec je pense que [...] ce n'est pas le même rapport [qu'entretient] la France avec le Liban ou la France avec Haïti. Je pense [qu'en ce qui concerne le Liban ou d'autres pays francophones], c'est un mode de vie français, ça veut dire qu'on mange français, on s'habille français, on s'identifie culturellement à la France. Le rapport entre la France et le Québec est juste la langue parce que je pense qu'en tant que Québécois, [culturellement] on est beaucoup plus Américain que Français (Libanaise, 1$^{re}$ gén.).

L'américanité de la francophonie est constatée par d'autres personnes, souvent des jeunes :

> N'oubliez pas que le Québécois est un Nord-Américain. Donc sa culture, bien qu'elle soit [francophone], est influencée par un environnement nord-américain. Tandis qu'en France c'est l'Europe. Donc qu'on le veuille ou pas il y a une tradition, il y a un contexte qui est différent (Libanaise, 1$^{re}$ gén.).
> La francophonie au Québec c'est simple, je trouve que c'est pas comme les autres pays parce que c'est plus américain (jeune Portugais).
> Le Québécois c'est un Américain qui parle français. Tu peux comparer le Québécois avec un New-Yorkais presque, c'est le même genre de personne (jeune Chilien).
> Notre francophonie [...] elle est à saveur anglo-saxonne, à saveur nord-américaine, [...] ça l'a transformée. [...] Elle est plus jeune, [...] ça fait quelque chose de plus malléable, de moins ancré, de moins solide, [ou plutôt] qui est ancré et qui est solide, mais qui est moins... rigide (jeune Canadienne française).

La culture québécoise est beaucoup plus jeune, donc elle laisse beaucoup plus de place à la pénétration d'autres cultures, d'autant plus que le Canada et les États-Unis sont des pays faits pour accueillir d'autres minorités (jeune Libanais).

Plus que tout autre chose, semble-t-il, la francophonie nord-américaine correspond à un style, à une manière différente de présenter ou de dire les choses. Cette dimension, encore une fois, est surtout évoquée par les jeunes :

> Même les personnes qui chantent, ils vont plus prendre le style des Américains que celui des Français de France (jeune Portugais).
> La culture est nord-américaine ; regarde Céline Dion, regarde même la musique en français, tu la compares facilement avec la musique anglaise (jeune Chilien).
> Il y a une différence entre l'aspect si tu veux littéraire ou folklorique, québécois et français. Une grosse différence. On n'a pas les mêmes modes de vie, ce qui amène à voir les choses d'une manière un peu différente parfois. Lorsque tu écoutes Gilles Vigneault, ou tu écoutes Jacques Brel, ils ne vont pas parler de la même chose (jeune Libanais).
> Moi aussi je sens qu'il y a une différence entre la francophonie européenne et celle du Québec. [...] Juste au niveau littéraire, il y en a une différence, je pense que les romans québécois sont plus, c'est souvent des dialogues, c'est plus, je ne sais pas, le style est différent (jeune Vietnamienne).

## Une langue différente

### L'influence du style

Le style nord-américain imprègne le français parlé au Québec de plusieurs façons. Un premier aspect concerne l'influence du rythme de vie. Il est énoncé sous forme d'hypothèse par un jeune Canadien français :

> Si tu vis dans une société où le temps c'est quelque chose que tu as à profusion, tu peux te permettre d'expliquer les choses très longuement et en détail. Si tu vis dans une société où tu n'as pas de temps, où tout doit être fait rapidement, tu ne peux pas te permettre ça. Donc il faut que tu transformes tes explications, tes termes, pour être capable de passer essentiellement la même information. [Ce qui] prenait dix mots pour expliquer, [tu le fais maintenant] en un mot, pour que ce soit plus rapide.

La société nord-américaine, par définition, est une société « où tout doit être fait rapidement », ce qui impliquerait notamment une *simplification* des formes du langage, quelle que soit la langue utilisée. Le français dans ce contexte se doit d'avoir un effet plus pragmatique :

> Le français dans le contexte nord-américain est plus dynamique, plus pratique, c'est-à-dire on dit exactement ce qu'on veut, on ne va tenir compte de certaines règles [comme] en France, on fait abstraction de certaines règles pour permettre une communication plus rapide (Haïtien, 1<sup>re</sup> gén.).
>
> On a les mêmes racines, les mêmes règles, mais je pense qu'ici la langue s'est adaptée au mode de vie nord-américain, c'est plus direct, comme on dit (c'est plus) « short and sweet » (jeune Vietnamien).
>
> Tu ne passes pas par quatre chemins quand tu as quelque chose à dire, ça sort, des fois c'est des métaphores *toutes croches*, mais qui sont plus directes. [...] Ça n'aura pas peur de dire ce que ça veut dire ; le Français lui il va tourner autour du pot, puis il va te mettre des petites fleurs quand il va te parler de quelque chose, pas un Québécois, il va dire c'est ça, c'est ça, et ça finit là (jeune Chilienne).

Un second aspect suppose une attitude générale de *simplicité* dans les manières de faire ou de dire qui serait non pas tributaire d'un rythme de vie effréné mais d'une identité francophone cherchant à se démarquer de la norme française :

> Le français ici je le vois plus comme... « nous ici on ne veut pas être comme vous autres là-bas [en Europe], notre français à nous il est plus simple ». [Les Québécois] ont une autre vision de leur langue ; [...] en Europe [...] le français a toujours été utilisé de façon plus... proche de l'Académie. [...] Ici, c'est peut-être plus libéral au niveau de l'utilisation de la langue française (jeune Portugais).
>
> Le [français] québécois malgré tous ses défauts est une langue beaucoup plus grouillante et beaucoup plus souple que le français [de France], il n'y a qu'à voir certaines choses par rapport à madame Le Ministre ou [des choses comme ça], moi ça me fait dresser les cheveux sur la tête d'entendre ces trucs-là (Française, 1<sup>re</sup> gén.).
>
> Je trouve que la façon dont vous parlez le français ici est tellement plus *simple*, plus imagée. Ça veut dire qu'en vous entendant parler on s'imagine tout de suite la scène ou l'image. Peut-être parce que vous utilisez des mots plus concrets, tandis que le Français utilise des mots un peu plus sophistiqué, je ne sais pas (Vietnamienne, 1<sup>re</sup> gén.).

Un troisième aspect traite de l'effet de la prédominance de l'anglais sur la structure et la qualité du français. De ce fait, le parler français apparaît nécessairement nord-américain dans l'esprit d'une jeune vietnamienne : « au niveau du langage de tous les jours c'est différent, oui un style nord-américain effectivement, je pense que le québécois est très influencé par l'anglais ». En somme, au style nord-américain correspond une norme linguistique qui est celle de l'anglais ; une norme par rapport à laquelle le français québécois doit nécessairement composer.

### La qualité de la langue

Le français québécois est anglicisé. C'est là sa première « qualité », la caractéristique première sur laquelle plusieurs s'entendent :

> On est plus américanisé, les États-Unis c'est juste à côté, [...] [alors ça a un impact sur la façon de parler] ; quand on commence à utiliser les mots comme « cancellé », etc. (jeune Haïtien).
> Le français est anglicisé aussi, on utilise trop de mots anglais dans la langue française au Québec (Vietnamienne, 1$^{re}$ gén.).
> Quand tu vas faire réparer ton auto on te demande si tu veux faire réparer ton *lighter*, si tes *wipers* y marchent, tes *brakes* y sont-tu corrects, ou je ne sais pas (Chilien, 1$^{re}$ gén.).

Selon un informateur français (1$^{re}$ gén.), le problème « avec la marée anglophone au Québec » ne réside pas nécessairement dans ces emprunts lexicaux à l'anglais mais dans « l'utilisation grammaticale anglaise, et ça c'est plus difficile, parce que là c'est quelque chose de très souterrain qui ne se voit pas ». La qualité du français au Québec est, de ce fait, jugée plus faible lorsqu'elle est comparée au français européen ; une appréciation qui est d'ailleurs plus souvent fournie par des aînés :

> Le français est parlé à un niveau plus faible que le français parlé ou écrit en France, c'est un fait, la France c'est le lieu de l'Académie française (Libanaise, 1$^{re}$ gén.).
> La qualité du français au Québec est déplorable (Haïtienne, 1$^{re}$ gén.).
> Du côté de la qualité où est-ce qu'on s'en va, ça c'est un autre débat (Française, 1$^{re}$ gén.).
> Si vous remarquez le français au Québec il est *garroché*, en bon termes québécois, [...] il n'y a pas de fierté à bien parler le français ici (Portugais, 1$^{re}$ gén.).

Pourtant, à l'instar d'autres personnes, ce dernier répondant reconnaît qu'il y a eu amélioration :

> Si je regarde la façon dont les gens parlaient et la façon dont ils parlent aujourd'hui, il y a eu une évolution, c'est mieux que c'était, il y a beaucoup moins la fierté à parler le joual comme il y avait avant. [...] Je pense que la Loi 101 ça a aidé beaucoup.
> Le niveau du français parlé au Québec est meilleur maintenant qu'il y a vingt ans. Est-ce que c'est dû à l'influence des gens qui viennent de l'extérieur ou c'est dû à l'influence de l'école, pour moi il y a les deux (Chilien, 1re gén.).
> [La langue québécoise] est beaucoup plus ouverte maintenant qu'elle ne l'était, [...] elle est plus raffinée, dans le sens qu'elle est beaucoup plus développée, on a enrichi notre vocabulaire et notre capacité de parler français (Canadienne française).

L'enrichissement du vocabulaire tient à la volonté d'utiliser le plus possible les termes français, mais également à la capacité à créer de nouveaux termes pour désigner ce que d'autres francophones ailleurs dans le monde nomment en anglais. Cet aspect est notamment évoqué par une Libanaise de 1re génération qui approuve également le rapport particulier que les Québécois entretiennent à l'égard de leur langue :

> Je pense que les Québécois [...] sont plus vigilant vis-à-vis de la langue française pour la conserver. [...] Par exemple, tout le monde même en Europe, je vois, je reçois des courriers, ils mettent e-mail, par contre au Québec sur les cartes d'affaires ils mettent courriel, c'est un mot [inventé ici]. [...] Et je trouve que cette attitude de vouloir conserver leurs mots français [québécois] est noble et tout à l'honneur de la langue française, même si ça embête les Français, ou nous autres qui sommes habitués de parler un français international. Mais le français québécois, même s'il est ancien, par moment il est plus réel [plus ancré dans la réalité d'ici].

### Le français à deux niveaux

En fait, s'il est une caractéristique du français parlé au Québec, d'après certains individus, c'est de se concevoir toujours suivant deux niveaux de langage :

> Je ne sais pas si vous avez remarqué, mais prenons Ginette Reno. Quand Ginette Reno chante puis quand Ginette Reno parle c'est deux choses différentes. Quand Ginette Reno chante c'est du français standard. Quand

Ginette Reno parle, c'est du québécois. Vous comprenez. Comme Rock Voisine, quand il a sorti *Hélène*, j'étais en Haïti. Moi je pensais que c'était un Français. Puis ils m'ont dit non, c'est un Québécois. Oui mais à l'entendre chanter et à l'entendre parler, c'est deux choses différentes. C'est à ça qu'il faut porter attention. [...] Il y a un écart entre la façon dont ils chantent, et la façon dont ils parlent (jeune Haïtien).

En fait, il y a une très grande différence entre le parler et l'écrit, alors c'est un [aspect sur lequel j'insisterais] personnellement. Quoique ce soit la même chose dans d'autres pays, mais je trouve que c'est très marquant dans le français au Québec (jeune Haïtienne).

Le niveau d'éducation et la différence entre milieux urbain et rural sont également mentionnés pour expliquer l'écart entre deux niveaux de français parlés au Québec. Par ailleurs, entre Montréal et les régions, un autre type d'écart est constaté qui relève moins des niveaux de langue que de la diversité des accents régionaux. La norme est montréalaise dans ce contexte car, comme le fait remarquer un jeune informateur vietnamien, « Montréal c'est une langue française qui est plus internationalisée ». Là convergent tous les parlers québécois :

J'ai un ami qui vient d'Abitibi, au début j'avais de la misère à le comprendre parce que c'est un accent vraiment différent, mais là plus il vit à Montréal, plus il prend un accent plus... *pas normal*, mais un accent plus compréhensible à la majorité des gens (jeune Vietnamienne).

Autre « métropole » d'un autre continent, Montréal apparaît comme lieu de prédilection d'une francophonie en émergence.

## Une langue des Amériques

Cette nouvelle norme « métropolitaine » est donc celle à partir de laquelle peut être constatée une différence entre le français parlé en Amérique et celui parlé dans l'autre « métropole », en l'occurrence entre le français québécois et le français de France :

Comme les Français de France, c'est sûr que je vais comprendre ce qu'ils disent mais pas toujours, pas à cent pour cent puis c'est la même chose pour eux. Si c'est un Français qui vient à *Montréal*, il a beaucoup de difficultés à comprendre quand on parle vite en français (Haïtien).

D'autres personnes se contentent de faire état des différences entre le français de France et du Québec mais sans présupposer de difficultés à se comprendre de part et d'autre :

> L'« imagement » de la langue : comment ils vont parler de certaines choses en France, comment ils vont parler de certaines choses ici. C'est tellement différent (jeune Libanais).
> Je vois une différence parce que j'aide ma fille parfois à faire ses devoirs en français, [...] parfois on dirait que c'est dans deux mondes différents. [...] Et parfois ma fille elle me reprend aussi quand j'utilise certaines expressions, elle me dit : « Maman ce n'est pas comme ça qu'on dit ici, ici on dit comme ça. » C'est plus nord-américain, c'est différent, c'est pas pareil (Vietnamienne, 1$^{re}$ gén.).

Souvent cette conclusion s'impose à travers les commentaires : le français québécois est une langue d'Amérique. Tout comme l'espagnol chilien, argentin ou mexicain et le portugais brésilien vis-à-vis de l'espagnol et le portugais d'Europe, le français d'ici — quel que soit son niveau ou sa qualité — marque sa différence par rapport à l'autre pôle francophone. Ce parallèle ne manque d'ailleurs pas d'être évoqué par des personnes originaires du Chili et par une autre d'origine portugaise :

> L'espagnol par exemple, l'espagnol d'Espagne, le castillan [par rapport à] l'espagnol sud-américain, il y a une grosse différence. [...] C'est la même chose qui arrive avec le Brésil, c'est vrai que si on compare le portugais du Portugal et le portugais du Brésil, il y a une différence, mais il reste que c'est toujours du portugais (Portugais, 1$^{re}$ gén.).
> Le français au Québec a évolué différemment que le français en France. [Pour comparer], je ne peux pas dire que les Chiliens ont un mauvais espagnol par rapport à l'espagnol de l'Espagne. C'est des langues qui évoluent parce qu'elles sont vivantes et de ce fait, l'arrivée au Québec des différentes cultures francophones va contribuer à l'évolution du français d'une façon enrichissante à mon avis (Chilienne, 1$^{re}$ gén.).

Le français en Amérique en tant que produit d'influences extérieures est ainsi décrit par une informatrice haïtienne :

> On peut dire que le français parlé ici c'est un français plutôt mélangé alors que l'européen serait le français pur. Parce que le français parlé américain s'enrichit d'expressions, c'est comme un melting-pot de toutes sortes de langues, alors que le français reste intact là-bas (1$^{re}$ gén.).

Un jeune Libanais évoque également cette «qualité de la francophonie» au Québec qui, contrairement à la France, se caractériserait par le fait qu'elle s'enrichit des apports extérieurs et, en particulier, de la francophonie internationale :

> Il y a cette qualité de la francophonie d'ici qui peut s'enrichir des autres francophonies, [...] en France ça ne se passe pas [...] donc c'est quand même une très grande richesse, une porosité qui n'existe pas ailleurs.

Avant toute chose, cette francophonie québécoise serait potentiellement tolérante des autres francophonies et de leurs accents, et favoriserait leur cohabitation :

> Je veux dire, j'ai des amis Martiniquais qui parlent français, ils ont leur petit accent et puis j'ai des amis qui viennent d'Haïti et que ça ne fait pas trop longtemps qu'ils sont ici, ils ont leur façon de parler le français, un français un peu créolisé ; [...] on parle la même langue, mais c'est juste l'accent qui est différent, donc c'est cette dimension-là que je trouve intéressante de la francophonie québécoise (jeune Haïtienne).
>
> Depuis que je vis au Québec, la francophonie s'est élargie. C'est les Libanais, les Haïtiens, les Arabes, les Québécois et chaque communauté a sa particularité même si on parle le français. C'est différent, ça ne se limite pas au français de France (Vietnamienne, 1re gén.).

Polyphonique au niveau de ses accents, la francophonie québécoise exprimerait du même coup le recommencement de chacune de ses composantes compte tenu de sa nouvelle association avec toutes les autres.

## Francophone autrement

Pour la majorité des personnes rencontrées, la francophonie au Québec acquiert un sens différent de celui qu'elle avait dans le pays d'origine. Certaines de ces différences viennent d'être relatées. D'autres concernent la nature des liens que les individus entretiennent avec la langue et, en particulier, comment ils la font leur à nouveau.

## Se réapproprier la langue française

La réappropriation de la langue française au Québec suppose une manière différente de se définir ou de se situer dans le monde. Parler français marque désormais une identité qui n'existait pas dans le pays d'origine ou n'avait pas la même valeur.

Selon un premier cas de figure, la langue française remplirait au Québec et en Amérique du Nord une fonction identitaire sans pareil dans le pays d'origine. Là-bas comme ici, être francophone correspond à un choix de vie ; mais alors que là-bas il ne signifie rien d'autre que de vivre dans sa langue, ici ce choix suppose également une façon de se démarquer dans un environnement majoritairement anglophone. Les propos d'un répondant libanais (aîné) illustre parfaitement ce cas :

> Oui je suis différent, oui le Canada n'est pas anglais seulement, oui le Canada ce n'est pas les États-Unis et oui je peux parler en anglais. [...] Mais je me considère un Canadien français, ça veut dire que ma langue principale au Canada, celle que je parle, c'est le français. Ce n'est pas une question de défenseur du faible ou du petit, [...] mais je dirais que oui *je veux être différent*. [...] Pourquoi je dis ça ? C'est pas par attachement vraiment profond à la langue française, [...] mais disons si je voyage, surtout vers le sud, [...] ça se véhicule toujours en anglais. Je maîtrise l'anglais, je parle anglais, mais lâchez-moi avec les É.-U., c'est un petit peu comme une révolte envers les É.-U., la langue anglaise, les Américains. [...] [Lorsque j'étais au Liban], j'avais pas cette idée des Américains.

Ce cas semble un bon exemple d'affirmation, au plan individuel, d'une parole dite « francopolyphonique ». Un besoin apparaît clairement en effet, celui du français en tant que langue exprimant une parole minoritaire, mais dans un rapport toujours étroit avec une autre plus imposante. Ce point de vue est naturellement celui d'une américanité autre qu'« étatsunienne » ; mieux, une voix proprement américaine contestant une américanisation à outrance comme aucune autre voix francophone ne saurait le faire dans le pays d'origine ou ailleurs.

Un deuxième cas de figure veut que le passage au Québec ait provoqué une modification du sens personnel associé au français. Surtout tributaire, dans le pays d'origine, d'une vision élitiste de la langue ou, encore, de son statut élitaire, ce sens aurait acquis au Québec une connotation à la fois plus pragmatique et plus démocratique, c'est-à-dire ouverte à d'autres manières de vivre et de concevoir la francophonie.

Deux témoignages vont en ce sens, l'un par un Haïtien et l'autre par un Chilien (tous deux de 1ʳᵉ génération) :

> [En arrivant ici], j'ai vu que la francophonie était ce que j'avais en tête en Haïti [i.e. autre chose qu'une langue des élites], donc j'ai vu la francophonie plus large, plus grande, avec sa diversité, donc j'ai appris à vivre [comme francophone] et à la soutenir.
> Quand j'étais au Chili, pour moi le français c'était une façon de m'approcher de la culture française, le fait de parler français au Chili c'était à la rigueur un peu élitiste. Arrivant ici au Canada, arrivant au Québec, il est évident que le fait de parler français, c'était d'abord un instrument d'intégration, [...] en parlant français, on pouvait s'intégrer plus facilement que si on ne parlait pas français. [...] Il y avait l'intégration sociale, mais il y avait aussi la façon de pouvoir appréhender la culture québécoise, la culture francophone en général.

Et ce dernier répondant de laisser entendre que sa réappropriation du sens de la langue française a été complétée au moment où une sorte de rapprochement s'est opéré dans son esprit entre le français québécois et l'espagnol chilien, compte tenu de leur rapport respectif à la norme européenne du parler français et du parler castillan :

> Je pense que j'ai intériorisé certaines choses au niveau de... C'est quand j'ai fait la comparaison entre le Chili et l'Espagne, et entre le Québec et la France. Quand je me suis rendu compte que la situation du Québec par rapport à la France était la même que le Chili par rapport à l'Espagne et que je n'acceptais pas que les Espagnol disent qu'au Chili on parlait mal, c'est là que...

Un autre genre d'association est faite entre les langues, ce qui nous amène à un troisième et dernier cas de figure. Ici, adopter le français au Québec et le parler ne semblent jamais se produire indépendamment d'une référence obligée à la langue d'origine :

> La francophonie québécoise me touche de près, [...] je me retrouve dans cette francophonie militante qui veut survivre, parce que moi je fais le même cheminement avec le créole [face au français] que les francophones du Québec font avec le français [face à l'anglais]. [...] Je m'y retrouve par rapport à la langue (Haïtien, 1ʳᵉ gén.).
> Par exemple moi je me sens plus proche du portugais en parlant français ici à Montréal que [si je le parlais en France]. En France je me sens complètement

dépaysée, même si j'aime aller là-bas. [...] Ici dans cette ville d'Amérique du Nord, je me sens tout à fait Québécoise, tout à fait Canadienne, tout à fait Portugaise, donc le français joue un grand rôle dans ma propre vie. Peut-être comme je vous dis si j'allais en France ça serait tout à fait différent, je parlerais français comme langue de communication simplement (Portugaise, 1$^{re}$ gén.).

Ces extraits constituent des exemples de réappropriation de la langue et de l'identité d'origine au moyen de la langue française. Le premier extrait illustre une parole francopolyphonique exprimant sa condition minoritaire au moyen d'une association d'intérêt entre les langues française et créole ; dans le second, le français jouerait, en quelque sorte, un rôle de médiation symbolique des identités au « carrefour des vieilles allégeances européennes et de l'inscription continentale » nord-américaine, pour reprendre les termes de Bouchard, afin d'assurer les meilleures conditions possibles d'un « recommencement ».

### Entre autres le français : une utilisation libre

Dans une ville comme Montréal, on ne peut être francophone sans inscrire cette identité et cette compétence particulières dans un contexte où règne une grande diversité culturelle et linguistique. La plupart des individus évoquent une telle diversité en premier lorsqu'ils sont appelés à se prononcer sur leur milieu de vie. Par exemple, un jeune Libanais soutient que Montréal est une ville « où on peut trouver n'importe quelle culture » et aussi n'importe quelle langue :

Aux États-Unis tu as beau être Italien, Chinois, Grec, tu parles anglais. Ici tu vas dans la petite Italie, tu vas les entendre parler italien. Tu descends à « Parc extension », tu vas les entendre parler grec. Tu vas dans le West-Island, tout le monde parle anglais, personne ne parle français. Tu vois la différence beaucoup plus marquée que dans d'autres pays, d'autres villes.

D'autres témoignages confirment la forte présence des langues à Montréal :

Quand je descends au travail je prends l'autobus, des fois je vous dis [...] le matin on entend parler vietnamien, français, anglais, arabe, toutes les langues, c'est comme ça (Libanaise, 1$^{re}$ gén.).

Partout où je passe, les gens parlent plus leur langue d'origine, bien que le français reste toujours là, mais entre eux c'est plus le créole, ou l'espagnol, etc. (jeune Haïtien, 2$^e$ gén.).
Étant donné la diversité ethnique de Montréal, je peux croiser n'importe qui, [...] tu rencontres toutes sortes de gens qui parlent toutes sortes de langues (jeune Portugais).

Les autres villes canadiennes ne jouissent pas d'un pareil avantage, souligne le dernier répondant cité. Et d'ajouter : « ça me stimule beaucoup d'être dans un environnement comme ça par rapport à un (autre) unilingue ; [...] personnellement je trouve ça *le fun* l'ouverture que ça donne ».

Dans les faits cependant, bien que dans cette ville « on n'ait pas de problème à apprendre trois langues » (Portugais, 1$^{re}$ gén.), c'est principalement en français et en anglais que se produisent les échanges. D'après nos données, trois modes d'utilisation de ces deux langues peuvent être dégagés.

Selon un premier cas de figure, qu'illustrent principalement des jeunes, on observe une propension à faire librement usage du français et de l'anglais, selon ce qu'exigent les situations et indépendamment des préférences à l'égard du français ou de règles de conduite relatives à la défense de son statut. Le français, pour ces individus, ne sert pas uniquement à communiquer avec les membres de la majorité francophone de la province. Il peut être utilisé en toutes circonstances et avec des gens de toutes origines. Son statut à ce niveau est exactement le même que celui de l'anglais. En fait, la langue utilisée dépendra toujours de la situation et/ou de la compétence linguistique de l'interlocuteur. La préférence pour l'usage d'une langue ou d'une autre est toujours laissée à ce dernier et jamais on ne cherchera à imposer le français :

Je n'ai pas à imposer le français à quelqu'un d'autre ; si la personne est bilingue, je lui parle dans la langue qui lui convient, je suis assez *fluent* dans les deux langues pour me sentir à l'aise (jeune Haïtien).
Si vous rencontrez une personne qui préfère parler l'arabe, vous allez parler en arabe, qui parle le français, vous allez parler en français, qui parle ni le français, ni l'arabe, vous allez parler en anglais (jeune Libanais).
Ça dépend de la langue que la personne parle ; si elle parle mieux anglais [je vais passer à l'anglais], ça ne me dérange pas (jeune Chilienne).
Tu regardes la personne qui est en avant de toi puis tu regardes quelle langue elle parle, puis je pense que tu t'adaptes par rapport à ça. [...] Ce qui va faire

que je vais choisir moi personnellement une ou l'autre des langues va vraiment dépendre de comment je me sens par rapport à la personne ou par rapport à un groupe (jeune Portugais).

Je pense que je suis le genre de personne qui va laisser la priorité à l'autre, à
mon interlocuteur. Si je sens que mon interlocuteur sa langue d'aisance c'est
le français, je vais parler en français, si je sens que sa langue d'aisance c'est
l'anglais, je vais parler en anglais (jeune Canadien français).

Suivant un deuxième mode d'utilisation, adopté par des jeunes autant
que par des aînés — dont, parmi ces derniers, plusieurs libanais —, le
réflexe premier est toujours le français. La préférence n'est jamais laissée à
son interlocuteur mais elle n'est pas pour autant imposée. Tout dépend
encore une fois des circonstances :

On va toujours parler en français d'abord et si ça ne marche pas, on va parler
en anglais, on ne va pas s'obstiner à ne pas se faire comprendre. Naturellement on va commencer en français, et si on voit qu'on n'a pas de réponse,
bon, on va s'ajuster (Libanaise, 1$^{re}$ gén.).

Moi je commence toujours en français, mais tout dépend de la situation,
c'est sûr qu'un anglophone qui a de la difficulté à parler en français... (jeune
Chilienne).

C'est sûr que je m'adresse en français d'abord, si je vois que la personne a des
difficultés, bon bien là je vais m'adapter (jeune Haïtien).

Si je vois que la personne a de la difficulté à parler français, oui je vais con-
tinuer à parler en anglais, si je vois que la personne a de la facilité à parler en
français, bon je préfère retourner vers le français (Portugais, 1$^{re}$ gén.).

Enfin un dernier mode d'utilisation, qui semble être plus présent
chez les migrants de première génération, notamment d'origines haïtienne et chilienne, ainsi que chez les Canadiens français des deux groupes
d'âge, tend à imposer le français tout en laissant une porte ouverte à
l'anglais. Chez les migrants, cette préférence participe d'un choix très clair
par rapport au fait de vivre en français :

Je suis francophone, je suis au Québec, et puis j'aimerais ça qu'on me parle
en français. [...] Si je sais que la personne parle français, moi je vais lui parler
en français, et je vais lui demander de parler français. [...] Si je vois que la
personne ne comprend pas, alors là je vais parler une autre langue. [...]
L'important c'est de se faire comprendre (Haïtienne, 1$^{re}$ gén.).

Normalement [avec les immigrants non francophones] je vais parler en français, pour plusieurs raisons, entre autres, parce que je crois qu'ils doivent

parler français ici. Je vais parler anglais ou espagnol si je pense qu'avec ça je peux les aider à aller vers le français : ça va être comme un espèce de pont entre leur langue maternelle et le français (Chilien, 1$^{re}$ gén.).

Les Canadiens français, de leur côté, invoquent le principe de la primauté du français au Québec et se font « un devoir » de le parler, surtout dans les lieux publics :

> Au Québec j'aime toujours mieux parler le français que l'anglais. Surtout pour les services publics ou des choses comme ça, je vais toujours vouloir parler français d'abord. [...] Si j'arrive dans une boutique, ça va me prendre du temps avant de parler en anglais ; si la vendeuse ne parle pas beaucoup français ou ne le parle pratiquement pas, je n'aime pas ça, je trouve qu'elle devrait parler autant français que nous on doit parler anglais (jeune).
>
> Dans certains endroits, ça prend une dimension politique effectivement, dans les services publics [ou dans certains commerces], j'insiste pour les avoir en français. [...] [Mais] si c'est dans des rapports de tous les jours, non je ne vais pas m'obstiner à parler français, non, c'est comme vraiment tout à fait autre chose (aînée).

En somme, quel que soit le mode en cause, l'utilisation du français en contexte montréalais semble toujours correspondre à une identité linguistique s'assumant librement dans son rapport à une autre identité, en l'occurrence l'anglophone dont elle est concurrente. À travers ces échanges, la langue française occupe une place au moins équivalente à l'autre et participe de la constitution d'une parole polyphonique. En fait, c'est par elle que cette parole advient et détermine, en retour, une autre manière d'être francophone.

## Le français en plus et avec d'autres langues

En règle générale, pour les répondants de l'enquête, être francophone vient se surajouter à d'autres identités linguistiques. On n'est jamais d'abord et avant tout des individus parlant français, on est aussi cela « en plus » de maîtriser la langue de l'Amérique du Nord (l'anglais) ainsi que celle de ses origines ou une autre des Amériques (telle l'espagnol).

Le fait de posséder cette identité représente un avantage par rapport à d'autres Nord-Américains. Les jeunes, toujours, y sont particulièrement sensibles :

Bien c'est sûr que des fois, tu sais si on est entouré d'anglophones, disons que je suis à Toronto, et que je suis [dans une situation où je peux] parler le français, c'est sûr que je vais dire : « bien oui je parle français ! » [...] J'ai ça de plus que vous autres [rire]. Oui l'importance est quand même là (jeune Portugaise).

[En voyage], j'ai rencontré beaucoup d'Américains, puis je parlais avec eux, et ils me demandaient de parler français parce qu'ils trouvaient ça joli. Ils voulaient savoir c'était quoi, et je me sentais fière de ne pas seulement parler anglais comme eux [...] [Eux] ils ne vont pas nécessairement apprendre une autre langue, ils n'en verront pas la nécessité. [...] Je me sens fière de pouvoir parler plus qu'une langue, au moins deux, le français puis l'anglais, puis en même temps ça m'a donné le goût d'en apprendre une troisième, [l'espagnol] (jeune Canadienne française).

En répondant à la demande de parler français, le message d'une distinction, plus que d'une simple différence, semble devoir être passé à « ces Américains qui ne parlent que l'anglais ». Un signe distinctif qui constitue par ailleurs une porte ouverte sur la connaissance d'autres langues. Un jeune Vietnamien témoigne également en ce sens :

En tant que francophone au Canada, je trouve que quand même on est une grande minorité. [...] Aux É.-U. par exemple, il y a juste l'anglais, c'est tellement présent, qu'on a l'impression de devoir uniformiser. [...] Mais ici, étant donné qu'à la base on doit parler et le français et l'anglais, on dirait qu'on est ouvert à regarder d'autres langues en plus, parce qu'on se dit, j'en connais déjà deux, je pense que c'est un facteur psychologique, plus t'en as, plus t'en veux.

L'émergence d'une parole francopolyphonique est à ces conditions. Le fait d'être minoritaire en Amérique du Nord en tant que francophone détermine la conscience d'une position avantageuse dans la mesure où on parle une langue « en plus » d'une autre commune à tous, l'anglais ; une position qui à son tour ouvre les portes à la diversité linguistique. En somme, être francophone en Amérique détermine d'autres manières de ne pas « seulement parler anglais ». Les propos d'un jeune Haïtien illustrent cette réalité au Québec :

Les gens sont de plus en plus bilingues, trilingues, polyglottes, si on peut dire. [...] Il n'y a plus personne qui reste dans son coin, dans sa langue. C'est-à-dire que tout le monde [en arrive à penser] « je conserve ma langue, en même temps je parle la tienne pour voir ». [...] [Par exemple], je rencontre beaucoup plus de Québécois qui parlent créole, qui apprennent le créole.

Si l'on en juge par les propos de certaines des personnes rencontrées, un rapport particulier semble en voie de se constituer au Québec entre le français et les langues autres que l'anglais, plus précisément entre individus porteurs d'identités produites en relation avec ces mêmes langues ou le français. Ce rapport peut être exprimé par la formule suivante : « Je parle *ma* langue et suis solidaire de la tienne. » Les langues y sont vues comme autant de possibilités, non seulement de se présenter à d'autres locuteurs, mais également de se mettre à leur place et d'entendre leur voix. Les deux cohabitent pour ainsi dire en toute complicité et le fait de parler l'une implique toujours la prise en compte de l'autre ainsi que le message possible de leur association.

Le cas d'un jeune Chilien est exemplaire à cet égard. Soucieux d'affirmer son identité d'hispanophone afin de bien marquer sa différence (« Moi j'aime ça que le monde me reconnaisse comme hispanophone, tu comprends, comme quelqu'un qui est *différent*. »), il ne peut la dissocier entièrement d'une identité francophone remplissant chez lui une fonction analogue vis-à-vis de l'anglais, notamment dans le contexte particulier de ses activités à titre de chanteur amateur :

> Moi j'ai décidé de ne pas chanter en anglais, parce que je trouve que tous les groupes chantent en anglais, alors moi je chante en français et en espagnol, [...] en deux langues, puis le monde a l'air d'aimer ça parce que *c'est différent*, c'est autre chose, c'est comme un nouveau mélange si tu veux. [...] Chanter en anglais c'est toujours associé à quelque chose qui est bon, même si les paroles n'ont aucun sens, c'est bon. Moi j'aimerais ça que les gens disent : « ah ! c'est du français c'est bon », [...] c'est aussi bon, et même meilleur. [...] Et l'espagnol aussi. [...] Je trouve qu'on devrait moins regarder les Américains comme si c'était la grosse affaire.

Dans le contexte particulier de l'Amérique du Nord, œuvrer à passer la différence ne semble pas être l'affaire d'une seule langue mais d'au moins deux, selon ce jeune participant. Porteur « polyphonique » par excellence, il se fait par ailleurs passeur d'un message clair — militant même — sur la nécessaire association entre francophonie et hispanophonie :

> Si on nous appelait pour chanter [dans une fête ( ?) de la francophonie], moi je dirais oui tout de suite. Même sans être payé, je dirais oui tout de suite. Puis j'essayerais peut-être de réunir du monde hispanophone pour que ça se croise dans le fond. *Que ça devienne quelque chose qui se fait ensemble.*

Un exemple comparable nous est donné par une jeune répondante portugaise, très impliquée dans sa communauté et préoccupée dans ce contexte par la préservation de la langue portugaise. Dans son cas, en effet, un même rapport d'alliance semble s'opérer entre la cause du français et celle du portugais. D'autres exemples peuvent être donnés qui se rapportent à divers aspects de complémentarité entre les langues. Dans certains cas, cependant, cette dimension renvoie davantage à des affinités dans l'usage ou à des liens utilitaires, qu'à des alliances à caractère identitaire.

## L'atout de la francophonie

En tant que sont concernés les individus, être francophone en Amérique du Nord constitue un avantage, un «en plus» a-t-on vu, dont le plus notable des traits serait de pouvoir se conjuguer à d'autres identités, de servir en quelque sorte de point d'appui, voire de fondement à l'expression d'une parole plurielle. La francophonie, en ce sens, est un atout dont on peut également évaluer la portée à l'échelle de la collectivité en Amérique où elle est la plus présente, c'est-à-dire au Québec. Deux aspects ressortent : l'incidence de la francophonie sur le maintien des langues d'origine et l'ouverture qu'elle suggère au plan culturel.

Aux yeux de quelques-uns, la présence de la langue française aux côtés de l'anglais à Montréal aurait un effet sur la conservation des langues patrimoniales. Certains, ayant l'occasion de se déplacer ailleurs au Canada ou aux États-Unis, se prêtent volontiers à la comparaison :

> Je n'ai pas été souvent à Toronto, mais ce que j'ai entendu dire c'est qu'à Toronto, ils sont plus assimilés à la culture anglophone ; par exemple, les enfants là-bas vont parler moins portugais que nous autres à Montréal (jeune Portugaise).
> La réalité de Toronto est la même qu'aux États-Unis. Elle est la même en France. [...] Ici c'est une réalité que moi en cherchant pourquoi, je me dis, il y a déjà deux langues, pourquoi pas une troisième. [...] Dès que le pays est unilingue, on dirait que les enfants perdent beaucoup plus rapidement la langue d'origine des parents. Et ici, heureusement pour tout le monde, ils la gardent plus ou moins (Portugaise, 1re gén.).
> Je pense qu'ici il y a plus de possibilité que la personne garde sa langue. Tandis qu'aux États-Unis, les gens conservent, mais c'est moins visible. [...] C'est parce qu'ici il y avait déjà deux langues, donc ça donne la place à une

troisième. Et peut-être même une quatrième. Mais là où il y a juste une seule langue comme aux États-Unis, bon bien... (jeune Haïtien).

L'argument invoqué pour expliquer le phénomène n'accorde aucun rôle à la francophonie en tant que telle, mais au fait que deux langues ou deux « majorités linguistiques » en contact peuvent créer une dynamique favorisant la présence d'autres langues et, éventuellement, la conservation de certains traits ethnoculturels[16].

Un autre répondant va un peu plus loin en évoquant les tensions entre anglophones et francophones et laisse entendre que la langue remplit une autre fonction que celle de la simple communication :

> Aux États-Unis, la langue n'a pas un poids autre que celui de la communication, ce qui fait en sorte que les parents, les enfants ne conservent pas la langue, ou n'y accordent pas d'importance [...] ; alors qu'ici peut-être que le conflit entre francophones et anglophones met en évidence une fonction de la langue autre que celle de la communication, donc l'intérêt pour la langue est peut-être plus accentué (jeune Vietnamien).

Cet « intérêt plus accentué pour la langue » suppose une fonction identitaire que la francophonie, compte tenu de sa situation en Amérique du Nord, serait la première mais non la seule à remplir, créant ainsi les conditions d'une alliance minoritaire. Le cas d'un jeune Chilien évoqué plus haut illustre, à l'échelle d'un individu, ce jeu d'alliance. Une autre jeune, de même origine, commente de manière générale la préoccupation que partageraient les natifs francophones et les immigrants pour la préservation de leurs langues :

> C'est comme si c'était... pas un travail d'équipe [rires] mais un aspect commun à tout le monde, on se retrouve là-dedans, on se retrouve dans le fait qu'on ne veut pas être affaibli, qu'on veut préserver quelque chose qui nous est super précieux. [...] [L'affirmation de la francophonie] ça laisse plus la chance à d'autres groupes ethniques, d'autres cultures, d'autres langues de se laisser aller.

Un second atout de la francophonie se conçoit précisément dans le contexte d'une diversité culturelle et linguistique qui « se laisse aller ». Il concerne l'ouverture que favorise la présence du français au plan culturel.

---

16. Voir l'hypothèse de la double majorité culturelle (Anctil, 1984).

Certains répondants parlent de l'« ouverture d'esprit » que permet le multilinguisme en général. « Les langues, dira un jeune Portugais, ça te permet de comprendre plus sur un sujet ; [si tu n'as] qu'une seule langue, ça ne te donne qu'une seule perspective. » Montréal, poursuit-il, dispose d'un avantage par rapport à Toronto en raison de « l'élément francophone ».

Cette présence francophone fait du Québec un carrefour, selon le même répondant :

> Au Québec, les artistes sont soumis ou exposés à beaucoup plus [d'influences qui leur permettent de] créer. [...] Il y a l'influence des Américains, l'influence du Canada anglais, l'influence européenne, ça donne une perspective complètement différente et unique.

Un jeune Libanais soutient un point de vue analogue et précise ce que peut signifier une telle « perspective unique » :

> On peut faire ici des choses qu'on ne peut pas faire aux États-Unis, on peut créer des choses ici qu'on ne peut pas créer aux États-Unis parce que justement il y a la dualité des langues, on peut avoir accès plus rapidement à la technologie européenne, tout en ayant la technologie américaine en même temps parce qu'on est parfait dans les deux langues, c'est une stratégie d'ouverture.

Or pour que cette « stratégie d'ouverture » puisse opérer le plus longtemps possible, sans doute faut-il soutenir l'apport culturel que représente la francophonie en Amérique du Nord. C'est du moins ce que laisse entendre une Vietnamienne de 1<sup>re</sup> génération qui, à cet effet, semble trouver nécessaire le maintien d'une forte présence francophone dans une ville comme Montréal :

> [La francophonie en Amérique du Nord] je trouve que c'est un apport culturel, il faut conserver ça. Montréal est une ville plus francophone qu'anglophone, c'est plutôt cosmopolite, mais c'est la francophonie qui domine, alors il faut conserver ça pour [le développement de] la culture au sens large.

Un jeune de même origine voit, pour sa part, que la francophonie sur le continent nord-américain exerce un rôle de contrepoids :

> Une culture nord-américaine, entièrement nord-américaine, ça serait vraiment envahissant. [La francophonie] ça fait comme une balance. [...] Nous

on a quand même une culture en partie française, on est moins Américain que ceux qui sont à Toronto.

Parlant elle aussi de Toronto, une jeune Portugaise va dans le même sens : « Si je compare avec le ville de Toronto, qui elle aussi est multiculturelle, ils sont beaucoup plus américanisés que nous autres. Nous on a un style plus européen. »

En somme, la francophonie aurait pour fonction de « désaméricaniser » la culture, conjuguant son « style plus européen » à l'américanité, malgré tout, de ses manières, et la faisant passer de mono à polyphonique.

## Le devenir de la franco-américanité

La francophonie sur ce continent peut être envisagée en tant qu'américanité « désaméricanisante ». Elle apparaît, dans cette perpective, comme une parole induisant la polyphonie, et se définit en conséquence comme une parole « francopolyphonique » utilisant le français pour manifester à la fois une divergence et une diversité de manières de dire, en complémentarité d'intérêt avec d'autres langues minoritaires. L'américanité de la francophonie n'est pas autre chose que le « plus » dont cette parole cherche à rendre compte, non pour l'imposer mais pour témoigner d'expériences souvent maintenues en marge des discours uniformisants ou majoritaires.

L'américanité de la francophonie s'incarne aussi dans une histoire qui nous fait remonter aux premiers siècles de la colonisation européenne et à la rencontre de ces « populations neuves » avec les peuples autochtones. Au milieu du XVIIIe siècle, la présence française en Amérique se résumait à quelques dizaines de milliers d'habitants, une quantité négligeable en comparaison du million de colons anglais. N'eût été d'un réseau d'alliance très développé avec les Amérindiens, jamais les Français et les Canadiens d'alors — entre autres coureurs de bois et voyageurs plurilingues faut-il le rappeler — n'auraient pu rayonner comme ils l'ont fait sur ce continent ni rivaliser avec les colonies britanniques. À travers ces alliances s'exprimaient, en un sens, cette même parole francopolyphonique mais aussi une américanité réappropriée de part et d'autre, (re)commencée avec l'autre.

L'expression de la franco-américanité n'est peut-être pas si différente aujourd'hui. Penser la langue française sur ce continent indépendamment de sa condition minoritaire et de son rapport obligé à d'autres langues et cultures est insensé. La concevoir sans la voir pour ce qu'elle est, « maganée » mais « grouillante », ouverte depuis toujours, peut faire perdre du temps. Et il est grand temps de s'occuper de cette langue qui n'en finit plus de mourir en vitrine, exposée à de frileuses influences.

Montréal est le lieu de toutes les influences. Les plus chaleureuses d'entre elles nous convient à faire l'expérience d'une francophonie médiatrice et à en assumer pleinement l'américanité. Comme l'ont démontré nombre d'extraits cités, cette expérience semble bien entamée, surtout par les jeunes, héritiers d'un ailleurs et des projets de leurs aînés et parés pour tous les (re)commencements.

## BIBLIOGRAPHIE

ANCTIL, P. (1984), « Double majorité et multiplicité ethnoculturelle à Montréal », *Recherches sociographiques*, vol. 25, n° 3, p. 441-456.

BAGGIONI, D. et J.-M. KASBARIAN (1996), « La production de l'identité dans les situations de francophonie en contact », dans Robillard, D. de et M. Beniamino (dir.), *Le français dans l'espace francophone : description linguistique et sociolinguistique de la francophonie*, tome 2, Paris, Honoré Champion Éditeur.

BAIER, L. (1997), *À la croisée des langues : du métissage culturel d'est en ouest*, Actes Sud/Leméac.

BALTHAZAR, L. (1995), « The Dynamics of Multi-Ethnicity in French-Speaking Quebec : Towards a New Citizenship », *Nationalism and Ethnic Politics*, vol. 1, n° 3, p. 82-95.

BOUCHARD, G. (1996), « L'avenir de la nation comme "paradigme" de la société québécoise », dans Fall, K., R. Hadj-Moussa et D. Simeoni (dir.), *Les convergences culturelles dans les sociétés pluriethniques*, Sainte-Foy, Presses de l'Université du Québec.

CACCIA, F. et L. TASSINARI (1987), « Soyons francs », *Liberté* (Spécial 101¢), p. 50-53.

CAJOLET-LAGANIÈRE, H. et P. MARTEL (1995), *La qualité de la langue au Québec*, Québec, Institut québécois de recherche sur la culture.

DE BEAUCÉ, T. (1988), *Nouveau discours sur l'universalité de la langue française*, Paris, Gallimard.

GAUTHIER, J. (1995), « Mondialisation et questions linguistiques : essai de pro-blématique générale », dans Conseil de la langue française (dir.), *Langue nationale et mondialisation : enjeux et défis pour le français*, Québec, Les Publications du Québec.

GENDRON, J.-D. (1990), « La conscience linguistique des Franco-Québécois depuis la Révolution tranquille », dans Corbett, N. (dir.), *Langue et identité : le français et les francophones d'Amérique du Nord*, Sainte-Foy, Les Presses de l'Université Laval.

HELLY, D. (1996), *Le Québec face à la pluralité culturelle : 1977-1994*, Québec, Les Presses de l'Université Laval et Institut québécois de recherche sur la culture.

HELLY, D. et N. VAN SCHENDEL (1997), *Sens d'appartenance d'immigrés à la société québécoise, 1995-1996*, Étude subventionnée par le MRCI, Québec, INRS-Culture et société.

LANCA, M.A., C.N.J. ROESE et R.C. GARDNER (1994), « Effects of Language Choice on Acculturation : A Study of Portuguese Immigrants in a Multicul-tural Setting », *Journal of Language and Social Psychology*, vol. 13, n° 3, p. 315-330.

LÉGER, J.-M. (1998, 28 janvier), « Entre l'abus et l'ambiguïté », *Le Devoir*, p. A-11.

MARTEL, P. (1991), « L'identité linguistique du Québec : des caractéristiques uni-ques résultant de son histoire et de sa situation », *Cahiers francophones d'Europe centre-orientale*, n° 1, p. 9-14.

MARTEL, P. et H. CAJOLET-LAGANIÈRE (1996), *Le français québécois : usages, stan-dard et aménagement*, Sainte-Foy, Les Presses de l'Université Laval et Institut québécois de recherche sur la culture.

MARTIN, A. (1994), « L'aménagement linguistique et la langue comme objet social », dans *Les actes du colloque sur la problématique de l'aménagement linguistique : enjeux théoriques et pratiques*, Gouvernement du Québec, Office de la langue française.

MAURAIS, J. (1991), « Le rôle de la langue dans l'identité québécoise », *Cahiers francophones d'Europe centre-orientale*, n° 1, p. 15-28.

MCCI (1990), *Au Québec pour bâtir ensemble : énoncé de politique en matière d'immigration et d'intégration*, Montréal, Ministère des Communautés cul-turelles et de l'Immigration, Direction des communications, Gouvernement du Québec.

NORRIS, A. (1997, 22 septembre), « Triumphantly trilingual », *The Gazette*, p. A1.

ROY, J.-L. (1995), *Mondialisation, développement et culture : la médiation franco-phone*, Montréal, Éditions Hurtubise HMH.

TÉTU, M. (1993), « Francophonie d'Amérique », *La Licorne*, n° 27, p. 405-415.

VAN SCHENDEL, N. (1999), «Les migrants, passeurs de francophonie: le cas québécois», dans *L'état de la francophonie dans le monde, 1997-1998*, publié par le Haut Conseil de la francophonie, La Documentation française, p. 525-537.

VAN SCHENDEL, N. et D. HELLY (1999), «Des immigrés au Québec: modalités de l'appartenance et sens de la langue», dans *Langues et mutations identitaires et sociales*, Actes du colloque tenu les 12 et 13 mai 1998 dans le cadre du 66ᵉ congrès de l'ACFAS, sous la direction de Pierre Bouchard, Office de la langue française, p. 195-212.

# *AMÉRICANITÉ* SOUTH OF THE BORDER : U.S. STUDENT VIEWS ON THE AMERICAS AND « AMERICAN » IDENTITY

## *Deborah R. Altamirano*

> For people of the United States it is of prime importance to learn what people of the rest of the Americas think and feel when they turn their eyes to the north, and it is no less important for the peoples of the south to know about the minds and attitude of North Americans in regard to the other inhabitants of our hemisphere.
>
> JOSÉ AGUSTÍN BALSEIRO[1]

For the past two years, I have challenged freshman students attending a four-year liberal arts college in the United States, just south of the Canadian border and the Province of Quebec, to consider a broader concept of « America » and « American » identity. I ask them to consider an expanded concept of « American » identity from one that is exclusive to the United States to one that is inclusive of the Americas, from one that is nationalistic to one that is hemispheric. In short, I introduce students to the concept of *Américanité*[2].

---

1. In José Agustín Balseiro, *The Americas Look at Each Other*, Coral Gables, 1969, p. 39.
2. I use the definition of *Américanité* suggested by Dr. Donald Cuccioleta, that being a continental or hemispheric concept of « America » that transcends national boundaries and incorporates the cultural and ethnic diversity of all the peoples of the Americas, recognizing that all cultures « have been influenced, reconstructed and redefined by their presence on the continent ».

Student responses to this challenge reveal that the majority of them, all of whom are participants in a special freshman learning community, have little historical perspective or cultural knowledge about the hemisphere in which they live[3]. However, despite their initial ethnocentric rejection of the idea of other « Americas » and of other « Americans », the majority of students seem receptive to the idea that their concept of « America » and to what and to whom is applies might be too narrow. In fact, after time to reflect, most students express a genuine interest in expanding their knowledge of the Americas.

I begin with the premise that it is crucial for students in the United States to be historically informed and to be knowledgeable about the diversity of peoples and cultures with whom they share the hemisphere. It is imperative for college students, coming of age in an increasingly multicultural, international, and transnational world to have some understanding of the broader international context in which the United States exists. I believe that increasing students' knowledge of the hemisphere is necessary to avoid what Balseiro describes as the « national limitations » that create « insurmountable barriers to the cooperation between men (sic) and peoples in great reciprocal need of it[4] ». Anthropologist Charles Wagley wrote in 1964 that education in the United States is « lacking » if it fails to consider the other countries of the hemisphere « whose experience in the New World is similar and yet so different from our own[5] ». Surprisingly, it appears that still today in the United States the study of the « other » Americas is tangential in high school « American » history courses.

In order for students to understand how identity, in this case « American » identity, is constructed it is important that they have some understanding of the broader context in which contemporary constructs

---

3. The university enrolls close to 6,000 students. The learning community is comprised of 75 freshmen who take the same cluster of content courses (U.S. history, Literature, and Introduction to Cultural Anthropology) and one co-taught interdisciplinary course all organized around the common theme, « Looking for America ». The goal of the learning community is to provide students with multiple points of view through the study of U.S. history, literature, and anthropology, and to challenge them to access critically their understanding of the concepts of « Americaness » and « American » identity. I come to this discussion of *Américanité* as a cultural anthropologist, of Latin American heritage, raised in the United States, who teaches a range of courses in both anthropology and Latin American studies. I have participated in the « Looking for America » learning community for two years (1998-1999).

4. In José Agustín Balseiro, *op. cit.*, p. 40-41.

5. See Charles Wagley (ed.), *Social Science Research on Latin America*, p. 3.

of « American » national and pan-national identity are formed. In this respect, it is essential that students increase their breadth of knowledge of the history of the Americas and the social, cultural, economic, political and colonial relationships that exist between the United States, Canada, Latin America and the Caribbean. I begin this process by presenting the concept of *Américanité* to the students.

Majority of the students participating in the learning community are self-selected first-semester freshmen[6]. They represent a cross-section of freshman students who enroll at the college in terms of class indicators, geographic origin, and gender and ethnic makeup. Most of them are from New York State, almost half of whom are local or from the surrounding largely rural areas. A large percentage of our students come from Long Island and the New York City area. Faculty from the departments of History, English, Anthropology, and from Information Literacy (Library Services) participate in the program. In addition to teaching our content courses, all organized around our unifying theme of « Looking For America », we co-teach an interdisciplinary course entitled, Introduction to American Identity. Our goal is to challenge students to think critically about what we (they) mean by « national » or « American » identity and to introduce students to the understanding that, even within the boundaries of the United States, the concept of « American » identity is very fluid and has been defined differently and applied to different groups of people depending on historical, economic, and political circumstances. After a semester of challenging their notions of « Americaness » and « American » identity on a national level, I challenge them further by suggesting that perhaps those of us within the United States are not the only « Americans ». My experience in working with these students over the past two years and, particularly in their response to my end-of-the-semester presentation on the Americas, informs this discussion of students' concepts of *Américanité*[7].

---

6. Approximately 10 percent of the participants are assigned to the learning community by the Office of Academic Advising. There are usually a few international students who participate in the learning community.

7. I have given the « Americas » presentation to two cohorts of students. The first time was in the fall of 1998 to a cohort of 35 students. The second presentation was given in the fall of 1999 to a cohort of 75 students. All student comments printed herein are from the fall 1999 cohort.

## Changing hemispheres — Shifting perspectives

In a large lecture hall, 75 students sit and fidget, wondering what will be asked of them that afternoon. They have spent the semester discussing how, historically, there have been many ways of reckoning who is and is not an « American ». They have read how the different constructions of « American » identity have been articulated in literature. They understand that within the United States the concept of and definition of who is and who is not an « American » has varied over space and time. Now I introduce them to the idea that there are, in fact, many « Americas ».

I begin by posing a number of questions to establish their baseline of knowledge of the hemisphere. I ask them to state where the term « America » came from and to which part of the globe it initially referred. The majority of the students respond correctly — that it is derived from the name of Amerigo Vespucci, the Italian navigator. However, their responses indicate that they believe that the term, « America » was first used in reference to the United States. Only two students out of 75 in the 1999 cohort were aware that the term « America » was initially used to refer to South America. Students were quite surprised to learn that, in fact, the term « America » referred to South America for two hundred years before it was used in reference to the United States[8]. I follow up with a question asking them to state the largest city in North America. Inevitably, the majority of students respond with New York City or Los Angeles. They are puzzled when I respond with Mexico City. Few students locate Mexico within the North American continent. I then inform them that the Organization of American States (OAS) was established in 1948 and is headquartered in Washington, D.C. I ask them to list four members of the organization. The majority of students respond with names of states within the continental United States. Again, students are taken aback by the list of the 34 Member States that comprise the OAS. Many stated that they thought this was a « trick » question.

According to student responses, one of the most powerful parts of the presentation is a short role-play I perform with the assistance of a colleague who is originally from Quebec. The role-play is situated at the U.S./Canada border crossing. My colleague plays the role of a Canadian citizen who is a permanent resident of the United States. In the scenario he has just been in Montreal and is returning across the border to the

---

8. Peter Winn (1992), *Americas: The Changing Face of Latin America and the Caribbean*, p. 3.

United States. At the crossing, he is questioned by me, the U.S. Border Patrol Officer. When I ask my colleague «what» he is, he responds that he is many things, a father, a husband, a professor, an «American», a permanent resident of the U.S., and a Canadian citizen. The border guard responds that he is not an «American» since he was not born in nor is he a citizen of the United States. My colleague responds that he is «American» by virtue of being born on the North American continent and Canadian by virtue of his citizenship. An argument ensues. The border guard is emphatic in her chauvinism and in her exclusive use of the term «American» to refer only to those people who reside within the boundaries of the nation or hold U.S. citizenship. My colleague, on the other hand, is using the term in its much broader and inclusive meaning of *Américanité* to refer to all those who reside within the Americas. Students then write their responses to the role-play and must identify the basis of the misunderstanding between the border guard and the Canadian «American». Specifically, students must identify the points of view of each of the participants and explain why their points of view on the meaning of «American» differ.

After the role-play, students were showed photographs of two images from «Logo for America»[9], a computer animation by Chilean conceptual artist, Alfredo Jaar, taken from Peter Winn's volume, *Americas: the Changing Face of Latin America and the Caribbean*[10]. The first image of «Logo for America» which was displayed in New York City on the Times Square light board in 1987 shows a lighted outline of the continental United States with the words, «THIS IS NOT AMERICA» centered across the middle of the image. The second image shows an outline of the continents of both North and South America with the words, «AMERICA» incorporated into and spanning across the image. After asking students to write down their reactions to each image, I begin a class discussion in which students express their understanding of this presentation. This is perhaps the most crucial and difficult part. Students are struggling to understand what they have been presented with and their responses vary from thoughtful introspection to outright hostility. Some students state that they feel Jaar's images in particular are «insulting» to «Americans». U.S. historian George Lipsitz believes that people in the

---

9. See http:mosaic.echonyc.com/~trans/Telesymposia2/jaar01.html for a quick time animation of Alfredo Jaar's, «A Logo for America» (1987).
10. P. Winn, *op. cit.*, p. 3.

U.S. react negatively to Jaar's images because Jaar directly challenges the way U.S. citizens « confuse » their country for a continent[11] ».

After the in-class discussion students read the first chapter of Winn's text entitled, « A View From the South »[12] in which Jaar discusses what he is trying to convey to citizens of the U.S. — that we share the hemisphere with other Americans but that the term « America » having become synonymous with the U.S. has forced us to consider only one dimension of « America », that being the United States[13]. After the presentation and discussion, students are given a set of questions to take home and to respond to in writing.

In their written responses, students must identify their particular point of view and analyze their perspective and assumptions regarding the terms, « America », « American », and to what and to whom these terms refer. The student comments below are drawn from a total of 55 written responses I received to the presentation given in the fall 1999.

## The students have their say

Student responses to the concept of *Américanité* run the gamut, from outright hostility toward me (for challenging them so), and toward the « others » (who students believe are trying to co-opt for themselves an « American » identity), to confusion, and finally to thoughtful consideration. For many of the students, the claim to an « American » identity is one that is valid *only* for those who reside within the borders of the United States or can claim U.S. citizenship :

> This idea goes against everything I have been taught. America has always been the north for me. I look at things with an ethnocentric point of view, thinking that everything I know is right.
>
> MALE STUDENT (1999)

---

11. For comments on Jaar's « Logo for America », see Charles Lipsitz (1998), p. 295.
12. In Peter Winn, *op. cit.*, p. 2-8.
13. *Ibid.*, p. 3.

In my opinion I feel that the United States hold superiority to the other nations of North and South America in many ways. We have more money and a stronger government. Therefore, I feel the United States feels as though it represents the weaker nations that we share the continent with.

FEMALE STUDENT (1999)

Other students reflect in their responses their confusion or outright surprise there could, in fact, be an « American » identity that transcends the national boundaries of the United States :

I have always thought of the United States as America, not of America.

MALE STUDENT (1999)

My point of view hasn't changed, but a new awareness has developed. To me, America still implies the United States, especially since « American » is still used internationally as a way to described U.S. citizens. However, it now makes sense that a Canadian, Colombian, or Nicaraguan might refer to themselves as being from America.

MALE STUDENT (1999)

One of the most oft-expressed comments reveals that students have never considered that « others » outside of the United States could consider themselves to be « Americans ».

I simply assumed that since I did not see others as Americans then (sic) they did not see themselves as such. ... Now I see America as a broader entity than I did in the past.

FEMALE STUDENT (1999)

This is a question I never gave any thought to before, because I believe that only US citizens were Americans. Overall, my perception of an American has changed completely after viewing America from the eyes of someone in Latin America.

MALE STUDENT (1999)

For majority of the students, the idea that others in the hemisphere have their own concept of « American » identity was new. In fact, 78 percent of the respondents stated that they had never been exposed to an expanded concept of the « Americas » before. However, there were several students who had had some prior exposure to the concept of *Américanité*.

One student pointed out that when she was an exchange student in France, she and a friend from Argentina went to see a documentary called, « L'Amérique ». She said her friend was very excited because she expected so see some coverage of Argentina. « She was very disappointed when the movie was just about the United States. » That was the first time, my student realized that, depending on one's perspective, « America » could mean different things to different people. Another student wrote the following:

> I remember a story my high school Spanish teacher told us. When she went to Guatemala for the first time she was asked where she was from and she responded, « America ». They all laughed at her because she was in Central America and they also refer to themselves as Americans.
>
> MALE STUDENT (1999)

During the class discussion a number of students explained that their use of the terms « America » and « American » exclusively in reference to the United States reflected nothing more than a linguistic convenience. They felt that while other countries might be part of the Americas, they also had a separate label to indicate their nation and their nationality separate from the hemisphere. Canadians were from Canada; Mexicans were from Mexico. But, since the term, « United Statesian » doesn't « sound right », they are only left with « American ». Therefore, they felt the question of who was and what was an « American » did not raise any conceptual issues, rather it was merely a question of linguistic labels and conventions.

> It's just a useful term when referring to the 50 (sic) states because they lack a unified term like Canada, Mexico and Brazil.
>
> MALE STUDENT (1999)

The most ethnocentric responses came from students who could not fathom that there were or could be any similarities between the people of the United States and the peoples of the other « Americas » whom they regard as strange, exotic, backward, and unworthy « others ». As two students expressed:

It does not make any sense to me how an identity can be applied to an entire hemisphere full of people who have not one thing, citizenship, language, race, nothing, in common with each other.

FEMALE STUDENT (1999)

A person from another country is hard to relate to ; they may look different or speak another language. Because of these differences, and because I identify myself as an American, I have a hard time identifying these people as Americans also. I live in the U.S. I speak English, therefore I am American and people in Canada or Belize are not.

FEMALE STUDENT (1999)

In fact, in many of their comments, students assumed that « others » *want* to be from the United States and are trying to co-opt the label « American » for themselves in a attempt to identify with the inhabitants of a superior nation.

Many people in those countries feel that an « American » is the ideal person. The « American » citizen have (sic) an ego because the US is great. If the United States was not so prosperous many of the countries above and below us would not be (sic) the economic standing they are (sic) now. This may sound egotistical but the United States has played a major role in the success of other countries.

MALE STUDENT (1999)

Others that live in Mexico, Canada, and South America feel they are « American » because we have pushed a significant amount of US culture into their countries.

MALE STUDENT (1999)

Students base their responses on the ethnocentric assumption that « they » want to be « us » and therefore « they » are falsely trying to assume an « American » identity. Because students assert that the basic premise is false (the « others » in the hemisphere are *not* Americans even though they may want to be), they feel justified in rejecting the notion of *Américanité*. But, as Smith (1986) points out, what students fail to realize is that most people want to be what they are, i.e. Canadians *want* to be Canadian and Latin Americans *want* to be Latin American[14]. Therefore, their rejection of *Américanité* is based on a false premise.

---

14. Stuart L. Smith, « The American Challenge & Canadian Interests », p. 127.

One of the ways I get students thinking about similarities among the Americas is to ask them to brainstorm issues, concerns, or problems that they believe might impact the Americas as a whole and could be dealt with in a pan-hemispheric response. With some probing, they come up with a relatively long list of pan-hemispheric concerns including, human rights, drug trafficking and drug abuse, national and hemispheric security, trade and economic cooperation, environmental concerns, gender issues (domestic violence, birth control and the feminization of poverty) and intercultural student exchange[15].

I also do an exercise with them in which I ask them to think of areas in which Latin America, the Caribbean, and Canada have influenced life in the United States. Most are able to name some things in terms of music, food, language, and literature. They are often surprised to learn that some cultural artifacts, which they consider very « American » in the national sense, are actually imports from other parts of the Americas. The goal is to have them understand that the United States not only influences the other members of the Americas but, in fact, is itself influenced by is inclusion in and location within the Americas[16].

At the end of the first semester, the majority of the students evaluated that they had never before been challenged to think of « America » in such broad terms and that the presentation on the « Americas »[17] had the greatest impact on their understanding of « America » and « American » identity.

Students' reactions to the « Americas » presentations raises two questions. First, when and why did the United States become synonymous with « America » ? Second, why do students in the United States have such limited knowledge of the hemisphere in which they live ? I believe that the answers are rooted in what David W. Noble (1998) calls the Anglo-Protestant monopolization of « America » and in the concept of « American exceptionalism ». That students have such limited knowledge of their hemisphere and assume that the United States is an independent entity, influencing others yet immune from influence itself tell us much about the way U.S. history is taught and the cultural values that are projected.

---

15. For additional discussion see J. Daudelin and Edgar J. Dosman (eds.), p. 81-98.
16. For discussion on Latin American contributions to the U.S. see Fuentes (1992), p. 408-411 ; and Peter Winn, *op. cit.*, p. 2-8.
17. Due to an oversight, we asked students to evaluate the presentations at the end of the fall 1998 semester but not at the end of the fall 1999 semester. Therefore, this result reflects only the responses from the 1998 cohort.

## Learning « American » history

> We cannot draw a curtain without shutting out light and voice
> JOSÉ BALSEIRO[18]

Stelamaris Coser (1994) points out that in U.S. history texts the United States is « reinvented » as « America », the country, rather than the continent[19]. She posits that this reinvention results in a perception among history students and as well as a popular understanding that the United States is synonymous with « America ». As mention earlier, historian David W. Noble traces the process of when and why the term « America » came to refer to a single nation. He finds that this process is rooted in European patterns of « bourgeois nationalism ».

According to anthropologist Benedict Anderson (1983), modern nations are « imagined » as having absolute boundaries that guarantee cultural as well as political independence[20]. Thus, American nationalists « imagined » a nation which represented a dichotomy between the « Old » world of Europe and the « New » world of « America ». U.S. historian George Bancroft finds that this dichotomy consisted of « oppositional metaphors » including, Old World vs. New World, Catholic vs. Protestant, subject vs. citizen, power vs. liberty, and hierarchy vs. people[21]. These oppositional metaphors then serve as the basis for « American » exceptionalism.

For Noble the « Old World/New World dichotomy » served to exclude those who were not of European origin. Thus, in the newly « imagined » and bounded nation, the native populations within the « Americas » became invisible — they became what anthropologist Eric Wolf (1982) describes as « the people without history ». Furthermore, Noble points out that between 1789 and the 1940s, Anglo-Protestant males controlled and monopolized the « academic presentation » of the United States as the only « American » nation. He finds that the concept of bourgeois nationalism essentially served to « remove Native Americans, African Americans, Mexican Americans, and women from our picture of

---

18. José Agustín Balseiro, *op. cit.*, p. 40.
19. Stelamaris Coser, *Bridging the Americas : The Literature of Paule Marshall, Toni Morrison, & Gayl Jones*, p. 4.
20. David W. Noble, *op. cit.*, p. 258.
21. *Ibid.*, p. 257-258.

the national landscape[22] ». This attitude is evident in the works of noted « American » historians, Charles and Mary Beard who, in their volume, *The Rise of American Civilization*, exclude the other « American » nations from their histories since they were not « real nations because their people existed outside progressive history ». Without history and without meaningful space, Noble finds that the other American countries were dismissed as « mere impersonators of nations ». The non-Europeans and the inhabitants of the « other » Americas were not of the « New World » as « imagined » by the bourgeois nationalists and were, therefore, not worthy of study[23].

To his dismay, Noble finds that this attitude prevails even in some of the most recent approaches to « American » history. For example, he found that when he was a student in the American Studies program at Harvard native peoples and the « other » Americas were not included in the course of study. Even in recent historical accounts, such as *The Intellectual Construction of America*, Noble finds that the author, Jack Greene, equates both « America » and the « New World » exclusively to the United States[24].

Given that historians in the United States use the term « American » to refer exclusively to the United States it is understandable that students resist considering « others » as « Americans » and anywhere other than the United States as « America ». John Hall and Charles Linholm (1982) reflect this linguistic specificity when they clarify that, « We usually refer to the United States as America. This is in part in deference to ordinary usage, and in part because United Statesian is not an accepted adjective[25].

In Latin America, however, a term translatable as « United Statesian » *is* an accepted adjective. An « American » from the United States is distinguished linguistically from other « Americans » as estadounidénse (male) or estadounidénsa (female). In Chilean newspapers, for example, Bill Clinton is not referred to as El Presidente Americano, but rather El Presidente Estadounidense or El Presidente Estado Unidos. In Latin America, the citizens of the United States are distinguished, linguistically, from the gloss, « Americans ». Perhaps this reflects the fact that Latin Americans have had an « American » identity which precedes, and is separate from

---

22. *Ibid.*, p. 270.
23. *Ibid.*, p. 265.
24. *Ibid.*, p. 253.
25. John A. Hall and Charles Linholm, *Is America Breaking Apart?*, p. xi-1.

the concept of « American » identity as it is construed in the United States. The idea that Latin Americans have a very different way of constructing « American » identity and conceptualizing the « Americas » is no revelation to Latin Americans. In fact, the different constructs of « Americanes » between the U.S. and Latin America have been eloquently discussed by many contemporary Latin American writers. Perhaps the most famous is one of Latin America's most respected writers, José Martí.

Martí was born in Havana, Cuba, in 1853, however after declaring his support for the revolution, he was exiled to Spain in 1870 where he studied law and philosophy at the University of Zaragoza. He lived and traveled extensively throughout the Western hemisphere and worked as a journalist in the United States from 1881 to 1895[26]. He knew the United States well and was often the one most credited with introducing Latin Americans to the classic writings of U.S. authors such as Whitman, Long-fellow and Twain[27].

In his most famous essay, « Our America »[28], Martí differentiates between « Our America », which he defines as Spanish America, and the « other » America, which is the United States. Writing over one hundred years ago, he emphasized the importance recognizing the diversity of the peoples, cultures, and historical circumstances of those who inhabit spanish America. He also felt the need, in the late 1800s, to warn his Latin American readers about the dangers of U.S. imperialism and their « economic and political absorption » by the United States. Furthermore, Martí warns his Latin American readers to be wary of the intense individualism and the emphasis on the importance of material wealth which he felt proliferated in the United States[29].

Interestingly, Hall and Lindholm (1982) point out that today, contemporary writers of « American » culture have noted that « Americans » (in the United States) « have become so individualistic that they can no longer even conceptualize that a collectivity is required to create a compelling moral identity for its members[30] ». Perhaps, then too, it is the value of individualism writ-large that inhibits students from conceptualizing of the United States as a member of a collective « America » rather

---

26. In Philip S. Foner (ed.) (1977), *Our America by José Martí*, p. 11.
27. *Ibid.*, p. 8-9.
28. First published as « Nuestra America », *La Revista Illustrada*, New York, January 10, 1891.
29. See Philip S. Foner (ed.), *op. cit.*, p. 2-26.
30. See John A. Hall and Charles Linholm, *Is America Breaking Apart ?*, p. 4.

than as an individual independent nation. Perhaps it is the ideal of « American » exceptionalism that inhibits students from considering that there is any common ground or any similarities in culture and history between the United States and those who some regard as unworthy « others ». Rather, they perceive the U.S. as different, as *exceptional* to all other nations.

## What is exceptional about « America » ?

Alexis de Tocqueville (1899) is most often associated with first articulating the idea of « American Exceptionalism ». In short, the concept of American exceptionalism is that the United States is exceptional, that is, distinct, in ways that set it apart from other countries. The characteristics most often associated with American exceptionalism are individualism, egalitarianism, free-market economy (laissez-faire), populism and democracy (Lipset, 1991 ; Spengemann, 1989 ; Tyrrell, 1991). According to those who write on American exceptionalism, it is these characteristics or « themes » that make the United States distinct from all other nations.

While many U.S. historians accept the concept of American exceptionalism, historical sociologist Charles Lipset points out that when social scientists and foreign writers describe the U.S. as « exceptional » they are not necessarily equating « exceptional » with the ethnocentric notion of superiority. In fact, Lipset suggests that « American exceptionalism » is a « double-edged sword ». He points out that while the U.S. is « exceptional » in many ways, such as, the stability of its democracy, its economic viability and the high percentage of people who attend higher education, it also has the highest crime rate and the lowest levels of voter turnout in the developed world. He finds that whereas egalitarianism is one of the ideals that makes the U.S. « exceptional », in fact, among the « developed nations », it is the least egalitarian in terms of income distribution. Rather, he suggests that when Tocqueville and others use the term « exceptional » they mean that the U.S. is qualitatively different from other countries.

One of the ways in which the U.S. is « exceptional » is in its emphasis on individualism — that the most important unit in society is the individual. Anthropologist Richard Robbins (1997) describes the United States as an « egocentric » society in which its members are individual and independent entities who succeed or fail as the result of their individual action and effort[31]. According to Robbins, in egocentric societies such as the United States, the individual is self-motivated, finding the impetus for action from within rather than given to influences from society at large.

Although many historians take issue with American exceptionalism, Tyrrell (2000) finds that the majority of U.S. historians still use it as an organizing theme and central focus of their writings[32]. He finds that despite the recent moves toward constructing a broader social history, one that incorporates issues of race, gender and class, the theme of American exceptionalism prevails. Tyrrell advocates for a move away from exceptionalism and toward a transnational approach to history. He finds that unlike American exceptionalism, a transnational approach to history does not neglect or ignore national histories but rather situates national histories within a broader comparative and international context. He points out that one can only discuss American exceptionalism when the U.S. is compared to other histories which conform to some pattern of historical development. He finds that some of the most ardent supporters of the exceptionalist approach *assumed* exceptionalism but never conducted the necessary comparative research to substantiate its validity.

In fact, Tyrrell submits that all national histories are unique or exceptional in some way, and the way in which national histories are exceptional will vary depending on the societies with which they are compared. For example, Lipset finds that Canada looks quite different when its history is compared to that of Great Britain than when its history is compared to that of the United States (Lipset, 1996). Tyrrell suggests that rather than looking at exceptionalism, historians and social scientists should consider the transnational context of national action. Such an approach, he believes, would consider the « transnational connections in religion, culture, and social life » as well as in economic and political relationships. From Tyrrell's perspective, a transnational and comparative approach to history illuminates the « interplay between domestic and international forces » that serve to contextualize national histories. He advocates for an « internationalization of scholarship » that focuses on the « interplay of global connections and local variation ».

---

31. Richard Robbins, *Cultural Anthropology: A Problem-Based Approach*, p. 136-137.
32. See Ian Tyrrell, « American Exceptionalism in an Age of International History », reprinted in Larry Madaras and James M. SoRelle (eds.), *Taking Sides: Clashing Views on Controversial American History, Volume I, the Colonial Period to Reconstruction*, p. 13-23.

To return to our questions at hand, we can see that the concept of « American » exceptionalism and the value of individualism are alive and well in our student responses to the concept of *Américanité*. I suggest that students have little knowledge about the « other » Americas because, as their responses reflect, the concept of American exceptionalism and its exclusion of the rest of the Americas still dominates the approach taken in U.S. history texts. Furthermore, student responses reveal an intense sense of individualism, but more specifically, individualism writ-large. Students see the United States, the nation, as they see themselves — individuals, who are independent entities acting alone. They may influence others, but they find their own motivation to act and achieve from within.

To provide them with a different perspective, I ask students to think of the United States as a member of a family, the Americas. Within the family, each individual has its own personality, likes, dislikes, desires, influences and motivations. At the same time, individual family members are very much influenced by their personal history and their role and relationships with other members of the family. Each member of the family has an individual identity as well as an identity based on membership within a larger family unit. Identities differ yet overlap in significant ways. Most students seem receptive to the concept of *Américanité* when they consider the Americas analogous to a family.

I express to students how families are constantly changing. Children grow up and change their relationships with their parents. The sibling relationships of childhood are not necessarily the same as the sibling relationships in adulthood. So, too, cultures are always changing. The relationships between the United States and the other countries of the Americas are constantly changing and evolving.

Lipsitz posits that given the contemporary social and demographic changes taking place in the Americas, Martí's call for an « inter-American dialog » is all the more imperative. He points out that Los Angeles is the second largest Mexican City, the second largest Salvadoran city, and the second largest Guatemalan city in the world[33]. Similarly, Winn asserts that today, not only are countries in Latin America and the Caribbean playing a greater role in shaping international and inter-American social, economic and political policy, but in the near future, the presence and influence of the Latin American and Caribbean populations within the

---

33. See Lipsitz, *op. cit.*, p. 295.

United States will further challenge «that nation of immigrants to rethink what it means to be an "American"[34]».

Today, many in Latin America and in Quebec are resisting the infiltration of U.S. economic, political, military and cultural influence[35]. But, contrary to my students' assumptions, this influence is not a one-way street. The United States has always been influenced by its northern, southern and Caribbean neighbors through the proliferation of popular culture, as well as through art, architecture, literature, history, politics, religion, technology and economics[36].

The more students from the U.S. learn about the other nations that comprise the Americas and increase their understanding of *Américanité* the more they will learn about their own country. They will become aware that they are part of a «community» which is influenced by location and the role it plays within the hemisphere. Students realize that while they may certainly celebrate their national pride in their «Americaness» they also share an «American» identity with the rest of the «Americans» of the hemisphere.

My goal in presenting students with a concept of *Américanité* is to reposition the discussion of «America» from a national one, focused solely on the United States and seeped in the notions of American exceptionalism, to a multinational and transnational one of the hemisphere. Noble suggests that when we are «liberated from the aesthetic authority of the Anglo-Protestant narrative of "American" history», we may then appreciate the contributions of other «American» teachers such as Martí. In doing so, Noble predicts we may learn just how «extensive transnational cultural patterns have been throughout the hemisphere[37]». I challenge my students to acquire some sense of «hemispheric responsibility» and move toward an appreciation of what Martí calls a truly *mestizo America* which encorporates the cultures and histories and ethnic diversity of the «European, African, Asian and indigenous roots of the hemisphere» (Gillman, 1998).

---

34. See Winn, *op. cit.*, p. 30-31.
35. See James Rochlin (1994), *Discovering the Americas: The Evolution of Canadian Foreign Policy Towards Latin America*, p. 12.
36. See Winn, *op. cit.*, p. 3-32.
37. See Noble, *op. cit.*, p. 270.

## Conclusion

These new social relationships challenge all of us to rethink the ways in which we are both connected to and divided from others throughout the hemisphere and throughout the world. We cannot merely be spectators of the changes that are taking place all around us — the things we teach, learn, read, and write — or play and sing—will all make a difference.

GEORGE LIPSITZ[38]

Nations should live in an atmosphere of self-criticism because criticism is healthy, but always with one heart and one mind. Stoop to the unhappy, and lift them up in your arms! Thaw out frozen America with the fire of your hearts! Make the natural blood of nations course vigorously through their veins. The new Americans are on their feet, saluting each other from nation to nation...

JOSÉ MARTÍ[39]

My experience in presenting the concept of *Américanité* to students in the United States reveals that they have little concept of the United States as part of a larger entity, the Americas. That they lack such awareness is, in part, a reflection of the European bourgeois nationalist perspective that still dominates U.S. history texts. Furthermore, students reflect the values of American exceptionalism and individualism which foster ethnocentric and nationalist visions of « America ». However, student responses also reveal that, with some exceptions, the majority of students are open to a concept of « America » which is more inclusive and reflects a hemispheric perspective. Students show a thoughtfulness and willingness to consider the idea that they are not alone, that there are many « Americas » and many ways of constructing and articulating notions of « American » identity.

Ultimately, by expanding their knowledge of the hemisphere, students will be motivated to expand their knowledge about other peoples of the world and, thus, become better informed citizens, well-prepared to make a meaningful contribution to the complex multinational and transnational world in which they live.

38. See Lipsitz, *op. cit.*, p. 295.
39. In Foner, *op. cit.*, p. 92.

# BIBLIOGRAPHY

ANDERSON, Benedict (1983), *Imagined Communities*, London, Verso.

BALSEIRO, José Agustín (1969), *The Americas Look at Each Other*, Coral Gables (Florida), University of Miami Press.

BANCROFT, George (1837), *History of the United States*, Boston, Little Brown.

BEARD, Charles and Mary (1927), *The Rise of American Civilization*, Vol. I : *The Agricultural Era*, New York, Macmillan.

BELNAP, Jeffrey and Raúl FERNÁNDEZ (eds.) (1998), *José Martí's « Our America » : From National to Hemispheric Cultural Studies*, Durham/London, Duke University Press.

COSER, Stelamaris (1995), *Bridging the Americas : The Literature of Paule Marshall, Toni Morrison, & Gayl Jones*, Philadelphia, University Press.

DAUDELIN, Jean and Edgar J. DOSMAN (eds.), *Beyond Mexico : Changing Americas, Volume I*, Ottawa, Carleton University Press.

FLAHERTY, David H. and W.R. MCKERCHER (eds.) (1986), *Southern Exposure : Canadian Perspectives on the United States*, Toronto, McGraw-Hill Ryerson, Ltd.

FONER, Philip S. (ed.) (1977), *Our America by José Martí : Writings on Latin America and the Struggle for Cuban Independence*, Elinor Randall (trans.), New York/London, Monthly Review Press.

FUENTES, Carlos (1992), « The Mirror of the Other », *The Nation*, March 30, p. 408-411.

GILLMAN, Susan (1998), « *Ramona* in "Our America" », in Belnap, Jeffrey and Raúl Fernández (eds.), *José Martí's « Our America » : From National to Hemispheric Cultural Studies*, Durham/London, Duke University Press, p. 91-111.

GREENE, Jack (1993), *The Intellectual Construction of America*, Chapel Hill, University of North Carolina Press.

HALL, John A. and Charles Linholm (1999), *Is America Breaking Apart ?*, Princeton, Princeton University Press.

LIPSET, Seymour (1996), *American Exceptionalism : A Double-Edged Sword*, W.W. Norton.

LIPSITZ, George (1998), « Their America and Ours : Intercultural Communication in the Context of "Our America" », in Belnap, Jeffrey and Raúl Fernández (eds.), *José Martí's « Our America » : From National to Hemispheric Cultural Studies*, Durham/London, Duke University Press, p. 293-316.

MADARAS, Larry and James M. SORELLE (eds.) (2000), *Taking Sides : Clashing Views on Controversial American History, Volume I, the Colonial Period to Reconstruction*, Guilfort (CT.), Duskin/McGraw-Hill.

MARTÍ, José (1977), « Our America », in Foner, Philip S. (ed.), *Our America by José Martí: Writings on Latin America and the Struggle for Cuban Independence*, New York/London, Monthly Review Press, p. 84-94.

NOBLE, David W. (1998), « The Anglo-Protestant Monopolization of "America" », in Belnap, Jeffrey and Raúl Fernández (eds.), *José Martí's « Our America » : From National to Hemispheric Cultural Studies*, Durham/London, Duke University Press, p. 253-274.

ROBBINS, Richard H. (1997), *Cultural Anthropology: A Problem-Based Approach*, 2nd Edition, Itasca (IL.), F.E. Peacock Publishers, Inc.

ROCHLIN, James F. (1994), *Discovering the Americas: The Evolution of Canadian Foreign Policy Towards Latin America*, Vancouver, UBC Press.

SHAFER, Byron (ed.) (1991), *Is America Different? A New Look At American Exceptionalism*, Oxford, Oxford University Press.

SMITH, Stuart L. (1986), « The American Challenge & Canadian Interests », in Flaherty, David H. and W. R. McKercher (eds.), *Southern Exposure: Canadian Perspectives on the United States*, Toronto, McGraw-Hill Ryerson Ltd., p. 128-133.

SPENGEMANN, William C. (1989), *A Mirror for Americanists: Reflections on the Idea of American Literature*, University Press of New England.

TOCQUEVILLE, Alexis de (1899), *Democracy in America*, Henry Reeve (trans.), New York, Colonial Press.

TYRRELL, Ian (1991), « American Exceptionalism in an Age of International History », *American Historical Review*, Vol. 96, October.

TYRRELL, Ian (2000), « American Exceptionalism in an Age of International History », in Madaras, Larry and James M. SoRelle (eds.), *Taking Sides: Clashing Views on Controversial American History, Volume I, the Colonial Period to Reconstruction*, Guilfort (CT.), Duskin/McGraw-Hill, p. 13-23.

WAGLEY, Charles (ed.) (1964), *Social Science Research on Latin America*, New York/London, Columbia University Press.

WINN, Peter (1992), *Americas: The Changing Face of Latin America and the Caribbean*, Berkeley, University of California Press.

WOLF, Eric R. (1982), *Europe and the People Without History*, Berkeley, University of California Press.

# NOTES SUR LES AUTEURS

DEBORAH R. ALTAMIRANO, anthropologue, est professeure à la Plattsburgh State University of New York. Ses recherches et son enseignement touchent à la question des identités multiples dans les Amériques, en particulier aux États-Unis. Elle a publié de nombreux articles dans la revue de l'Americain Anthropological Society.

LÉON BERNIER est sociologue et professeur-chercheur à l'Institut national de la recherche scientifique (INRS-Urbanisation-Culture et Société). Membre du GIRA, ses travaux touchent différentes thématiques reliées à la culture, au lien social et à l'individualité contemporaine. Il est responsable de la collection « Échanges culturels » des Éditions de l'IQRC.

JEAN-FRANÇOIS CÔTÉ, sociologue, est professeur à l'Université du Québec à Montréal et membre du GIRA. Ses domaines de recherche sont la théorie sociologique, l'épistémologie et la sociologie de la culture. Il a notamment publié « Le rêve américain et sa réalité cinématique », Société, nos 12-13, hiver 1994, et « La nord-américanité en roman : Le soleil des gouffres, de Louis Hamelin », dans Voix et Images, vol. 24, n° 3, printemps 2000.

JAMES CSIPAK et LISE HÉROUX sont tous deux professeurs à l'École d'administration de la Plattsburgh State University of New York, et membres du GIRA. Leur champ de recherche concerne les liens entre les habitudes de consommation et l'identité culturelle.

DONALD CUCCIOLETTA, historien, est professeur à la Plattsburgh State University of New York et membre du GIRA. Ses plus récentes publications sont « L'Américanité, the dual nature of the Québécois identity », Quebec Studies, 29, 2000 et New Mythologies for Canada, Identity, Modernism and the Nation-State, Presses universitaires de Valenciennes, avril 2000. Ses recherches portent actuellement sur la dissémination de la pensée libérale dans les Amériques de 1760 à 1860.

LOUIS DUPONT, géographe, est professeur à l'Université de Paris-Sorbonne. Au Québec, il est l'un des premiers à avoir traité du concept d'américanité. Il travaille actuellement sur le thème des métropoles dans les Amériques comme pôle de convergence transculturel.

FRÉDÉRIC LESEMANN, sociologue, est professeur-chercheur à l'Institut national de la recherche scientifique (INRS-Urbanisation-Culture et Société) et membre du GIRA. Ses recherches portent sur le travail et le vieillissement de la main-d'œuvre, ainsi que sur les processus d'intégration continentale à l'échelle des Amériques.

ISIDRO MORALES, politicologue et professeur à l'Université de Las Americas-Puebla, est l'auteur de plusieurs textes sur le développement économique au Mexique et les enjeux de l'ALENA. Il a notamment publié « The Governance of economic openness », dans Isidro Morales, Guyermo de los Reyes et Paul Rich (dir.), *Civil Society and Democratization*, Thousands Oaks, Sage Publications, 1999.

PATRICK IMBERT est professeur titulaire à l'Université d'Ottawa (Faculté des Arts). Il a publié dans de nombreuses revues des articles concernant les littératures québécoise et française, les études canadiennes, la sémiotique, les médias et l'analyse du discours. Il a codirigé (avec Marie Couillard) la publication de *Les discours du Nouveau Monde au 19ᵉ siècle au Canada français et en Amérique latine*.

NICOLAS VAN SCHENDEL est chercheur contractuel et membre du GIRA. Il a notamment publié « L'identité métisse ou l'histoire oubliée de la canadianité », dans Jocelyn Létourneau (dir.) (1994), *La question identitaire au Canada francophone : récits, parcours, enjeux, hors-lieux*, Sainte-Foy, Les Presses de l'Université Laval, et « Prendre le temps pour témoin : mémoire du pays et construction de l'identité chez les jeunes Montréalais », dans Jocelyn Létourneau et Bogumil Jewsiewicki (dir.) (1998), *Les jeunes à l'ère de la mondialisation : quête identitaire et conscience historique*, Québec, Éditions du Septentrion.